Handbuch für Beachvolleyball

Wir danken der Firma SPEEDO DEUTSCHLAND GMBH, DÜSSELDORF
für die freundliche Unterstützung des Buches.

Für die freundliche Unterstützung danken wir dem
INSTITUT FÜR SPORTSPIELE
DEUTSCHE SPORTHOCHSCHULE KÖLN
LEITER: UNIV.-PROF. DR. KARL WEBER

Stefan Hömberg/
Athanasios Papageorgiou

Handbuch für Beachvolleyball
Technik, Taktik, Training

Meyer & Meyer Verlag

Schriftleitung der Handbuchreihe:
Dr. Ulrich Becker, Kaiserslautern

Hinweis: Dieser Titel ist auch in englischer Sprache erhältlich.
Demnächst wird auch eine spanische und italienische Übersetzung vorliegen.

Die Deutsche Bibliothek - CIP Einheitsaufnahme

Hömberg, Stephan:
Handbuch für Beachvolleyball / Hömberg/Papageorgiou
- 2., überarb. Neuaufl. - Aachen : Meyer und Meyer, 1997
NE: Papageorgiou, Athanasios:
ISBN 3-89124-401-0

Alle Rechte, insbesondere das Recht der Vervielfältigung und Verbreitung sowie das Recht der Übersetzung, vorbehalten. Kein Teil des Werkes darf in irgendeiner Form - durch Fotokopie, Mikrofilm oder ein anderes Verfahren - ohne schriftliche Genehmigung des Verlages reproduziert oder unter Verwendung elektronischer Systeme verarbeitet, gespeichert, vervielfältigt oder verbreitet werden.

© 1994 by Meyer & Meyer Verlag, Aachen
2., überarbeitete Neuauflage 1997
Titelfoto u. Fotos auf den Seiten 174-177: Speedo Deutschland GmbH, Düsseldorf
Fotos im Innenteil: siehe Bildlegende auf Seite 241
Umschlaggestaltung: Walter J. Neumann N&N Design-Studio, Aachen
Lithos, Umschlag- und Satzbelichtung: frw, Reiner Wahlen, Aachen
Lektorat: Dr. Ulrich Becker, Kaiserslautern; Dr. Irmgard Jaeger, Aachen
Satz: Quai
Druck: Druckerei Röder + Moll GmbH, Mönchengladbach
ISBN 3-89124-401-0
Printed in Germany

Inhalt

TEIL 1: GRUNDLAGEN 9
1 BEGRÜNDUNG DES HANDBUCHS UND DES VERMITTLUNGSKONZEPTES 9
2 ZUR GESCHICHTE 17
  2.1 ENTWICKLUNG DES SPIELS BIS 1976 17
  2.2 BEACHVOLLEYBALL ALS PROFESSIONELLE SPORTART IN DEN USA 19
  2.3 WEITERE US-BEACHVOLLEYBALLORGANISATIONEN 26
  2.4 INTERNATIONALE ENTWICKLUNG...................................26
  2.5 BEACHVOLLEYBALL IN DEUTSCHLAND 28
3 STRUKTURANALYSE DES SPIELS 31
  3.1 REGELUNTERSCHIEDE ZUM HALLENSPIEL 31
  3.2 SPIELSTRUKTUR 41
    3.2.1 PHYSISCHE BEANSPRUCHUNG 42
    3.2.2 PSYCHISCHE BEANSPRUCHUNG 47
    3.2.3 HÄUFIGKEITSVERTEILUNG DER ANGEWANDTEN TECHNIKEN 51
  3.3 PROBLEMATIK DER SPEZIALISIERUNG 54
  3.4 LEISTUNGSBESTIMMENDE FAKTOREN 55
  3.5 VARIANTEN DES BEACHVOLLEYBALLSPIELS 61
    3.5.1 BEACHVOLLEYBALL '3 GEGEN 3' 61
    3.5.2 BEACHVOLLEYBALL '4 GEGEN 4' 64
    3.5.3 BEACHVOLLEYBALL IM JUGENDBEREICH 68
4 BEACHVOLLEYBALL ALS FREIZEITSPORTART 69

TEIL 2: TECHNIK, TAKTIK, TRAININGSFORMEN 73
5 ANNAHME- UND AUFSCHLAGSITUATION 73
  5.1 SACHANALYSE 73
  5.2 ANNAHMEFORMATION 74
  5.3 INDIVIDUALTAKTIK DES ANNEHMENDEN BEACHVOLLEYBALLSPIELERS 80
    5.3.1 BEDEUTUNG DER GLEICHGEWICHTSFÄHIGKEIT 83
    5.3.2 ANNAHMETECHNIKEN 85
    5.3.3 INDIVIDUALTAKTISCHES TRAINING DES ANNAHMESPIELERS 91
  5.4 INDIVIDUALTAKTIK DES AUFSCHLÄGERS 97
    5.4.1 AUFSCHLAGTECHNIKEN 102
    5.4.2 EIN- UND WEITERFÜHRUNG DES SKYBALLS 106
  5.5 AUSGEWÄHLTE TRAININGSFORMEN 112

6 ZUSPIEL- UND ANGRIFFSSITUATION ...128
- 6.1 SACHANALYSE ...128
- 6.2 ANGRIFFSAUFBAU ...129
- 6.3 INDIVIDUALTAKTIK DES ZUSPIELENDEN BEACHVOLLEYBALLSPIELERS 133
  - 6.3.1 ZUSPIELTECHNIKEN ...139
  - 6.3.2 EINFÜHRUNG BEACHVOLLEYBALL-SPEZIFISCHER ZUSPIELTECHNIKEN 143
- 6.4 INDIVIDUALTAKTIK DES ANGREIFENDEN BEACHVOLLEYBALLSPIELERS 148
  - 6.4.1 ANGRIFFSTECHNIKEN ...153
  - 6.4.2 EINFÜHRUNG BEACHVOLLEYBALL-SPEZIFISCHER ANGRIFFSTECHNIKEN ...157
- 6.5 AUSGEWÄHLTE TRAININGSFORMEN ...159
  - 6.5.1 SPEZIELLE TRAININGSFORMEN ...170

7 BLOCK- UND FELDABWEHRSITUATION ...173
- 7.1 SACHANALYSE ...173
- 7.2 BLOCK- UND FELDABWEHRFORMATIONEN ...179
  - 7.2.1 AUSGANGSSTELLUNG DER ABWEHRSPIELER ...179
  - 7.2.2 ABWEHRFORMATION MIT BLOCKBILDUNG ...182
- 7.3 ANGRIFFSAUFBAU AUS DER ABWEHR ...187
- 7.4 INDIVIDUALTAKTIK DES BLOCKSPIELERS ...191
  - 7.4.1 BLOCKTECHNIKEN ...196
- 7.5 INDIVIDUALTAKTIK DES FELDVERTEIDIGERS ...203
  - 7.5.1 ABWEHRTECHNIKEN ...206
  - 7.5.2 EINFÜHRUNG DER SPEZIELLEN BEACHABWEHRTECHNIKEN ...216
- 7.6 AUSGEWÄHLTE TRAININGSFORMEN ...220
- 7.7 SPEZIELLE TRAININGSFORMEN ...233

8 ABWEHR- UND ANGRIFFSSTRATEGIEN ...235
- 8.1 AUFSCHLAGSTRATEGIEN ...235
  - 8.1.1 ALLGEMEINE MASSNAHMEN ZUR AUFSCHLAGSTRATEGIE ...244
- 8.2 ANNAHMESTRATEGIEN ...245
  - 8.2.1 ALLGEMEINE MASSNAHMEN ZUR ANNAHMESTRATEGIE ...249
- 8.3 ZUSPIEL- UND ANGRIFFSSTRATEGIEN ...250
- 8.4 ABWEHRSTRATEGIEN ...254

9 SPIELERBEOBACHTUNGSVERFAHREN IM BEACHVOLLEYBALL ...263
- 9.1 ERFASSUNG DES AUFSCHLÄGERVERHALTENS ...268
- 9.2 ERFASSUNG DER ANNEHMENDEN ANGREIFER ...269
- 9.3 ERFASSUNG DER BLOCK- UND FELDABWEHR ...271

EINLEITUNG 7

TEIL 3: SPEZIELLE ASPEKTE DER TRAININGSPLANUNG UND -GESTALTUNG 276
10 AUFFASSUNGEN DER PROFISPIELER ZUR GESTALTUNG DES TRAININGS 276
11 EMPFEHLUNGEN ZUR TRAININGSPLANUNG UND ZUM TRAINING DER ATHLETIK 285
11.1 JAHRESPERIODISIERUNG 285
   11.1.1 US-PROFI-VOLLEYBALLER 285
   11.1.2 PROFI-BEACHVOLLEYBALLER EUROPAS 293
   11.1.3 HALLENVOLLEYBALLSPIELER IM BEACHVOLLEYBALL 294
11.2 TRAINING DER KOORDINATIVEN FÄHIGKEITEN 296
11.3 SCHNELLIGKEITSTRAINING 297
11.4 AUSDAUERTRAINING 298
11.5 KRAFTTRAINING 301
12 BEACHVOLLEYBALL-SPEZIFISCHE TRAININGSPRINZIPIEN 308
12.1 ALLGEMEINE PRINZIPIEN 308
12.2 PRINZIPIEN FÜR DIE BALLGEBUNDENE AUFWÄRMUNG 309
12.3 PRINZIPIEN ZUR ORGANISATION UND DURCHFÜHRUNG VON TRAININGSFORMEN 311
12.4 GRUNDSÄTZE FÜR DAS TRAINING UNTER PSYCHISCHER BELASTUNG 313
12.5 GRUNDSÄTZE FÜR DAS VERHALTEN DES COACHS/BETREUERS 317
12.6 GRUNDSÄTZE FÜR DAS VERHALTEN DER SPIELER ZUEINANDER 322
13 TRAININGSBEGLEITENDE MASSNAHMEN 324
14 GLOSSAR UND SYMBOLIK 330
14.1 ERLÄUTERUNG DER FACHAUSDRÜCKE 330
14.2 SYMBOLIK 332
LITERATURVERZEICHNIS 334
FOTONACHWEIS 341

Ein Hinweis zur Sprache:
Aus Gründen der besseren Lesbarkeit wird die geschlechtsneutrale Anredeform verwendet.

TEIL 1: GRUNDLAGEN
1 Begründung des Handbuchs und des Vermittlungskonzeptes

In den letzten Jahren gewinnt das Sportspiel Beachvolleyball immer mehr an Bedeutung. In den USA hat es sich in 70 Jahren von einem Strandspiel für jedermann zu einer professionell betriebenen Sportart entwickelt, die das Hallenspiel „Volleyball" bei weitem überflügelt hat. Dies wird durch die überregionale Präsenz in den Medien, durch ungewöhnlich hohe Zuschauerzahlen (40.000 - 50.000), durch das Interesse der Sponsoren und durch die sich daraus ergebenden hohen Preisgelder deutlich.

Diese Tatsachen haben zum bisher größten Erfolg der Sportart geführt:

Erstmals wurden in Atlanta 1996 Beachvolleyballwettkämpfe bei olympischen Sommerspielen durchgeführt.

Das Leistungsniveau der Nationalmannschaften im europäischen Bereich hat sich auch durch die Aufnahme des Sportspiels in das olympische Programm sehr schnell entwickelt.

Da es bisher leider nur vereinzelte Veröffentlichungen gibt, allerdings selten mit didaktisch-methodischem Ansatz (vgl. Literaturverzeichnis), soll dieses Handbuch zur weiteren Entwicklung der Sportart beitragen, insbesondere im Hinblick darauf, daß es **weltweit kein Lehrbuch** für Beachvolleyball gibt.

Dieses Handbuch verfolgt das Ziel, Spielern, Trainern und Lehrern zu ermöglichen, sich sowohl mit der Hinführung, d.h. mit den **Grundlagen**, als auch mit der **Weiterführung bzw. mit dem Training** des Spiels vertraut zu machen. Das Lehrbuch soll alle Lernenden und Lehrenden motivieren, sich vermehrt dem Beachvolleyballspiel zuzuwenden. Es setzt sich einerseits mit der **Entwicklung** und der **Struktur** des Beachvolleyballs auseinander und vermittelt andererseits konkrete und ausführliche Lern- und Lehrwege zur **Einführung** und zum **Training der Techniken**, der **Individualtaktik** sowie der **Strategie im Angriffs- und Abwehrbereich**.

Hierzu werden Kenntnisse des Hallenspiels vorausgesetzt, so daß **jeder**, der die Techniken und Taktiken des Hallenspiels kennt, befähigt ist, mit dem vorliegenden Buch zu arbeiten.

BEGRÜNDUNG DES HANDBUCHS

- Die Struktur und der Aufbau des Handbuchs entsprechen dem „Handbuch für Leistungsvolleyball – Ausbildung zum Spezialisten" von Papageorgiou/Spitzley (1994). Handlungs- und Bewegungsabläufe sowie Trainingsreihen, die dem Hallensportspiel sehr nahekommen, werden aus diesem Handbuch mit den notwendigen Modifikationen übernommen. Das Handbuch „Volleyball – Grundlagenausbildung" von Papageorgiou/Spitzley (1992) dient als **Lernvoraussetzung** für die Grundtechniken und die grundlegenden taktischen Überlegungen. Die methodischen Reihen zur Ein- und Weiterführung folgen den Grundsätzen dieses Handbuchs.

Zum besseren Verständnis werden die Bezeichnungen für Feldbereiche und Positionen des Hallenspiels übernommen.

Neben der Erarbeitung der Techniken und Taktiken werden ausgewählte **Trainingsreihen** zu den einzelnen **Beachtechniken und -strategien** sowie Empfehlungen für die Trainingspraxis angeboten.

Außerdem werden in erster Linie konkrete Hinweise für die **Vorbereitung** des europäischen Beachvolleyballspielers gegeben, also für denjenigen, der fast ausschließlich von der Hallensportart kommt und das Beachvolleyballspiel noch als **Vorbereitung auf das Hallenspiel** betrachtet.

Neuere Entwicklungen, d.h. Spieler und Trainer, die sich **ausschließlich** auf das Beachvolleyballspiel konzentrieren wollen, werden ebenfalls berücksichtigt. Für diese Spieler sind u.a. besonders die **Empfehlungen** für die Trainingspraxis, die **trainingsbegleitenden Maßnahmen** und die **Trainingsprinzipien** wertvoll. Weiterhin werden alle Sonderformen des Sportspiels besprochen, wie z.B. das Spiel '3 gegen 3', '4 gegen 4' und '6 gegen 6'.

Für Interessierte aus dem Freizeitbereich setzt die Handhabung des Buches grobe volleyballspezifische Kenntnisse voraus.

Die Ausbildung zum Beachvolleyballspieler soll kleinschrittig gestaltet werden. In allen Leistungsbereichen ist der universellen Ausbildung sehr große Beachtung zu gewähren.

> Aufgrund der Spielstruktur '2 gegen 2' ist jeder Beachvolleyballer Aufschlag-, Annahme- und Zuspieler, Angreifer, Block- und Abwehrspieler zugleich.

BEGRÜNDUNG DES HANDBUCHS

Die Hallentechniken bezüglich der Zuspiel- und Annahmetechnik, der Angriffstechniken, der Block- und Abwehrtechniken sowie der Aufschlagtechniken werden vorausgesetzt. Aufbauend auf den o.g. Voraussetzungen, sollen die Technik und Taktik des Beachvolleyballs abgeleitet und optimiert werden. Aufgrund der Fülle der Bewegungs- bzw. Handlungsabläufe und der Varianten im Beachvolleyball erfolgt die Erarbeitung der Beach-spezifischen Techniken in Anlehnung an die Struktur des Spiels.

Bei der Darstellung und Erläuterung dieser Abläufe wird bewußt auf eine detaillierte Beschreibung der Hallentechniken verzichtet, um die Beachtechniken und -Taktiken besonders verdeutlichen zu können.

> Dienen die **Kleinfeldspiele** der Erarbeitung der Mannschaftstaktik und der Strategien des Hallensportspiels, so ist der **umgekehrte** didaktisch-methodische Weg für die Hinführung zum Beachvolleyball sinnvoll, d.h. die Sonderformen des Beachvolleyballs '4 gegen 4' und '3 gegen 3' sind als Hinführung und Training für das Beachvolleyballspiel '2 gegen 2' anzuwenden.

Die Erarbeitung der Techniken, der Individual- und der Mannschaftstaktik, wird entsprechend den Spielsituationen des Beachvolleyballspiels im Zusammenhang angeboten. So wird z.B. die Verbesserung und das Training des Angreifers in Verbindung mit dem individualtaktischen Training des Blockspielers und Feldverteidigers entwickelt.

In den einzelnen Kapiteln wird auf die Unterschiede des Frauen- und Männer-Beachvolleyballspiels eingegangen. Wird keine Differenzierung vorgenommen, so ist davon auszugehen, daß die Ausführungen sowohl für den **Frauen- als auch für den Männerbereich** gelten.

Zu den Inhalten jedes Lernbereichs erfolgt eine ausführliche **Sachanalyse** unter Berücksichtigung der **Struktur des Spiels**. Darin werden die Lernvoraussetzungen und Anforderungen, die Bewegungs- und Handlungsabläufe sowie deren Variationen, die didaktisch-methodischen Überlegungen und allgemeine Hinweise zur Erarbeitung (Training) dargeboten und diskutiert. In Folge werden ausgewählte Trainingsformen mit gezielten Durchführungs- und Beobachtungshinweisen vorgestellt. Hierbei haben wiederum die Kleinfeldspiele einen hohen Stellenwert. Die **Kleinfeldspiele miteinander** dienen eher dem Lernprozeß, die Spiele **gegeneinander** sind mehr Bestandteil des Trainingsprozesses.

BEGRÜNDUNG DES HANDBUCHS

Die in der jeweiligen Sachanalyse gegebenen Ausführungen basieren auf **wissenschaftlichen Untersuchungen**, vor allem Diplomarbeiten (HÖMBERG 1993, BRAMMERTZ 1993 und MEYNDT 1995) sowie auf eigenen Beobachtungen und Erfahrungen. Überdies wurden seit dem Jahre 1982 rund 50 Turniere der Beachprofis in den USA frei, aber auch anhand von Videoaufzeichnungen systematisch beobachtet und analysiert. Alle statistischen Angaben, d.h. Ergebnisse systematischer Spielbeobachtungen, beruhen vorrangig auf eigenen Untersuchungen (Nationale Spitze Männer: BRAMMERTZ 1993, MEYNDT 1995; US-Profibereich: HÖMBERG 1993).

In der Sachanalyse wird außerdem der Versuch unternommen, eine Reihenfolge beim Training der technisch-taktischen Inhalte nach didaktisch-methodischen Gesichtspunkten vorzugeben und zu begründen.

Hier wird erneut darauf hingewiesen, daß in diesem Handbuch die Einführung und das Erlernen der Beachtechniken sowie deren situations- und spielgerechte Anwendung im Vordergrund stehen.

Die Darbietung und die Reihenfolge der Lerninhalte erfolgt in Anlehnung an die Struktur des Beachvolleyballspiels. Innerhalb der Spielsituationen werden jedoch die Inhalte, deren Reihenfolge und die Vermittlung nach didaktischen Gesichtspunkten dargestellt.

Zur optimalen Handhabung und Umsetzung des Konzeptes sollen aus trainingsdidaktischer und methodischer Sicht folgende Empfehlungen beachtet werden:

> Annahme- und Abwehrtechniken, Abwehrtaktiken und -strategien sollen vor, höchstens zeitgleich mit den entsprechenden Angriffstechniken, -taktiken und -strategien vermittelt und trainiert werden.

Diese Forderung leitet sich aus der Spielstruktur ab, die eindeutig eine sehr große Dominanz des Angriffs gegenüber der Abwehr aufweist.

Dies erhärten ebenso Beobachtungen der amerikanischen Profis wie der nationalen Spitze. Sie ergaben, daß im Durchschnitt 3,5 Ballwechsel pro Punkt notwendig sind und daß die Gesamtspielzeit für einen Punkt 98,6 s beträgt. So soll z.B. der Aufschläger bei der individualtaktischen Ausbildung des Annahmespielers zunächst nur Hilfsfunktionen erhalten und erst allmählich selbst individualtaktisch trainiert werden.

BEGRÜNDUNG DES HANDBUCHS

Alle Inhalte, alle Taktiken, Strategien usw. sollen zielgerichtet und konsequent bei den unterschiedlichsten äußeren Bedingungen und Tageszeiten trainiert werden.

Nachfolgend wird nicht immer wieder auf diese Forderung eingegangen, da sie letztlich selbstverständlich und unabdingbar für eine Leistungssteigerung bzw. für den Erfolg ist.

Von Anfang an werden bei der Vermittlung folgende Faktoren berücksichtigt:
- Förderung des Beachvolleyballspiels als Bewegungs-, Lauf- und Sprungspiel,
- Förderung der Antizipationsfähigkeit,
- Förderung der Verständigungsfähigkeit.

Nicht nach **didaktisch-methodischen Prinzipien**, sondern ausschließlich **pragmatischen Durchführungs- und Organisationsaspekten** folgend, werden die im Buch angegebenen Trainingsformen gegliedert nach:
a. Training eines einzelnen Spielers mit und ohne Trainer,
b. Training zweier Spieler mit und ohne Trainer,
c. Training von drei Spielern mit und ohne Trainer,
d. Training von vier Spielern mit und ohne Trainer,
e. Training mit fünf und mehr Spielern mit und ohne Trainer.

Diese Einteilung versucht einerseits, die gegenwärtige und möglicherweise noch einige Jahre dauernde Entwicklung der Trainingssituation der Beachvolleyballer und andererseits die mit Sicherheit sich durchsetzende Trainingsorganisation entsprechend dem Hallensportspiel, d.h. stets mit mindestens vier bzw. mehr Spielern und mit einem Trainer, zu berücksichtigen.

Das Training eines einzelnen Spielers besagt, daß man bemüht ist, andere interessierte Freizeitbeachvolleyballer unter dem Aspekt von Hilfsfunktionen mit einzubeziehen, um das Training ökonomischer und ohne lange Laufwege zu gestalten. Es soll vorab hervorgehoben werden, daß **Einzeltraining** mit Techniktraining gleichzusetzen ist und dieses meistens unter erleichterten Bedingungen stattfindet. Der einzelne Spieler, als Aufschläger oder Angreifer, spielt sich folglich selbst den Ball zu oder wirft ihn an, um eine Technikausführung zu festigen.

Training zu zweit berücksichtigt ebenso das Techniktraining, allerdings unter Beachvolleyball-spezifischen Bedingungen.

Training zu dritt stellt den Übergang vom Techniktraining zum individualtaktischen Training dar.

Erst das **Training zu viert** ermöglicht das individual- und mannschaftstaktische Training.

Das **Training mit mehr als vier Spielern** könnte neben vielen anderen Aspekten dazu beitragen, das Training einer Mannschaft gegen unterschiedlich agierende Mannschaften unter Berücksichtigung der Turniermodi zu gestalten.

Die Trainingsformen mit drei und mehr Spielern sind entsprechend der Spielstruktur spielnah und situationsgerecht. Grundsätzlich werden Trainingsformen als Kleinfeldspiele '1 gegen 1', '1 gegen 1' mit gemeinsamem Zuspieler, '2 gegen 2' auf kleinerem Feld, '3 gegen 3' oder '4 gegen 4' auf dem großen Spielfeld und als das Beachspiel '2 gegen 2' angeboten. Die Spiele mit mehr als 2 Spielern in einer Mannschaft vereinfachen das gesamte Beachvolleyballspiel, weil hier jeder Spieler eine oder keine Ballberührung bzw. Handlung pro Spielzug zu absolvieren hat. So agiert z.B. der Angreifer ohne vorausgegangene Handlung, um sich zunächst nur auf die Angriffshandlung vorbereiten zu können, damit er später, bei den darauf aufbauenden Spielformen, nach eigener Annahme- und Abwehrhandlung angreifen kann.

Die oben aufgeführten Spiele sollen bewußt auch als Spiele **miteinander** Anwendung finden, um einerseits die Ziel- und Bewegungsgenauigkeit und andererseits unter vereinfachten Bedingungen Aspekte der Mannschaftstaktiken und -strategien zu trainieren. Im Training soll absichtlich mit unterschiedlichen Partnern und Gegenspielern trainiert werden, da dies für jeden Spieler neue Spiel- bzw. Lernsituationen schafft:

> Jeder Spielpartner bringt unterschiedliche Fähigkeiten und Fertigkeiten mit ein, fordert ein unterschiedliches Zusammenwirken und gibt unterschiedliche Hilfen.

Ist dieser Punkt beim Hallensportspiel wichtig, so kann er für den Beachvolleyballer als unabdingbar bezeichnet werden, da eine 2er-Mannschaft sowohl im US-Profibereich als auch auf nationalem Spitzenniveau häufig nicht die gesamte Saison, bzw. fast nie über Jahre hinweg zusammenspielt. Für den Bereich der internationalen Turniere des Weltvolleyballverbandes (FEDERATION INTERNATIONALE DE VOLLEYBALL, FIVB) und des Europäischen Volleyballverbandes (CONFEDERATION

EUROPEENNE DE VOLLEYBALL, CEV) gilt, daß die teilnehmenden Beachvolleyballnationalmannschaften über mindestens eine Saison in der gleichen, festen Zusammensetzung spielen.

Der Beachvolleyballer muß von Anfang an in **offene Handlungssituationen** gebracht werden, also in Spielsituationen, die mindestens zwei Lösungsmöglichkeiten zulassen und somit Entscheidungsprozesse initiieren, denn die offene Handlungssituation entspricht der Struktur des Beachvolleyballspiels.

Bei der Ausbildung zum Beachvolleyballer ist die Hauptzielsetzung der Universalismus.

Diese selbstverständliche Forderung nach einer vertieften universellen Ausbildung ist darauf zurückzuführen, daß jeder Beachvolleyballer Aufschlag-, Annahme-, Aufbau-, Angriffs-, Block-, Abwehr- und Sicherungsspieler ist.

Eine **Spezialisierung** im Beachvolleyball ist, wenn überhaupt, nur in der Block- und Abwehrsituation denkbar. Dies betrifft aber in erster Linie ein Beachvolleyballpaar mit stark unterschiedlichen Fähigkeiten im Block und in der Feldverteidigung, die oft auf unterschiedliche Körpergrößen zurückzuführen sind. Ein weiterer Aspekt, den man auch als Tendenz zur Spezialisierung bezeichnen könnte, ist die Tatsache, daß in einem Beachvolleyballteam jeder Spieler, insbesondere in der Annahme- und Angriffssituation, seine bevorzugte Spielfeldseite einnimmt. Aus den genannten Gründen geht deutlich hervor, daß der Spezialisierung keine Zielsetzung und somit kein Raum in der Ausbildung eingeräumt werden soll.

Allgemein gilt, daß ein Training **sportartspezifisch** gestaltet werden muß:
Aus der **Strukturanalyse des Beachvolleyballspiels** der nationalen Spitze ergeben sich stichwortartig folgende Parameter:
Sehr kurze bis kurze, hochintensive Belastungen im Wechsel mit längeren Erholungsphasen – die **Belastungsdauer** beträgt im Mittel um 8 s.
Der **Zeitraum zwischen den Ballwechseln** liegt im Mittel bei 20 s. Ein Beachvolleyballer führt in einem Ballwechsel durchschnittlich 0,61 **Sprünge** und 1,6 **Antritte** durch und legt dabei im Schnitt 5,4 m zurück.
Die **Laufbelastung** liegt im Durchschnitt bei 3,3 m pro Antritt. Die Dichte der Antritte liegt im Schnitt bei 15,4 s. Die Laufbelastung in einer Stunde „reiner" Spielzeit liegt durchschnittlich bei 234 Antritten. Die **Sprunghandlungen** erfolgen im Mittel alle 42 s. Die Sprungbelastung in einer Stunde reiner Spielzeit liegt bei 85 Sprüngen pro Spieler.

BEGRÜNDUNG DES HANDBUCHS

Die durchschnittliche Herzfrequenz über die Dauer eines Spiels liegt bei Spielern des mittleren Leistungsniveaus bei rund 140 Schlägen pro Minute, als durchschnittlicher Laktatwert wurden 2,56 mmol/l Blut ermittelt.

Pilotuntersuchungen bei internationalen Spitzenspielern ergaben durchschnittliche Herzfrequenzen von 153 – 162 Schlägen pro Minute und Laktatspiegel von durchschnittlich 1,85 mmol/l Blut – 2,65 mmol/l Blut.

Spitzenwerte lagen bei Herzfrequenzen von knapp 180 Schlägen pro Minute und 4,1 mmol Laktat pro l Blut.

Aus energetischer Sicht zeigt sich, daß die kurzzeitigen muskulären Belastungen zu überwiegend anaerob-alactacider Beanspruchung mit Anteilen von anaerob-lactacider Energiegewinnung führen.

Der Gewinner eines Beachvolleyballwochenendturniers absolviert **mindestens 7 und höchstens 10 Spiele**. Die Spiel- bzw. Satzdauer beträgt im Mittel um 40 min.

Bei Berücksichtigung aller oben genannten Parameter muß mitbedacht werden, daß jedes Spiel unter erschwerten äußeren Bedingungen (Sonne, Temperatur, Wind, Sand u.ä.) stattfindet.

Aus dem Gesagten läßt sich deutlich ableiten, daß für das ballgebundene Training, **ausgenommen das Training der Ausdauer und der psychischen Eigenschaften mit Ball**, die **Wiederholungsmethode** anzuwenden ist; es soll daher mit kurzer, maximaler Belastungsintensität sowie mit aktiven und vollständigen Erholungspausen trainiert werden. Verglichen mit dem Hallensportspiel muß dem Training der Ausdauer ein höherer Stellenwert eingeräumt werden.

2 Zur Geschichte

2.1 Entwicklung des Spiels bis 1976

Sofern nicht anders kenntlich gemacht, diente das Buch „Kings of the Beach: The Story of Beach Volleyball" von SMITH/ FEINEMAN (1988) als Quelle bei der Erstellung dieses Kapitels.

Beachvolleyball wurde erstmals in den zwanziger Jahren im südkalifornischen Santa Monica gespielt. Man begann zunächst, in Anlehnung an die Regeln des Hallenspiels, **sechs gegen sechs** zu spielen. Dies macht deutlich, daß das Beachvolleyballspiel aus dem Hallenspiel entstanden ist.

Anfang der dreißiger Jahre wurde, meist wegen Spielermangel, mit **Vierermannschaften** gespielt, kurze Zeit später erstmals in der heutigen Form des Spiels, **zwei gegen zwei:** Diese Art des Beachvolleyballspiels erwies sich schon im Anfangsstadium als so populär, daß sie von allen Spielern übernommen wurde. Gegen Ende der dreißiger Jahre verlagerte sich die Beachvolleyballszene an den „State Beach", nördlich der Santa Monica Pier. Auch heutzutage konzentriert sich ein Großteil des Beachvolleyballgeschehens auf diesen Strandabschnitt.

Vor Ende der vierziger Jahre wurde weder geschmettert noch blockiert, und das Netz war niedriger als heute. Der Bagger zur Annahme des Aufschlags war noch nicht bekannt. Hier zeigen sich wiederum Parallelen zum Hallenspiel.

Nachdem das Beachvolleyballspiel in Kalifornien durch den Zweiten Weltkrieg nahezu völlig zum Erliegen gekommen war, wurde im Jahre 1948 erstmals ein Turnier am State Beach ausgetragen, das sich daraufhin zu einem alljährlichen Ereignis entwickelte. Schon 1951 dachte man über Möglichkeiten nach, die Spiele und somit das Turnier für die Zuschauer attraktiver zu machen. Die aufgrund des fehlenden Schmetterschlags häufig mehrere (1 bis 7) Stunden dauernden Spiele wurden daraufhin mit Schönheitswettbewerben „aufgelockert" (Foto 1).

Foto 1: „Miss Beachvolleyball"

Auch hierdurch fand das Turnier innerhalb weniger Jahre immer mehr Aufmerksamkeit in den Medien und bei den Zuschauern. Schon bald wurden weitere Turniere in Südkalifornien ins Leben gerufen. Der Spieler Gene Selznik entwickelte sich insbesondere dadurch, daß er als erster den Schmetterschlag anwendete, in den fünfziger Jahren zum ersten „Star" der Sportart. Der Starkult um Gene Selznik und die darauffolgenden sechziger Jahre waren der Ursprung des Beachvolleyballlifestyles, der bis heute für die Sportart typisch ist:

Die Kombination von Strand, Sonne, Meer, athletischen Spielern und weiblichen Fans brachte dem Spiel den Ruf ein, eine Sportart für Lebenskünstler zu sein. Da die Spieler insbesondere ab Ende der sechziger Jahre jeden Tag am Strand verbrachten, Parties feierten und von weiblichen Fans geradezu „verfolgt" wurden, konnte man schon damals von einem für Südkalifornien und das Beachvolleyballspiel typischen „way of life" sprechen. Die so entstandene „Lebensphilosophie" der Beachvolleyballspieler wird von Dave Heiser, einem damaligen Turnierveranstalter, treffend beschrieben:

„One: Don't work at a straight job a minute more than you have to. Two: Spend every daylight hour on the beach. Three: Figure out a way to make money playing volleyball. Four: Sleep with as many women as you can." (in: SMITH/FEINEMAN 1988, 64)

Foto 2: Beachvolleyball in den „Sixties"

Im Jahre 1960 war jene Entwicklung noch im Anfangsstadium (Foto 2), die Sportart wuchs jedoch weiter, und jährlich wurden fünf Turniere ausgetragen.

Ron von Hagen, der Mitte der sechziger Jahre den Bagger zur Annahme des Aufschlags populär machte, gewann sein erstes Turnier im Jahre 1964 und erreichte 1965 das Finale der **Manhattan Beach Open** (bei Los Angeles), des damals und auch heute **bedeutendsten Turniers**. Das längste Spiel in der Beachvolleyballgeschichte war das Finale der Manhattan Beach Open 1968. Nach fünf Sätzen und siebeneinhalb Stunden Spielzeit gewannen Rundle/Bergmann am späten Abend im Licht geparkter Autos.

Die Anzahl der Spieler und die Konkurrenz zwischen ihnen war mittlerweile so groß, daß es auch an normalen Trainingstagen schwierig war, genug freie Netze für alle Mannschaften zu finden. Daneben wuchs die Zahl der Turniermeldungen. Um allen Spielern ein Training zu ermöglichen und die Turniere in verschiedene Leistungsklassen einzuteilen, wurde das **Rating-System** eingeführt. Dieses System ist noch heute gültig, es unterscheidet verschiedene Leistungsklassen, z.B. „Anfänger" oder „Profi". Zwischen diesen beiden Extremen liegen viele Leistungsstufen. Um sich in die nächsthöhere Stufe emporzuspielen, muß der jeweilige Spieler eine genau definierte Erfolgsbilanz nachweisen (STEVENSON/OBSTFELD 1989). Auf den meisten Trainingsplätzen gilt hingegen die Regelung, daß die Gewinner eines Spiels auf dem Feld bleiben, um sich den nächsten „Herausforderern" zu stellen.

Bis zum Jahre 1976 wurde kein nennenswertes Preisgeld im Beachvolleyball ausgeschüttet. Die Lebenskünstlereigenheiten der Spieler zeigen sich auch darin, daß es ihnen ohne große finanzielle Mittel gelang, täglich mehrere Stunden zu trainieren und an den mittlerweile zehn Turnieren teilzunehmen.

Das Beachvolleyballspiel hatte bis zu diesem Zeitpunkt in den europäischen Ländern und im amerikanischen Raum außerhalb Kaliforniens nur Freizeitcharakter, d.h. es wurde meistens ohne Netz am Strand gespielt.

2.2 Beachvolleyball als professionelle Sportart in den USA

Die ersten Weltmeisterschaften im Jahre 1976 am State Beach in Pacific Palisades waren das Startsignal für die Professionalisierung der Sportart. Jim Menges und Greg Lee gewannen als Sieger 5.000 Dollar, mehr als 30.000 Zuschauer säumten den Strand bei diesem Turnier (SMITH/FEINEMAN 1988, 94). Nach diesem Erfolg begann die Marketing-Agentur „Event Concepts" mit der Entwicklung einer professionellen Turnierserie. Die Anzahl der Turniere wuchs bis 1983 auf zwölf, die Gesamtpreisgeldsumme stieg in diesem Zeitraum bis auf 137.000 $. Dies war durch die Hauptsponsoren „Jose Cuervo" und „Miller-Beer" möglich geworden. Die Zuschauerzahlen (10. – 15.000) wuchsen (Foto 3), und die Turnierserie expandierte in andere US-Bundesstaaten (BEACH VOLLEYBALL MAGAZINE 1/1982).

Foto 3: San Diego Open 1982

Neue Verdienstmöglichkeiten boten sich den Spielern nun durch Werbeverträge. Der Veranstalter änderte 1982 gegen den Widerstand der Spieler mehrfach die Spielregeln, u.a. wurde ein anderer Spielball eingeführt. Der Großteil der Fernseh- und Sponsorengelder floß zudem an die Agentur. Nachdem sie bereits gegen die Regel- und Spielballänderungen protestiert hatten, forderten die Spieler daraufhin eine Erhöhung der Preisgelder. Als „Event Concepts" dies ablehnte, verlangten die Spieler Einblick in die Geschäftsbücher.

Die Ablehnung dieser Forderung führte zur Gründung der ASSOCIATION VOLLEYBALL PROFESSIONALS (AVP) am 21. Juli 1983.

Die Spieler versprachen sich durch die Schaffung der AVP einen größeren Einfluß auf die kommerzielle Entwicklung des Spiels und forderten zum Höhepunkt des Konfliktes, vor der Weltmeisterschaft im Jahre 1984 in Redondo Beach, ein weiteres Mal eine größere Transparenz bei der Preisgeldaufteilung sowie mehr Mitspracherechte. Die erneute Ablehnung führte schließlich zu einem Streik der Spieler, so daß das Turnier mit zweitklassigen Spielern stattfinden mußte. Daraufhin wandten sich die verärgerten Sponsoren der AVP zu (SMITH/FEINEMAN 1988, 129-136).

Im darauffolgenden Jahr war die AVP der alleinige Veranstalter, und es gelang, die Turnierserie auf 17 Orte und ein Gesamtpreisgeld von 275.000 $ auszuweiten (GREEN/PATTERSON/CASEY 1993, 42-62). Preisgelder, Turnieranzahl, Zuschauerzahlen und Medienpräsenz sind seitdem so stark wie bei keiner anderen Sportart angestiegen. Die Steigerungsraten des Preisgeldes übertrafen im letzten Jahrzehnt selbst das Tennis- und das Golfspiel. Bei der AVP ist ein Ende der kommerziellen Entwicklung nicht abzusehen:

Foto 4: „Cuervo Gold Crown"-Turnier, Clearwater 1989

Der Centre Court wird mittlerweile rundum von Tribünen umgeben, gespielt werden 25 Turniere in 15 bis 20 Staaten der USA (Foto 4). Überdies werden am Saisonende 1.000.000 $ an Bonusgeldern an die besten Spieler der Rangliste ausgezahlt, die Turniere sind mit durchschnittlich 125.000 $ dotiert (AVP MEDIA GUIDE 1996). Seit dem Jahre 1992 werden Eintrittsgelder für die Tribünensitzplätze am „Centre Court" verlangt. Die bei den Zuschauern so beliebte Möglichkeit, im eigenen Stuhl direkt neben dem Feld das Geschehen zu beobachten, wurde, wie im Tennis, durch die Einrichtung sog. VIP-Bereiche (Sitzplätze, die für Prominente und Sponsoren reserviert sind) weitgehend eingeschränkt.

Foto 5:
Sponsor-Siegerscheck
(Mike Dodd und Tim Hovland)

Über eine halbe Million Zuschauer im Jahre 1993 und die Ausweitung der Liveübertragungen auf über 20 Stunden durch den überregionalen Fernsehsender National Broadcasting Corporation zeigen, daß die Popularität der Sportart durch die Einführung der Eintrittsgelder offenbar nicht gelitten hat (AVP MEDIA INFORMATION 1993, vgl. Abb. 2).

Nach zwei Jahren der wirtschaftlichen Stagnation hat man in der Saison 1996 wiederum steigende Preisgelder und Zuschauerzahlen erzielt und plant, durch die Vergabe der Turnierorganisation und -promotion an private Gesellschaften, die Erhöhung der Turnieranzahl für die kommenden zwei Jahre. Seit 1995 ist die AVP Hallenbeachturnierserie auf vier Turniere ausgeweitet worden (VOLLEYBALL 6/1996, 62-65).

Die Abb. 1 und 2 zeigen die kommerzielle Entwicklung der AVP im vergangenen Jahrzehnt.

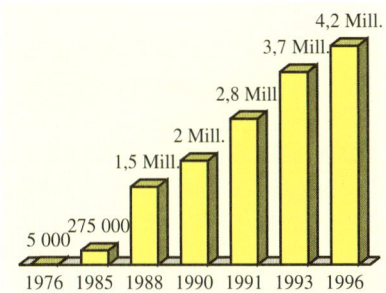 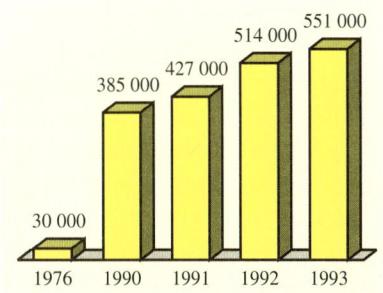

Abb. 1: Preisgelder 1976-1996 in $ (AVP)
(Quellen: AVP MEDIA GUIDE 1990, AVP MEDIA GUIDE 1993, AVP MEDIA INFORMATION 1993, AVP MEDIA GUIDE 1996)

Abb. 2: Zuschauerzahlen 1976-1993 (AVP)
(Quelle: AVP MEDIA INFORMATION 1993)

Ende der siebziger Jahre traten erstmals die Spieler in Erscheinung, die z.T. auch heute noch die Beachvolleyballszene beherrschen. Sinjin Smith, Karch Kiraly, Mike Dodd, Tim Hovland und Randy Stoklos dominierten die Turniere in den vergangenen zwölf Jahren. Das Paar Sinjin Smith/Randy Stoklos wurde in den achtziger Jahren mit weit über 100 Turniersiegen zur erfolgreichsten Mannschaft aller Zeiten. Ihre Finalspiele gegen Hovland/Dodd kennzeichneten das vergangene Jahrzehnt.

Bei den männlichen Profis gelang es den Spielern Karch Kiraly und Kent Steffes die Vorherrschaft von Hovland/Dodd und vor allem von Smith/ Stoklos zu durchbrechen. Nach einigen Partnerwechseln erreichte dieses Paar mit dem Olympiasieg in Atlanta den bisher größten Erfolg.

Der Grund für die Dominanz von Smith/Stoklos und Hovland/Dodd wird häufig darin gesehen, daß sie nie einen Partnerwechsel vornahmen. Schon in den sechziger Jahren war es unüblich, bei Mißerfolgen mit demselben Partner weiterzuspielen. Auch heute wechseln viele Spieler ihren Partner oft mehrfach in der Saison. Smith/Stoklos hingegen spielten über zehn Jahre miteinander und waren dementsprechend gut „eingespielt".

Viele der Top-20-Spieler der AVP haben ihren Karrierehöhepunkt bereits überschritten. Die Turniersieger der letzten Jahre sind 35 Jahre alt – oder älter. Nur wenige Spieler einer jüngeren Generation scheinen gegenwärtig in der Lage, die besten Spieler an der Spitze zu gefährden.

Das **professionelle Beachvolleyballspiel der Frauen** (Foto 6) entwickelte sich, wenn auch mit zeitlicher Verzögerung, ähnlich wie das der Männer:

Die **WOMEN'S PROFESSIONAL VOLLEYBALL ASSOCIATION (WPVA)** wurde zum Jahresende 1986 gegründet. Ziel war es, aus dem Schatten der männlichen Profis herauszutreten und das Beachvolleyballspiel der Frauen als professionelle Sportart zu etablieren. Vor 1987 waren keine nennenswerten Preisgelder gezahlt worden, die Spielerinnen waren Amateure.

Im Jahre 1988 gelang es mit Hilfe einiger Sponsoren, die Gesamtpreisgeldsumme von 50.000 $ auf 105.000 $ zu steigern. Wie bei den männlichen Profis erfuhr die Sportart in den darauffolgenden Jahren eine rasante Entwicklung: Bis 1991 konnte die Gewinnsumme auf 805.000 $, die Turnierzahl auf siebzehn erhöht werden. Die WPVA-Turniere werden seit dem Jahre 1988 im Fernsehen übertragen.

Foto 6: Profi-Beachvolleyball der Frauen, Santa Barbara 1991

Die Zuschauerzahlen erreichen zwar nicht die Dimensionen der AVP (30.000 – 60.000 pro Turnier), die steigenden Besucherzahlen (5.000 – 20.000) zeigen aber zweifellos einen Popularitätsanstieg (WPVA TOUR GUIDE 1991). Für 1992 waren 20 Turniere mit durchschnittlichen Preisgeldsummen von 50.000 $ – 100.000 $ geplant. Aufgrund zurückgehender Zuschauerzahlen, des Verlusts des Fernsehvertrages und einer Kostensteigerung bei der Organisation der Turniere mußten jedoch die Preisgelder um 20% gekürzt, die Turnieranzahl auf zwölf reduziert werden (FROST 1993, 50-56).

Nachdem in den Jahren 1993 und 1994 acht Top-Spielerinnen zur neugegründeten **AVP-Women's-Tour** wechselten, diese sich aber nicht etablieren konnte, wird seit 1995 wieder eine alleinige WPVA-Turnierserie für weibliche Profis mit sechzehn Turnieren und Preisgeldern in durchschnittlicher Höhe von 40.000 $ gespielt.

Da das Beachvolleyballspiel der Frauen bis zum Jahre 1986 im Schatten des männlichen Pendants stand, liegen über Spielerinnen und Turniere vor 1986 nur wenige Dokumentationen vor. Die erfolgreichsten Spielerinnen vor der Gründung der Profivereinigung waren Nina Matthies und Kathy Gregory, die seit den siebziger Jahren die Turniere der Frauen beherrschten. Stars der Jahre 1987 bis 1990 waren die Brasilianerin Jackie Silva (41 Turniersiege), Patty Dodd (12) und Linda Chisholm-Carillo (28 Siege) (FROST 1993, 54).

Seit 1990 wird das Spiel der Frauen entscheidend durch die athletische Spielweise von Karolyn Kirby und Angela Rock geprägt. Seitdem hat sich bei den Frauen ein höherer Trainingsaufwand und die damit verbundene athletischere Spielweise durchgesetzt, die sich durch viele Sprungaufschläge, Blockaktionen und eine beweglichere Feldabwehr auszeichnet. In den Jahren 1991 – 1995 waren Holly McPeak, Nancy Reno, Liz Mazakayan und K. Kirby/A. Rock die mit Abstand überragenden Spielerinnen, allerdings blieb den US-Teams der Erfolg gegen die noch stärkeren Mannschaften aus Brasilien bei den Olympischen Spielen versagt.

Das Phänomen des „Partnertauschs" ist bei den weiblichen Profis ausgeprägter als bei der AVP. Die Zeitschrift VOLLEYBALL MONTHLY (3/1992) errechnete, daß jede Spielerin der „Top 60" der WPVA-Rangliste innerhalb einer Saison im Durchschnitt mit fünf verschiedenen Partnerinnen zusammenspielt! Es zeigte sich auch bei den Turnieren der Frauen, daß Mannschaften, die eine komplette Saison zusammen bestreiten, sehr erfolgreich sind. Das Durchschnittsalter der besten fünfzehn Profis liegt bei 32 Jahren.

2.3 Weitere US-Beachvolleyballorganisationen

In den Vereinigten Staaten gibt es neben den professionellen Turnierserien des Beachvolleyballspiels '2 gegen 2' weitere Organisationen, die als Turnierveranstalter für Amateure und Profis auftreten. Sie sollen an dieser Stelle kurz erwähnt werden:
- An der Ostküste der USA werden verschiedene Turnierserien für Profispieler von unterschiedlichen Sponsoren veranstaltet.
- Im Jahre 1991 wurde unter dem Titel „AMERICAN BEACHVOLLEYBALL LEAGUE" eine Turnierserie für „Vierermannschaften" geschaffen. Es werden mit je vier Spielern in jeder Mannschaft Turniere im Gruppensystem gespielt, wobei im Verlauf eines Turniers alle Mannschaften mindestens einmal aufeinandertreffen (vgl. zu den Regeln Kap. 3.5.2).
- Titelsponsor ist seit der Gründung der Liga die Budweiser-Brauerei. Die Mannschaftszusammenstellung wird nach dem „Draft"-Vorbild anderer amerikanischer Profisportarten (Basketball, American Football etc.) vorgenommen, die gebildeten Mannschaften werden von Firmen gesponsort. Seit der Saison 1992 wird, ebenfalls mit „Budweiser" als Hauptsponsor, nach gleichem Prinzip eine „Vierermeisterschaft" für Frauen gespielt. Mittlerweile bestehen diese Turnierserien der AMERICAN- bzw. WOMEN'S BEACHVOLLEYBALL LEAGUE aus zwölf Männer- und Frauenturnieren mit einem Gesamtpreisgeld von rund 1.000.000 $.
- Die AMATEUR VOLLEYBALL ASSOCIATION (AVA) überwacht mit Unterstützung regionaler Verbände den Spielbetrieb der Amateure. Sie gibt in jedem Jahr den umfangreichen Turnierkalender aller Freiluftturniere heraus. Sie ist auch für die Anerkennung und Überprüfung der Spieler-Ratings zuständig und reguliert somit den Zutritt von Spielern zu den Profiturnieren.

2.4 Internationale Entwicklung

Die Entwicklung des Spiels als Profisportart durch die AVP und die schon vorhandenen bzw. weiter zu erwartenden enormen kommerziellen Gewinne fanden erstmals im Jahre 1991 angemessene Beachtung durch die FIVB.

Die FIVB erkannte sowohl die wachsende Beliebtheit des Beachvolleyballspiels bei Spielern und Zuschauern als auch die enormen kommerziellen Entwicklungschancen, die sich durch die Vermarktung bieten, und richtete die „Beachvolleyball World Series" ein. Zunächst wurden jährlich 3-6 Turniere mit Landesmeistern bzw. Vizemeistern aus aller Welt gespielt. Die Preisgelder erreichten mit ca. 100.000 $ etwa die Hälfte der in den USA üblichen Dimensionen (Foto 7). In den Jahren 1995 und 1996 wurde die Anzahl der Turniere bei den Männern auf sechzehn gesteigert. Die Gesamtpreisgeldsumme hat 2.660.000 $ erreicht. Bei den Frauen wurden in den letzten zwei Jahren je elf Turniere mit einer Gesamtpreisgeldsumme von 1.590.000 $ gespielt.

Diese Steigerungen sind in erster Linie darauf zurückzuführen, daß das Spiel als olympische Medaillensportart anerkannt wurde und sich die FIVB deshalb sehr bemüht, ihren Status als alleinige Instanz für internationalen Beachvolleyball zu festigen.

Foto 7: Beachvolleyball World Series

Hinsichtlich des weiteren Wachstums des Sportspiels Beachvolleyball als Profisportart wird eine Entwicklung erwartet, die der des Tennissports entspricht. Die jetzige Turnierzahl von 40 bei den Profis (AVP & FIVB) wird sich spätestens im Jahre 2.000 verdoppelt oder verdreifacht haben. So werden Profispieler/-mannschaften aus aller Welt an jedem Wochenende des Jahres die Möglichkeit haben, sich unter mehreren Turnieren in aller Welt eines aussuchen zu können. Eine ähnliche, wenn auch langsamere Entwicklung wird für das Spiel der Frauen erwartet.

Für die Olympischen Spiele konnte hinsichtlich der Qualifikation ein Kompromiß zwischen der FIVB und der konkurrierenden AVP gefunden werden, so daß Profispieler der AVP am Olympischen Turnier teilnehmen konnten. In diesem Kompromiß erkannte die FIVB zum einen die AVP als vorrangigen Veranstalter professioneller Beachvolleyballturniere der Männer in den USA an, zum anderen fand der Weltverband die Anerkennung der AVP als alleinige Instanz sowohl für Olympia-Qualifikationsturniere und -modi als auch für das Olympische Turnier selbst. Da diese Vereinbarung nur bis einschließlich des Zeitraums der Olympiade Gültigkeit besaß, können weitere Streitigkeiten hinsichtlich der Frage, ob die AVP oder die FIVB die weitere Expansion des professionellen Spiels vorantreiben werden, auch in Zukunft ein Wachstumshindernis für die Sportart Beachvolleyball darstellen. Eine Einigung und Zusammenarbeit der beiden Organisationen wird hoffentlich bald erfolgen. Bei den Frauen ist die Problematik dadurch gelöst worden, daß der amerikanische Volleyballverband USVBA (als Vertreter der FIVB) die WPVA-Turnierserie der weiblichen Profis als eine mögliche Qualifikationsebene für die Olympischen Spiele anerkennt.

2.5 Beachvolleyball in Deutschland

In Deutschland gibt es seit dem Jahre 1988 eine organisierte Turnierserie. Diese wurde auf Anregung des damaligen Bundestrainers von kommerziellen Marketingagenturen veranstaltet und bis zum Ende des Jahres 1990 in gleicher Weise fortgesetzt. Vor allem die Unzufriedenheit der Spieler über die Organisationsmängel in den ersten drei Jahren des organisierten Beachvolleyball veranlaßte den **DEUTSCHEN VOLLEYBALL-VERBAND (DVV)**, ab 1991 als Dachorganisation die Beachturniere selbst zu veranstalten bzw. die lokalen Veranstalter zu überwachen.

Im Jahre 1991 wurde erstmals die sog. „Beachkommission" eingesetzt, die für den Bereich des deutschen Beachvolleyballs die maßgebende Instanz innerhalb des DVV ist. Zunächst wurden unter Federführung der Stiftung Deutscher Volleyball (SDV) vier Turniere veranstaltet; im Jahre 1992 konnte die Zahl auf sieben gesteigert werden. Mittlerweile werden Ranglistenturniere in zwei Serien, acht sogenannte „Masters"-Turniere und sechzehn „Beach-Cups", diese mit ca. um das zehnfache niedrigerem Preisgeld, veranstaltet. Gegenwärtig ist die Deutsche Volleyball Sport GmbH (DVS), eine Tochtergesellschaft des DVV, die verantwortliche Verbandsinstanz. Sie arbeitet bei Ausrichtung, Veranstaltung und Organisation mit Werbeagenturen und lokalen Veranstaltern zusammen. Wurde im Jahre 1992 ein Gesamtpreisgeld von DM 50.000 ausgeschüttet, so konnte dies im Jahre 1993 auf DM 100.000, ein Jahr später auf DM 200.000 und im letzten Jahr auf DM 375.000 gesteigert werden. In der Saison 1996 betrug das Gesamtpreisgeld aller „Masters-" und „Cup"-Turniere DM 675.000, womit sich die Deutsche Turnierserie zur größten und lukrativsten nationalen Meisterschaft in Europa und zur drittgrößten weltweit entwickelt hat. Dies zeigt auch die Entwicklung der Zuschauerzahlen von ca. 30.000 Besuchern bei allen Turnieren im Jahre 1992 und 500.000 im Jahre 1996. 10.000 Zuschauer an einem Turnierwochenende oder bei den Endspielen der Deutschen Meisterschaften sind keine Seltenheit.

Foto 8: Deutsche Beachvolleyballmeisterschaft

Beachvolleyball in Deutschland hat auch in der Breite einen großen Stellenwert, was durch die Zahl von 15.400 teilnehmenden Spielern an Beachvolleyballveranstaltungen im Jahre 1994 dokumentiert wird.

Bis auf die beiden Nationalmannschaften sowie die Ranglistenzweiten spielen deutsche Mannschaften gegenwärtig international nur eine untergeordnete Rolle. Die Nationalmannschaften der Frauen und Männer waren in den Jahren 1994-1996 sehr erfolgreich und schloßen nach erreichter Qualifikation das olympische Turnier mit sehr guten Plazierungen ab (Frauen: Platz 7; Männer: Platz 9).

Um die Nationalmannschaften mittel- und langfristig in der internationalen Spitze etablieren zu können, müssen diese allerdings in stärkerem Maße als bisher vom DVV gefördert werden, so daß sie neben dem unbedingt erforderlichen ständigen Betreuerstab, bestehend aus Coach/Trainer, Co-Trainer/Spielanalysator und Physiotherapeut, eine finanzielle Unterstützung erhalten, die es ihnen erlaubt, auf das Hallenspiel zu verzichten und sich auf Beachvolleyball zu spezialisieren. Nur mit einem fast ganzjährigen Trainingsaufenthalt im Ausland, insbesondere in den USA, wird es den deutschen Spitzenspielern möglich sein, auch weiterhin zu den besten zehn Mannschaften der Welt zu gehören.

3 Strukturanalyse des Spiels

3.1 Regelunterschiede zum Hallenspiel

Zum besseren Verständnis der Strukturanalyse sowie der Erläuterung von Technik und Spielstrategie werden hier zunächst ein Überblick und kurze Anmerkungen zu den Beachvolleyballspielregeln gegeben. Hierbei wird die Kenntnis der Regeln des Sportspiels in der Halle vorausgesetzt.

Vor kurzem wurden die internationalen Beachvolleyballregeln erarbeitet. Diese sind sowohl von den internationalen Regeln des Hallensportspiels als auch vom Regelwerk der amerikanischen Profis abgeleitet.

Die Regeln der amerikanischen Profis wurden vor Jahren, größtenteils in Anlehnung an die Regeln des Hallensportspiels, unter besonderer Berücksichtigung der traditionellen Beachregeln erstellt.

Hervorzuheben ist, daß es augenblicklich **zwei** Regelwerke gibt, das der FIVB, bei dem **nach Sätzen bzw. Punkten** gespielt wird, und das der AVP, wobei ein Spiel auch **nach Zeit** entschieden werden kann. Die folgenden Ausführungen entsprechen dem FIVB-Regelwerk; die Unterschiede der AVP-Regeln werden hervorgehoben.

Zunächst soll kurz auf den Spielmodus eingegangen werden. Gespielt wird '2 gegen 2' auf dem Volleyballfeld. Die Saison besteht ausschließlich aus Turnieren. In einem Turnier spielen 32 Mannschaften auf 5 bis 7 Feldern im **doppelten K.o.-System (Double-Elimination Format)**. Der Grundgedanke dieses Systems ist, daß eine Mannschaft nicht mit nur einer Niederlage ausscheiden kann, sondern **zweimal** verlieren muß, um auszuscheiden. Eine Mannschaft wechselt dabei nach einer Niederlage in der Haupt- bzw. Gewinnerrunde (Winner's Bracket) in die Hoffnungs- bzw. Verliererrunde (Loser's Bracket) und scheidet erst dann aus, wenn sie dort ebenfalls ein Spiel verliert. Gespielt wird ein Satz bis 15, mit zwei Punkten Mindestdifferenz, aber höchstens bis 17 Punkte, d.h., daß hier ein Punkt Vorsprung zum Satzgewinn reicht. Das Finale bestreiten der Sieger der Gewinner- und der Sieger der Verliererrunde.

Im Bereich der FIVB wird das letzte Spiel der Verliererrunde, an dem der Verlierer des letzten Spiels der Gewinnerrunde und der Sieger der Verliererrunde teilnehmen, als Halbfinale bezeichnet. Der Sieger dieses Spieles erreicht das Finale und der Verlierer belegt den 3. Platz des Turniers.

STRUKTURANALYSE DES SPIELS

Dieses Halbfinale entspricht dem sogenannten „Loser's Bracket Final" im Bereich der AVP.

Im Finale werden zwei Gewinnsätze bis 12 gespielt, wobei ebenfalls ein Punkt Vorsprung zum Satzgewinn genügt. Der Entscheidungssatz wird mit der **Tie-Break-Zählweise** mit zwei Punkten Mindestdifferenz ausgetragen.

USA: Für den Bereich der **US-Profis** gilt, daß nach Zeit gespielt wird: Hat nach einer effektiven Spielzeit von neun Minuten keine der beiden Mannschaften den Satz gewonnen, so ist die Mannschaft Sieger, die zu diesem Zeitpunkt nach Punkten in Führung liegt, d.h., daß ein Punkt Differenz zum Satz- und somit Spielgewinn genügt. Bei Gleichstand nach Ablauf der Spielzeit entscheidet der sog. „**Sudden Death**" über den Sieg, d.h. es gewinnt die Mannschaft, die als erste einen Punkt erzielt.

Die US-Profis verfahren überdies konsequent nach dem Prinzip, daß eine Mannschaft zweimal verlieren muß, um aus dem Turnier auszuscheiden: Gewinnt der Gewinnerrundensieger den zunächst im Finale gespielten Satz bis 15, so hat die Mannschaft das Turnier für sich entschieden. Gewinnt jedoch der Verliererrundensieger den Satz, so wird ein Entscheidungssatz bis sieben Punkte (bzw. drei Minuten effektive Spielzeit), das sog. **Double Final**, gespielt. Die Tie-Break-Zählweise findet hier keine Anwendung, es kann also nur die Mannschaft Punkte erzielen, die das Aufschlagrecht besitzt.

Ausgenommen vom Spielmodus des Double-Elimination Formats sind die drei „Gold Crown"-Turniere sowie das „Kings of the Beach"- Turnier. Bei diesen Einladungstournieren der besten 14 (16) Spieler wird im Gruppensystem gespielt. Bei den „Gold Crown"- Turnieren werden im **Round-Robin Format** (s. Glossar) Sätze bis 11, im Finale bis 15 gespielt. Beim „Kings of the Beach"- Turnier gilt im **Shot-Gun Format** (s. Glossar) die übliche Zählweise.

Bei Sätzen bis elf Punkte bzw. im Double Final (bis sieben Punkte) werden die Seiten nach jeweils zwei gespielten Punkten gewechselt.

Um die Forderungen der Fernsehsender nach einer Anpassung der Spieldauer an bestimmte Sendezeiten zu erfüllen, wird z.Zt. hinsichtlich des Spielmodus sehr viel experimentiert. Die Spieldauer variiert daher zwischen 8 und 9 min, ebenso wird manchmal mit und manchmal ohne 7-Punkte Double Final gespielt.

Abb. 3 auf Seite 33 zeigt das doppelte K.o.-System:
Auf der linken Seite der Abbildung ist die Gewinner-, auf der rechten Seite die Verliererrunde dargestellt. Die Mannschaften werden über den waagerechten Linien einer „Spielklammer" notiert.

STRUKTURANALYSE DES SPIELS 33

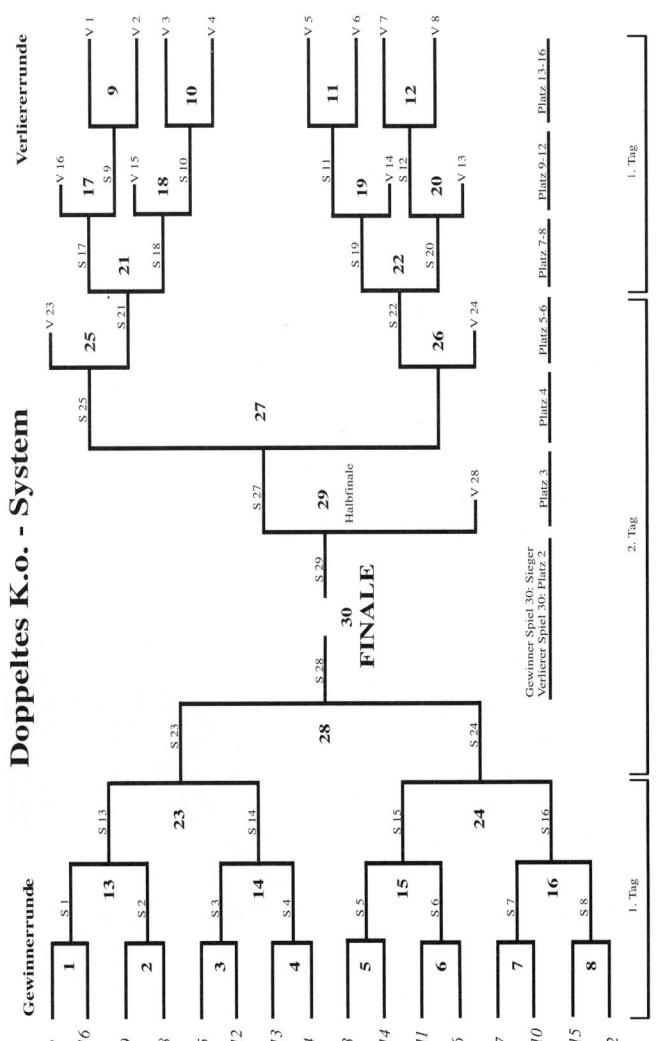

Abb. 3

Foto 9

Die Reihenfolge der Spiele ist festgelegt und richtet sich nach der **fett**gedruckten Numerierung.

Die Spiele der ersten Runde (linke Spalte der Gewinnerrunde) werden anhand einer Setzliste zusammengestellt. So wird vermieden, daß die besten Mannschaften in den ersten Runden aufeinandertreffen. Die in der Gewinnerrunde ganz links kursiv aufgeführten Zahlen von 1-16 zeigen, wie die Mannschaften bei einem Turnier gesetzt werden.

Die nicht fettgedruckten Nummern in der Verliererrunde, denen ein 'V' vorangestellt ist, geben an, aus welchem Spiel der Gewinnerrunde die Mannschaft (Verlierer des Spiels in der Gewinnerrunde) zugeordnet wird. In der ersten Runde der Verliererrunde treffen demnach die Verlierer der acht Erstrundenspiele der Gewinnerrunde aufeinander. In der zweiten Runde der Verliererrunde werden die Verlierer der Spiele 13-16 zugeordnet usw.

Eine Mannschaft, die beispielsweise in der ersten Runde der Gewinnerrunde verliert und sich dennoch bis in das Finale vorkämpft, hat demnach insgesamt acht Spiele zu bestreiten, bei einem Turnier mit 32 Mannschaften können es bis zu zehn Spiele sein. Im Gegensatz dazu hat eine Mannschaft, die in der Gewinnerrunde jedes Spiel gewinnt, an einem Turnierwochenende nur sechs (sieben) Spiele zu absolvieren.

Nachfolgend werden die Unterschiede zwischen den Beachregeln und den Hallenregeln stichwortartig aufgeführt:
- Im Gegensatz zum Hallenvolleyball wird das Sportspiel Beachvolleyball sehr von äußeren Bedingungen, wie z.B. Wind und Sonne, beeinflußt. Aus diesem Grund werden nach jeweils fünf gespielten Punkten die Seiten gewechselt.
- Der Ball (Mikasa VLS 200) ist handgenäht und besteht aus mehrfarbigem Leder, er ist aufgrund des Luftdrucks und der Oberfläche weicher als der normale Volleyball. Mit 260-280 g Gewicht ist er schwerer als der normale Volleyball. Der Luftdruck beträgt 171-221 mbar (0,175-0,225 kg/cm^3), der Umfang beträgt 65-67 cm.

USA: Im Bereich der US-Profis wird mit anderen Bällen (Wilson AVP; Brine BV 10 WP WPVA Pro Tour) gespielt, der Luftdruck beträgt dort 3,5 N/cm.
- Die Mannschaften bestehen aus zwei Spielern, die sowohl während des Spiels als auch während eines Turniers nicht ausgewechselt werden dürfen.
- Hinsichtlich des Coachings durch einen Trainer machen die FIVB-Regeln keine Angaben. Nach den vorliegenden Informationen wird das Coaching in absehbarer Zeit nicht mehr zugelassen sein.

USA: Hier ist das Coaching durch einen Trainer während der Spielunterbrechungen erlaubt.
- Es gibt **keine Aufstellungsregeln**, d.h. jeder Spieler kann in jeder Situation, vor oder nach dem Aufschlag, auf jede beliebige Seite wechseln.
- Der Aufschlag darf von jeder beliebigen Position hinter der Grundlinie ausgeführt werden, d.h. es gibt keine Aufschlagzone.
- Aufschlagversuch: Wenn der Ball zu Boden fällt oder gefangen wurde, nachdem er vom Spieler hochgeworfen wurde, so gilt dies als Aufschlagversuch.

USA: Ein einmaliger Abbruch des Aufschlagversuchs nach dem Ballwurf ist erlaubt.
- Eine Mannschaft muß die üblichen Wechsel beim Aufschlag einhalten, d.h. nach jedem Wechsel des Aufschlagrechts muß der andere Spieler aufschlagen.
- Eine fehlerhafte Reihenfolge der Aufschlagspieler führt zu einem Wechsel des Aufschlagrechts.

USA: Im Bereich der US-Profis hat eine fehlerhafte Reihenfolge zunächst keine Folgen. Es wird weder das Spiel unterbrochen noch irgendeine Strafe ausgesprochen. Allerdings muß im weiteren Spielverlauf so aufgeschlagen werden, daß ein Spieler nicht zweimal hintereinander das Aufschlagrecht wahrnimmt, die neue Reihenfolge bleibt demnach bestehen.
- Während des Aufschlags darf sich der nicht aufschlagende Spieler nicht bewegen. Ferner darf er die Sicht der annehmenden Mannschaft in keiner Weise einschränken. Auf Bitte der annehmenden Mannschaft (in den USA auf Bitte des Schiedsrichters) muß der betreffende Spieler seine Position verändern.
- Netzberührungen werden als Fehler geahndet. Neben dem grundsätzlichen Verbot einer Netzberührung gilt die Regel, daß die Berührung der Pfosten, Spannseile oder jeglicher Gegenstände außerhalb der Netzlänge nicht geahndet wird, nachdem der Spieler den Ball geschlagen hat und wenn er dadurch das Spiel nicht stört.

USA: Im Profibereich gilt nach wie vor das Verbot jeglicher Netzberührung.
- Ein Spieler darf unter dem Netz übertreten, um den Ball besser spielen zu können, er darf den Gegner dabei nicht behindern.

USA: Hier darf der gegnerische Spieler zwar berührt, seine Folgehandlungen dürfen aber nicht beeinflußt werden. Der Gegenspieler muß dem übertretenden Spieler oder dem Ball nicht ausweichen, darf ihn bzw. den Ball allerdings auch nicht absichtlich bei seinen Handlungen berühren. Ball oder Spieler dürfen indes nicht absichtlich berührt werden, um dadurch eine mögliche Spielhandlung des Gegners zu behindern. Diese Regel wird fast immer so ausgelegt, daß,

obwohl sie den Körperkontakt ausdrücklich erlaubt, bei einem Körperkontakt die „Beeinträchtigung" durch den übertretenden Spieler geahndet wird.
- Der Ball muß spielgerecht gespielt werden, d.h. er darf nicht gehoben, gehalten, geführt oder geworfen werden.
- Der Ball darf mit jedem Teil des Körpers berührt werden. Ein gleichzeitiger Kontakt mit mehreren Körperteilen ist erlaubt.
- Ein harter Schmetterschlag (in den USA auch ein hart vom Block zurückspringender Ball) darf bei der Abwehr mehrfach hintereinander von demselben Spieler berührt werden und auch mit offenen Händen gespielt werden. Die FIVB-Regeln erlauben hier sogar das kurzzeitige „Halten" des Balles.
- Die Annahme des Aufschlags im oberen Zuspiel ist nicht ausdrücklich untersagt, wird aber sehr streng hinsichtlich ihrer technischen Qualität beurteilt.

USA: Im Bereich der AVP ist die Annahme des Aufschlags im oberen Zuspiel nicht erlaubt. Die WPVA-Regeln erlauben dies, jedoch muß der Ballkontakt mit beiden Händen gleichzeitig ohne jegliches Heben oder Führen des Balles geschehen.
- Driveschläge, Angriffs- und Zuspielerfinten bzw. alle Angriffsschläge mit bogenförmigem Ballflug dürfen **nicht** mit offenen Händen abgewehrt werden.

USA: Bei den Profis muß der Ball beim oberen Zuspiel gleichzeitig mit beiden Händen gespielt werden, ein einhändiges Zuspiel ist nicht erlaubt.

In den USA wurde die letzte Regeländerung zum oberen Zuspiel im Jahre 1990 vorgenommen, sie entspricht einer Angleichung an das obere Zuspiel des Hallensportspiels. Bis zu diesem Zeitpunkt waren die Anforderungen für ein genaues Zuspiel nicht exakt definiert. Der Ball durfte nur eine Rotation vollführen, um als korrektes Zuspiel zu gelten. Dies führte dazu, daß die meisten Spieler viel häufiger im Zuspielbagger stellten, um Fehler zu vermeiden. Beobachtungen zeigten, daß die Mannschaften schlechter abschnitten, die auch nach der Regeländerung im unteren Zuspiel stellten. Trotz dieser Regelannäherung an das Hallenspiel werden die Regeln in bezug auf das obere Zuspiel in den USA wesentlich strenger als im FIVB-Bereich ausgelegt.
- Das laterale Zuspiel zum eigenen Mitspieler ist erlaubt, über das Netz zum Gegner aber verboten.
- Der Ball darf zum Gegner gepritscht werden, allerdings nur frontal oder rückwärts, stets im rechten Winkel zur Schulterachse.
- Die Angriffs- und die Stellerfinte als einhändiges oberes Zuspiel ist nicht erlaubt.

- Das beidhändige Sprungabspiel als Angriffshandlung wird abgepfiffen. Beidhändig darf nur aus dem Stand über das Netz gespielt werden.
- Die Ballberührung durch den Block wird stets als erste Ballberührung der Mannschaft gezählt, allerdings darf der Blockspieler, der den Ballkontakt hatte, auch den zweiten Ballkontakt im Sinne der Eigensicherung ausführen.
- Bei einem gleichzeitigen Ballkontakt des Angreifers und des Blockspielers darf der Angreifer mit geöffneter Hand drücken.
- Es dürfen vier Auszeiten von je 30 s Dauer, auch hintereinander, genommen werden.

USA: Für den Bereich der US-Profis gilt, daß gegenwärtig zwei Auszeiten von je 45 s (WPVA: 60 s) und vier sog. „Sand"-Auszeiten von je 20 s Dauer genommen werden dürfen. In einem Double Final stehen jeder Mannschaft eine volle und zwei Sand-Auszeiten zur Verfügung, im Sudden Death gibt es keine zusätzlichen Auszeiten. Es dürfen nicht mehr als zwei Auszeiten nacheinander genommen werden.

Die folgenden Stichpunkte – aus den offiziellen **deutschen Beachvolleyballregeln** auf Grundlage der von der FIVB herausgebrachten offiziellen Beachvolleyball Regeln, Ausgabe 1995 – sollen die obigen Ausführungen ergänzen. Da es sich nur um Auszüge handelt, die zudem gekürzt wurden, wird bewußt auf die im offiziellen Regelwerk vorgenommene Gliederungsnumerierung verzichtet. Hier werden nur die Regeln aufgelistet, die sich deutlich von den Regeln des Hallenspiels unterscheiden:

- **Zu den Merkmalen des Spiels:** Im Beachvolleyball gibt es zwei Wettkampfformen:

a) Form A – ein Gewinnsatz bis 15

Gewinner des Satzes und des Spiels ist die Mannschaft, die zuerst 15 Punkte mit einem Vorsprung von zwei Punkten erzielt. Bei einem Gleichstand von 16:16 gewinnt die Mannschaft, die den 17. Punkt erzielt, den Satz und das Spiel mit einem Vorsprung von nur einem Punkt.

b) Form B – zwei Gewinnsätze bis 12

Gewinner der ersten beiden Sätze ist die Mannschaft, die zuerst 12 Punkte mit einem Vorsprung von zwei Punkten erzielt. Sie gewinnt das Spiel, wenn sie 2 Sätze gewinnt. Bei einem Gleichstand von 14:14 gewinnt die Mannschaft, die den 15. Punkt erzielt, den Satz mit einem Vorsprung von nur einem Punkt.

- Entscheidender Satz: Bei einem Gleichstand von 1:1 in den ersten beiden Sätzen muß die Mannschaft 15 Punkte mit einem Vorsprung von zwei Punkten erzielen, um den dritten und entscheidenden Satz zu gewinnen. Bei einem Stand von 14:14 wird das Spiel fortgesetzt, bis ein Vorsprung von zwei Punkten erreicht ist. Es gibt kein Punktlimit. Der entscheidende Satz wird als Tie-Break gespielt, bei dem ein Punkt erzielt wird, wenn eine Mannschaft einen Spielzug gewinnt.

- **Zu den Abmessungen des Spielfeldes:** Das Spielfeld ist ein Rechteck von 18 x 9 m, umgeben von einer Freifläche von 3 m Breite seitlich und 4 m hinter der Grundlinie. Ein Raum von mindestens 12,5 m Höhe über der Spielfeldoberfläche muß frei von jedem Hindernis sein.
- Für offizielle internationale Wettbewerbe muß die Freifläche außerhalb der Seitenlinien mindestens 5 m betragen.
- Es gibt keine Mittellinie. Alle Linien sind 5 – 8 cm breit.
- **Zur Mannschaftszusammensetzung:** Eine Mannschaft besteht ausschließlich aus zwei Spielern.
- Nur die beiden auf dem Spielberichtsbogen eingetragenen Spieler dürfen am Spiel teilnehmen.
- **Zur Spielerausrüstung:** Die Spielerkleidung besteht aus Shorts oder einem Badeanzug bzw. einem Bikini. Zusätzlich müssen ein Trikot oder ein Trägershirt getragen werden, es sei denn, die Wettbewerbsvorschriften schreiben etwas anderes vor. Die Spieler müssen barfuß spielen, es sei denn, der Schiedsrichter gibt andere Anweisungen.
- Die Trikots der Spieler (oder die Shorts, wenn es den Spielern gestattet wird, ohne Hemd zu spielen) müssen mit eins und zwei numeriert sein. Die Nummern müssen auf der Brust plaziert sein (oder auf der Vorderseite der Shorts). Es ist den Spielern derselben Mannschaft gestattet, Shorts unterschiedlicher Farbe und Muster zu tragen.
- Es ist untersagt, Gegenstände zu tragen, die Verletzungen verursachen können, z.B. Schmuck, Pins, Armbänder, Verbände usw. Die Spieler dürfen auf eigenes Risiko Brillen tragen.
- **Zu den Rechten und Pflichten der Teilnehmer:** Die Kommunikation zwischen den Mannschaftsmitgliedern während des Spiels ist erlaubt.
- Während des Spiels ist es beiden Spielern in den folgenden drei Fällen erlaubt, mit den Schiedsrichtern zu sprechen, wenn sich der Ball nicht im Spiel befindet:
    a) Um Erläuterungen zur Anwendung oder Auslegung der Regeln zu erbitten. Wenn die Erläuterung die Spieler nicht zufriedenstellt, muß einer von ihnen dem Schiedsrichter sofort mitteilen, daß sie sich das Recht vorbehalten, ihre gegenteilige Auffassung am Ende des Spiels im Spielberichtsbogen als offiziellen Einspruch einzutragen.

b) Um die Genehmigung zu erbitten,
 – die Spielerkleidung oder Ausrüstung zu wechseln,
 – die Nummer des aufgebenden Spielers festzustellen,
 – das Netz, den Ball usw. zu überprüfen,
 – eine Spielfeldlinie nachzuziehen, die sich nicht mehr an der richtigen Stelle befindet.
c) Um reguläre Spielunterbrechungen zu beantragen.

- **Zum Einspielen:** Vor dem Spiel darf sich jede Mannschaft drei Minuten am Netz einspielen, wenn sie vorher ein anderes Spielfeld zur Verfügung hatte. Wird auf demselben Feld gespielt, erhält sie je fünf Minuten.
- **Zum Spielen des Balles:** Führen gleichzeitige Ballkontakte von Gegnern zu einem „gehaltenen Ball", so wird dies nicht als Fehler gewertet.
- Beim Block dürfen Ballkontakte von einem oder mehreren Spielern aufeinanderfolgen, wenn diese Berührung innerhalb derselben Aktion geschieht.
- Beim ersten Schlag der Mannschaft darf der Ball nacheinander Kontakt mit verschiedenen Körperteilen haben, vorausgesetzt diese Kontakte erfolgen innerhalb einer Aktion.
- **Zur Ausführung des Aufschlags:** Der Aufschlagspieler kann sich innerhalb der Aufschlagzone frei bewegen. Im Moment des Aufschlags oder des Absprungs zu einem Sprungaufschlag darf er weder das Spielfeld (einschließlich der Grundlinie) noch die Fläche außerhalb der Aufschlagzone berühren. Er darf nicht unterhalb der Linie auftreten. Nach seinem Aufschlag kann der Spieler sowohl den Bereich außerhalb der Aufschlagzone als auch das Spielfeld betreten bzw. dort landen.
- Es ist kein Fehler, wenn sich die Linie durch den vom Spieler in Bewegung gebrachten Sand verlagert.
- Wenn der Ball zu Boden fällt oder gefangen wurde, nachdem er vom Spieler hochgeworfen wurde, so gilt dies als Aufschlagversuch.
- **Zum Fehler beim Aufschlag nach dem Schlagen des Balles:** Nach dem korrekten Schlagen des Balles wird der Aufschlag als Fehler geahndet, wenn der Ball über einen Sichtblock hinwegfliegt.
- **Zu den Pausen:** Bei einem Seitenwechsel haben die Mannschaften ein Recht auf eine Pause von maximal 30 s. Während dieser Pause müssen die Spieler auf ihren Stühlen sitzen. Ausnahme: Im entscheidenden (dritten) Satz (Form B) gibt es beim Seitenwechsel keine Pause.

Abweichende Regeln, geltend für den Bereich des DVV:
- Es reicht ein Freiraum von seitlich mindestens 2 m und hinter der Grundlinie von 3 m.
- Es sind Spannseile erlaubt. Sie sind deutlich zu kennzeichnen, um Verletzungen zu vermeiden.
- **Zum Schiedsgericht:** Für Beach-Masters-Turniere reichen der erste Schiedsrichter und ein Anschreiber.

3.2 Spielstruktur

Bezüglich der Strukturanalyse werden hier in erster Linie die Hauptmerkmale und die Unterschiede zum Hallenspiel angesprochen.

Wird das Hallensportspiel als Mannschaftsspiel mit Rückschlagcharakter bezeichnet, so trifft dies nur bedingt auf das Beachvolleyballspiel zu. Man kann es eher als Rückschlagspiel mit Mannschaftscharakter bezeichnen. Eine große Anzahl von Spielern empfindet das Spiel eher als Individualsportart. Diese Meinung wird dadurch verstärkt, daß die Spieler, insbesondere im Mutterland des Beachvolleyballs, den Vereinigten Staaten, einzeln in den Ranglisten erscheinen und während der Saison häufig mit unterschiedlichen Partnern agieren. Hier wird das Spiel häufig als „Mann-gegen-Mann"-Wettkampf angesehen. Dies wird auch durch die mögliche Spezialisierung als Netz- bzw. Blockspieler und Grundspieler bzw. Feldverteidiger deutlich.

Die Tatsache jedoch, daß Mannschaften, die über längere Zeit zusammen trainieren und spielen, häufiger erfolgreich sind, spricht für die Zuordnung des Beachvolleyballspiels zu den Mannschaftssportarten.

Überdies sind sowohl die FIVB als auch der DVV bestrebt, Partnerwechsel innerhalb einer Beachsaison auszuschließen bzw. zu verbieten, um die Attraktivität des Spiels bei Zuschauern und Medien durch die Identifikation mit bzw. Vermarktung von Mannschaften zu erhöhen.

Bezüglich der athletischen und psychischen Eigenschaften ist eine teilweise Übereinstimmung mit dem Hallenspiel festzustellen. Es ist aber anzunehmen, daß, bedingt durch die Feldgröße und Spielerzahl, die motorischen Hauptbeanspruchungsformen bezüglich ihres Anteils am Gesamttrainingsumfang anders als im Hallenspiel entwickelt werden müssen.

3.2.1 Physische Beanspruchung

Im Bereich der Athletik zeigt schon eine kurze Analyse der **Anforderungsstruktur der Sprung- und Laufhandlungen** für den Beachvolleyballer Ergebnisse von richtungsweisender Bedeutung:
Bezogen auf eine Stunde reine Spielzeit, d.h. die Gesamtspielzeit abzüglich der Auszeiten und außergewöhnlichen Spielunterbrechungen, zeigen sich auf **deutschem Spitzenniveau** und auf **mittlerem Niveau (Werte in Klammern)** folgende Anforderungen an den Beachvolleyballer (vgl. Tab. 1): Der Spieler führt durchschnittlich 85 (55) Sprunghandlungen aus und vollzieht im Schnitt 234 Antritte, bei denen er insgesamt 772 m zurücklegt. Dies bedeutet, daß ein Spieler alle 42 s (65 s) einen Sprung und alle 15,4 s einen Antritt ausführt. Durchschnittlich bewältigt er 20 Sprünge im Spielelement Aufschlag, 39 Sprünge im Angriff und 26 Sprünge im Spielelement Block. Er bringt es im Schnitt auf 129 Antritte vorwärts, 54 Antritte mit Richtungswechsel und je 17 Antritte rückwärts, nach rechts oder links.

Sprünge (Gesamt: 85)			Antritte (Gesamt: 234)		
Aufschlag	Angriff	Block	vorwärts	rechts links rückwärts	mit Richtungs- wechsel
20	39	26	129	je 17	54
Dichte: 42 s			Dichte: 15,4 s		

Tab. 1: Sprunghandlungen und Antritte in einer Stunde reiner Spielzeit

1. Sprunghandlungen:

- in 117 s 9 Sprünge = Dichte 13 s
- in 472 s 3 Sprünge = Dichte 157 s

2. Laufhandlungen:

- in 84 s 13 Antritte = Dichte 6,5 s
- in 102 s 2 Antritte = Dichte 51 s

Diese Werte sind Durchschnittswerte. Es wurden folgende Extrembelastungen, bezogen auf eine Stunde reiner Spielzeit, ermittelt (vgl. Tab. 2):

Tab. 2: Extrembelastungen

Bezogen auf die Dauer eines Ballwechsels können die Ergebnisse des deutschen Spitzenniveaus zum Teil mit Ergebnissen aus dem US-Profibereich verglichen werden. Die in Klammern gesetzten Zahlen geben wiederum die Werte für das mittlere Spielniveau der Männer wieder.

Im Bereich der deutschen Spitze (Männer) dauert ein Ballwechsel rund 8,4 s (5,9 s), bei den weiblichen und männlichen US-Profis ca. 7,5 s. Der Zeitraum zwischen den Ballwechseln liegt sowohl in Deutschland als auch bei den US-Profis im Mittel bei 20 s (22 s).

Die mittlere Anzahl der Ballwechsel pro Satz liegt im nationalen Bereich bei 84 (55), bei den Profispielern bei 74 und bei den Profispielerinnen bei 60. Diese Ergebnisse zur äußeren Spielstruktur bei den US-Profis berücksichtigen bereits die Einführung der sog. „Rally-Clock" bei der AVP, der Uhr, die die effektive Spielzeit mißt.

Ein deutscher Spitzenspieler führt demgemäß in einem Ballwechsel durchschnittlich 0,6 Sprünge (0,5) und 1,6 Antritte durch. Durchschnittlich werden 3,3 m (5,4 m) pro Antritt zurückgelegt. Der männliche US-Profi führt im Schnitt 0,65 Sprünge durch, die Profispielerin 0,47. Eine Analyse der Laufbeanspruchung wurde für den amerikanischen Spitzenbereich bisher nicht durchgeführt.

Aus energetischer Sicht führen diese kurzzeitigen muskulären Belastungen zu überwiegend anaerob-alactacider Beanspruchung mit Anteilen von anaerob-lactacider Energiegewinnung, wie die nachfolgenden Ergebnisse erster Untersuchungen diesbezüglich bestätigen konnten. Für das mittlere Niveau der Männer ergaben sich folgende Werte:
- Die durchschnittliche Herzfrequenz über die Dauer eines Spiels liegt bei Spielern des mittleren Leistungsniveaus bei rund 140 Schlägen pro Minute.
- Als durchschnittlicher Laktatwert wurden 2,56 mmol/l Blut ermittelt, was deutlich über dem Wert für Hallenspieler gleichen Niveaus liegt (1,67 mmol/l Blut; vgl. HERZOG/VOIGT/WESTPHAL 1987, S. 55).

Eine Pilotuntersuchung bei einer Männer- und einer Frauenmannschaft des internationalen Spitzenniveaus zeigte folgende Ergebnisse:
- Der Blockspezialist spielt mit einem durchschnittlichen Laktatspiegel von 2,65 mmol/l Blut, seine mittlere Herzfrequenz liegt während des Spiels bei 162 Schlägen pro Minute.
- Der Abwehrspezialist erreicht einen durchschnittlichen Laktatspiegel von 3,12 mmol/l Blut bei einer mittleren Herzfrequenz von 153 Schlägen pro Minute

(Hallenvolleyballer nationalen Spitzenniveaus: durchschnittlich 1,85 mmol/l Blut; ebd. S. 55).
- Spitzenwerte zeigten bei beiden Spielern eine Herzfrequenz von knapp 180 Schlägen pro Minute und 4,1 mmol/l Blut.
- Die Beachspielerinnen agierten in Block- und Feldverteidigung nicht spezialisiert. Der durchschnittliche Laktatspiegel betrug 1,53 bzw. 2,5 mmol/l Blut, die Herzfrequenz im Mittel 164 bzw 179 Schläge pro Minute (Hallenvolleyballerin nationalen Spitzenniveaus: 2,09 mmol/l Blut, vgl. HERZOG/VOIGT/WESTPHAL 1987, S. 55).
- Die Spitzenwerte entsprechen denen der Männer.
- Die niedrigen Herzfrequenz- und Laktatwerte einer Spielerin sind hier deutlich auf die Aufschlagstrategie des Gegners zurückzuführen, die keine Sprunghandlungen der betreffenden Spielerin erforderlich machte.

Die Pausendauer im Beachvolleyballspiel ist, je nach Spielniveau, 3-4 mal länger als die Belastungsdauer, die durchschnittlichen Laktatwerte der Spieler liegen jedoch deutlich über denen des Hallenspielers vergleichbaren Niveaus. Die Erholung der Muskulatur wird demnach durch die höheren Laktatkonzentrationen während der Spielhandlungen beeinflußt und die Spieler benötigen, verglichen mit dem Hallenspiel, längere Zeit, um wieder normale Laktatspiegel zu erreichen.

Überdies absolviert der Gewinner eines Beachvolleyballturniers (Spielmodus: Doppeltes K.o.-System) mindestens serchs und höchstens zehn Spiele an einem Wochenende.

> Diese Punkte, wie auch die ermittelten Extrembelastungen, lassen die Vermutung zu, daß der motorischen Hauptbeanspruchungsform **Ausdauer** und dem ballgebundenen Training der **psychischen Eigenschaften** ein höherer Stellenwert als im Hallenspiel eingeräumt werden muß.

Schnelligkeit im Bewegungs- und Reaktionsbereich sowie **Schnellkraft** mit einer hohen Maximalkraftgrundlage, vor allem bei Schlag- und Sprungaktionen, sind von überragender Bedeutung. Dies bestätigt auch eine Befragung der amerikanischen Spitzenspieler; die Befragten maßen dem Krafttraining allesamt eine größere Bedeutung bei als im Hallenvolleyball (vgl. Kap. 10). Dies läßt sich schon durch eine freie, unsystematische Beobachtung bestätigen: Alle für das Hallenspiel typischen Bewegungen, wie z.B. Sprung, Lauf, Abstoppen, Starten, schnelle Richtungswechsel, schnelles Aufstehen etc., lassen sich auch im Beachvolleyballspiel beobachten. Bedenkt man, daß alle Bewegungen auf Sandboden durchgeführt werden, so kann man folgern, daß im Vergleich zum Hallenspiel ein höheres **Maximalkraftniveau** in Verbindung mit anderen **Krafteigenschaften** (vgl. Kap. 11.5) entwickelt werden muß. Da alle Bewegungen auf Sandboden ausgeführt werden, sind die reaktiven Kraftfähigkeiten im Beachvolleyball, anders als in der Halle, bedeutungslos (vgl. hierzu auch Kap. 11.5).

Im Bereich der **koordinativen Fähigkeiten** ist der **Gleichgewichtsfähigkeit** ein wesentlich höherer Stellenwert als im Hallenspiel einzuräumen.

Auch der Beachvolleyballer benötigt eine hochentwickelte **Antizipations- und Reaktionsfähigkeit**, um Bälle abzuwehren, die aus einer Entfernung von 4-10 m mit einer Geschwindigkeit von 80-130 km/h anfliegen. Die entsprechenden Beobachtungen zeigen, daß sich (auf deutschem Spitzenniveau) die Haupthandlungspositionen der **Feldverteidigung** dabei wie folgt verteilen:

7%	4,9%	6,6%
17,3%	30,5%	22%
2,9%	6,6%	2,2%

Abb. 4

Der größte Anteil der Handlungen in der Feldverteidigung findet im mittleren Felddrittel statt: Auf dem Quadrat in der Feldmitte werden ca. 30% aller Abwehrhandlungen durchgeführt, zwischen Pos. II und I 22% und im Quadrat zwischen Pos. IV und V ca. 17%.

Im vorderen Felddrittel finden insgesamt rund 19% aller Abwehrhandlungen statt. Der geringste Anteil der Verteidigungsaktionen wird auf den Positionen I, V und VI mit insgesamt rund 13% durchgeführt.

Da der Feldverteidiger einen sehr viel größeren Raum abzudecken hat und, wie auch von vielen Profis bestätigt wird, eher netznah als netzfern agieren muß, wird der hohe Stellenwert der Antizipations- und Reaktionsfähigkeit deutlich. Hieraus resultiert, daß der Beachvolleyballer, besonders als Feldverteidiger, nur erfolgreich sein kann, wenn er über eine langjährige Spielerfahrung auf Sand verfügt.

Zu den bereits erwähnten Eckdaten der konditionellen Beanspruchung, bezogen auf eine Stunde reiner Spielzeit – 85 Sprunghandlungen, 234 Antritte bei einer durchschnittlichen Laufstrecke von 3,3 m; Dichte der Handlungen: alle 42 s ein Sprung, alle 15,4 s ein Antritt – lassen sich die folgenden, wichtigen Ergebnisse hinzufügen:

- Während der Beachspieler alle 42 s einen Sprung und ca. alle 15 s einen Antritt auszuführen hat, muß der Hallenvolleyballer des deutschen Spitzenniveaus alle 51 s einen Sprung und alle 19 s einen Antritt durchführen.
- Durchschnittlich bewältigt der Beachvolleyballspieler in einer Stunde reiner Spielzeit 20 **Sprünge** im Spielelement Aufschlag, 39 Sprünge im Angriff und 26 Blocksprünge. Der Block hat demnach einen Anteil von 31% an der **Gesamtsumme der Sprunghandlungen**, der Aufschlag 23% und der Angriff 46%. Im Gegensatz zum Hallenspiel (dort 12% Anteil) wurde bei den Untersuchungen **kein** Zuspiel im Sprung beobachtet.
- Bei den **männlichen US-Profis** ist der **Anteil** des Sprungaufschlags an der Gesamtsumme der Sprunghandlungen mit ca. 31% höher als im Bereich der deutschen nationalen Spitze. Der Anteil des Blocks ist annähernd gleich (ca. 29%), der des Angriffs mit rund 40% etwas geringer.
- Bei den weiblichen US-Profis liegt der Anteil des Sprungaufschlags bei rund 17%, der des Angriffs bei fast 60% und der Anteil des Blocks bei relativ geringen 23,7% (Tab. 3).

	Block	Angriff	Aufschlag
USA-Männer	29%	40%	31%
USA-Frauen	23%	60%	17%
Nationale Spitze Männer	31%	46%	23%
ø Sprünge pro Satz (Nat. Spitze Männer)	15	23	14

Tab. 3: Anteile der Techniken an Sprunghandlungen

- **Pro Stunde reiner Spielzeit** bringt es der Beachvolleyballspieler der nationalen Spitze im Schnitt auf 129 **Antritte** vorwärts, 54 mit Richtungswechsel und je 17 rückwärts nach rechts oder links (Tab. 4).

	1-2 m	3-4 m	5-6 m	7-8 m	9-10 m
vorwärts	41,0%	35,2%	21,8%	1,5%	0,5%
wechselnd	17,8%	46,7%	26,1%	7,1%	2,4%
rückwärts	29,2%	49,2%	20,8%	0,8%	0,0%
seitwärts	71,0%	25,9%	3,1%	0,0%	0,0%
Gesamt	39,0%	37,5%	20,1%	2,5%	0,8%

Tab. 4: Laufhandlungen

- **Unterschiede** zeigen sich im Vergleich zum Hallensportspiel insbesondere im Bereich der Antritte rückwärts (Halle ca. 20%, Beach ca. 7%), mit wechselnder Richtung (Halle ca. 2%, Beach ca. 23%) und seitwärts (Halle 24,5%, Beach ca. 14%).
- Bezogen auf die **Gesamtspielzeit** führt der deutsche Spitzenbeachvolleyballer in einer Stunde 76 Sprünge aus, d.h. er springt alle 48 s. Im Vergleich dazu führt der Hallenspieler 66 Sprünge mit einer Dichte von 55 s durch.
- Der Beachspieler springt **in einem Satz** (Spiel) rund 14mal beim Spielelement Aufschlag, ca. 23mal im Angriff und 15mal im Block: Er führt also insgesamt rund 52 Sprünge durch.
- Ausgeprägte Unterschiede hinsichtlich der Sprungbelastung lassen sich auch bei spezialisiert agierenden Mannschaften nur vereinzelt feststellen. Aufgrund der gegnerischen Aufschlagtaktik und der eigenen Wahl der Aufschlagtechnik verteilt sich die Sprungbelastung trotz der auf einen Spieler beschränkten Blockarbeit meist gleichmäßig.

3.2.2 Psychische Beanspruchung

Ob die Beachvolleyballspieler der nationalen Spitze die nachfolgend genannten Möglichkeiten der psychischen Beanspruchung tatsächlich als belastend empfinden, wurde empirisch untersucht. Die Ergebnisse dieser Untersuchung werden im folgenden mit einbezogen. Schon anhand der Spiel- bzw. Wettkampferfahrung im Hallen- und Beachvolleyball zeigt sich, wie wichtig Erfahrung und mentale Stärke im Sportspiel Beachvolleyball sind. Die Wettkampferfahrung liegt bei den Spitzenbeachvolleyballspielern (Top-20 in Deutschland) 3-6 Jahre höher als bei vergleichbaren Hallenspielern. Ebenso liegt das Durchschnittsalter dieser Spieler mit rund 29 Jahren sehr hoch. Die Untersuchungen zeigen, daß ein direkter Zusammenhang zwischen der generellen Volleyball-Wettkampferfahrung und den Erfolgen im Beachvolleyballspiel besteht:

> Je mehr Erfahrung der Spieler im Hallen- und Beachvolleyballspiel hat, desto erfolgreicher ist er im Beachvolleyball.

Verschiedene Faktoren bedingen im Beachvolleyball eine **höhere psychische Beanspruchung als im Hallenspiel**.

Zum einen sind **innere** Faktoren zu nennen, die durch das Spiel und den Spielverlauf selbst hervorgerufen werden.

STRUKTURANALYSE DES SPIELS

- Jeder Kontakt mit dem Ball ist sehr kurz und erfordert eine sehr schnelle Reaktion.
- Die Technik verlangt eine hohe Bewegungs- und Zielgenauigkeit.
- Die Intensität des Spiels ist hoch.
- Das Hauptcharakteristikum der Aktivität eines Beachvolleyballspielers ist das „Spiel ohne Ball", d.h. die Bereitschaft zu einer eventuellen Handlung, die nicht auftreten muß, aber kann.
- Jeder Spielzug ist kurz und wirkt sich stets auf das Ergebnis (Aufschlaggewinn oder -verlust) aus.
- Sowohl vom Annahmespieler als auch vom Angreifer wird erwartet, daß er erfolgreich agiert. Vom Annahmespieler, der im 2er-Riegel wie im Hallenspiel spielt, und vom Angreifer, weil er „nur" gegen zwei Spieler agiert, die 81 qm² abzudecken haben, eine Fläche, die sonst von sechs Spielern übernommen wird. Ist die Dominanz des Angreifers gegen sechs Spieler im Hallenspiel sehr hoch, so ist diese im Beachvolleyballspiel erwartungsgemäß viel höher. Aus den Ausführungen wird ersichtlich, daß die **Erwartungshaltung** an die Spieler sehr groß ist und daher eine hohe psychische Beanspruchung darstellt.
- Die **Angst vor einem Mißerfolg** wird dadurch erhöht, daß nur ein Mitspieler mitverantwortlich gemacht werden kann.
- Die Annahmesituation mit nur zwei Spielern und kurzen Reaktionszeiten erfordert eine hohe Konzentrationsfähigkeit und beansprucht die psychische Stabilität in hohem Maße.
- Die Aufschlagtaktik des Gegners zielt meist darauf ab, einen Spieler seiner psychischen und physischen Widerstandskraft zu berauben („einen Spieler **fertigmachen**"). Die eingeschränkten Annahmestrategien, die es kaum erlauben, dem Mitspieler in der Annahmesituation einen größeren Verantwortungsbereich zu überlassen bzw. in der Annahme ganz „abgedeckt" zu werden, werden in Verbindung mit der fehlenden Möglichkeit des Spielerwechsels als belastend empfunden.
- Der Angriff gegen einen Blockspieler und einen Feldverteidiger entspricht dem Charakter einer sportlichen Auseinandersetzung in einer Individualsportart.

Ebenso können **äußere** Faktoren Ursachen der psychischen Beanspruchung sein:
- Die Einführung der Spielzeitbeschränkung auf acht bzw. neun Minuten im Bereich der US-Profis führt zu einem erhöhten **Zeit- und Erfolgsdruck**. Die Spieler sind gezwungen, vom Beginn an angriffsorientierter und risikofreudiger, aber trotzdem erfolgreich zu agieren.

- Der **Sudden Death** (nur im Bereich der US-Profis) bei Punktegleichstand nach Ablauf der Spielzeit führt zu einer unverhältnismäßig höheren psychischen Beanspruchung, da ein Fehler zum Spielverlust und/oder Ausscheiden führen kann. Ähnlich wirkt der auch international gebräuchliche Spielmodus des doppelten K.o.-Systems streßfördernd.
- Die möglicherweise hohe Anzahl von Spielen an einem Tag erfordert eine höhere psychische Ausdauerleistungsfähigkeit. Die höhere Anzahl von Ballkontakten, die ein Beachvolleyballer häufig bewältigen muß, wirkt in gleichem Sinne psychisch ermüdend.
- Das **ungleich größere** Medien-, Sponsoren- und Zuschauerinteresse führt zu einem hohen, von der Öffentlichkeit auf die Spieler ausgeübten Erwartungsdruck. Untersuchungen zeigen, daß dieses Interesse von Spitzenspielern auch als leistungsfördernd eingeschätzt werden kann.
- Ein einziger Fehler oder Punktgewinn entscheidet oft über den Verlust oder Gewinn hoher Preisgelder. Dieser Faktor wird von Spielern der nationalen Spitze überwiegend als nicht belastend beurteilt.
- Auf nationalem Spitzenniveau, aber häufig auch auf internationalem Niveau, müssen die Spieler das Training, Coaching, die taktische Vorbereitung sowie alle organisatorischen Aufgaben wie Reiseplanung etc. selbst übernehmen. Dies wird von den meisten Spielern als streßfördernd bewertet.

Aus den genannten Punkten kann geschlossen werden, daß das Spiel ein hohes Maß an psychischer Stabilität von allen Spielern fordert.

Foto 10

3.2.3 Häufigkeitsverteilung der angewandten Techniken

- Hinsichtlich der **Häufigkeitsverteilungen** der Techniken werden nachfolgend die wichtigsten Ergebnisse dargestellt. Darüber hinaus wird auf die weiterführenden Darstellungen, insbesondere zur **Effektivität** der Techniken und zu den **Haupthandlungsorten**, in den jeweiligen Sachanalysen der Kapitel 5.1, 5.3, 5.4, 6.3, 6.4, 7.4 und 7.5 verwiesen. Alle Ergebnisse beziehen sich auf Beobachtungen der nationalen Spitze der Männer und der weiblichen und männlichen US-Profis.

Im **Gesamtüberblick** (Abb. 5) zeigt sich, daß der größte Anteil aller Handlungen mit rund 22% im Spielelement Angriff durchgeführt wird. Auf den Aufschlag entfallen 18,5%, auf die Annahme 15,3% und auf die Zuspielhandlungen rund 20%. Der Anteil des Blocks beträgt 13,8%, der der Feldverteidigung 9,3%; die Angriffssicherung (0,9%) und die Blocksicherung (0,2%) spielen fast keine Rolle.

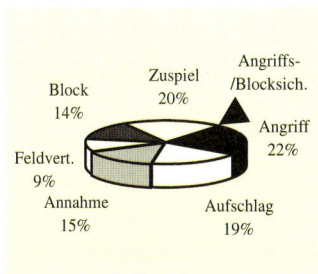

Abb. 5: Anteile der Techniken

- Beim **Aufschlag** (vgl. Kap. 5.4, Tab. 8) hat der Sprungaufschlag mit ca. 56% Anteil herausragende Bedeutung. Die Ergebnisse aus dem US-Bereich, wo die männlichen Profis zu 83% und die weiblichen Profis zu ca. 40% den Sprungaufschlag anwenden, verdeutlichen dies.
- Hat der Tennisaufschlag in Deutschland noch einen Anteil von 13%, so liegt er bei den Profispielerinnen nur noch bei 6% und ist bei den männlichen Profis mit 0,4% unbedeutend.
- Der Flatteraufschlag spielt sowohl national (22%) als auch international (Profis 16%, Profispielerinnen 50%) eine wichtige Rolle.
- Der Skyball wird in Deutschland (0,7% aller Aufschläge) und bei den US-Profis (1%) sehr selten angewendet.
- Auf mittlerem nationalen Spielniveau (Männer) hat der Flatteraufschlag mit 51,7% den größten Anteil, gefolgt vom Sprungaufschlag mit 43,6%. Der Skyball (0,3%) und der Tennisaufschlag (4,4%) haben keine Bedeutung.

Nahezu alle **Aufschlagannahmen** (99%) werden mit Hilfe des Annahmebaggers durchgeführt.

Annahme (-bagger)	Seitlich	Frontal	Im Stand	Im Fallen	In der Bewegung
	57%	43%	46%	17%	37%

Tab. 5: Annahmetechniken

- Dabei kommt den Annahmeaktionen seitlich des Körpers mit einem Anteil von 57% entscheidende Bedeutung zu. Der Anteil des frontalen Annahmebaggers beträgt 43% (vgl. Tab. 5).
- Im Stand wird zu 46% angenommen, im Fallen zu 17% und in der Bewegung zu 37% (vgl. Tab. 5).
- Auf nationalem Spitzenniveau der Männer werden die **Zuspielhandlungen** in nahezu 72% der Fälle im oberen Zuspiel durchgeführt.
- Hier hat der Zuspielbagger einen Anteil von rund 26%, der Rest entfällt auf Rettungsaktionen.
- Im US-Bereich ist der Anteil des oberen Zuspiels weitaus geringer, er liegt bei den Männern bei 22%, bei den Frauen nur bei rund 36%. Der Zuspielbagger hat mit 78% bzw. 64% Anteil noch immer eine herausragende Bedeutung (vgl. Tab. 9 in Kap. 6.3).
- Fast 92% der Zuspielhandlungen werden frontal ausgeführt. Bei den lateralen (2%) und Überkopf-Zuspielen (6%) wenden die Spieler den Zuspielbagger an. Diese Aussagen können nicht auf den Bereich der US-Profis übertragen werden. Die amerikanischen Spieler agieren weitaus häufiger mit dem lateralen oder Überkopf-Zuspielbagger, da sie
    a) häufiger den Zuspielbagger anwenden (s.o.),
    b) sich als nicht annehmende Spieler mit optimalem Lauftiming (vgl. Kap. 6.2), d.h. fast zeitgleich mit dem 1. Paß zum Zuspielort bewegen.
- Die Zuspiele werden zu rund 62% im Stand durchgeführt. Bei ca. 26% wird in der Bewegung und bei ca. 12% im Fallen agiert. Die Angaben lassen sich ebenfalls nicht auf den Profibereich übertragen, da dort obere Zuspiele in der Bewegung vom Schiedsrichter fast immer als Fehler geahndet werden.
- Auf nationalem Spitzenniveau wird überwiegend, d.h. zu 52%, mit den Varianten des harten Schmetterschlags **angegriffen**.
- Auf die Driveschläge und Finten entfallen rund 41%, den Rest machen errettete bzw. Danke-Bälle aus.
- Auf mittlerem Niveau werden lediglich rund 32% der Angriffe hart geschmettert, der Anteil der taktischen Schläge beträgt hier fast 61%. Bei rund 6,5%

STRUKTURANALYSE DES SPIELS

der Angriffsversuche kommen die Mannschaften mittleren Niveaus nicht zu einem Angriff im Sprung.
- Auch bei den männlichen US-Profis ergibt sich mit 65% harter Schmetterschläge ein Übergewicht zugunsten dieser Angriffsart (35% Driveschläge und Finten).
- Die Profispielerinnen wenden die sog. Hard-Driven Balls (51%) und Shots (49%) zu gleichen Anteilen an.

Insbesondere der Anteil der harten Schmetterschläge mit Handgelenksdrehung ist im Beachvolleyball sehr hoch. Hier sind die harten Schmetterschläge nochmals in frontale Schläge, Schläge mit Drehung und Handgelenksschläge differenziert worden (Tab. 6):

	Harte Schmetterschläge (Hard-Driven Balls)			Taktische Schläge (Shots)		Sonstige: Stellerfinte,
	front.	Drehung	Handgelenk	Driveschlag	Angriffsfinte	Bagger etc.
USA-Männer	65%			35%		
USA-Frauen	51%			49%		
Nat. Spitze Männer	33,5%	11,2%	8,2%	23,6%	16,6%	7%

Tab. 6: Angriffstechniken

Bei 605 untersuchten Angriffen im Sprung wurde 405mal ein **Block** gestellt, 66mal ein angetäuschter Block (Fake Block) gespielt. **Gegen ca. 1/3 aller Angriffe wurde demnach ohne Block verteidigt.** Hier zeigt sich ein großer Unterschied zur Hallensportart, bei der gegen nahezu jeden Angriff ein Block gestellt wird. Zur Block- und Feldverteidigung lassen sich zudem folgende Feststellungen machen (vgl. auch Tab. 11 in Kap. 7.5):
- Es gibt nur Einerblockhandlungen.
- Auf sieben Blockversuche kommt etwa ein Fake Block.
- Der Anteil des Fake Blocks an allen Blockhandlungen beträgt im US-Profibereich 9%. Blockhandlungen als Split Block bzw. Spread Block haben einen Anteil von 3%.

- In der **Feldverteidigung** findet im Beachvolleyball auf nationalem Spitzenniveau zu 63,2% der Abwehrbagger Anwendung.
- Einhändige Abwehrtechniken haben einen Anteil von 27%.
- Der Gesamtanteil der speziellen Beachvolleyballabwehrtechniken Beach-Dig und Tomahawk ist mit 9% recht klein.
- Die männlichen US-Profis wehren zu 74% mit dem Abwehrbagger ab, der Anteil der einhändigen Abwehraktionen beträgt ca. 20%. Beach-Dig und Tomahawk haben einen Anteil von rund 6% an allen Feldverteidigungshandlungen.
- Am häufigsten werden die Abwehrhandlungen in der Bewegung ausgeführt (ca. 41%). Zu rund 34% wird im Fallen, zu ca. 24% im Stand abgewehrt.
- Dabei wird der Ball überwiegend seitlich vom Körper gespielt (63%), seltener frontal (37%).

3.3 Problematik der Spezialisierung

Damit die folgenden Ausführungen nicht zu Mißverständnissen führen, sei an dieser Stelle deutlich hervorgehoben, daß die universelle Ausbildung des Beachvolleyballers die wichtigste Zielsetzung darstellt. Da er alle Elemente im Spiel anwenden muß, soll er diese zur Perfektion entwickeln. Wenn hier von Spezialisierung gesprochen wird, dann ist dieser Begriff nicht mit dem des Hallenspiels gleichzusetzen. Im folgenden wird der Begriff der Spezialisierung nur in bezug auf zwei Aspekte gebraucht:

1. Jeder Spieler hat in der Regel im Bereich der Annahme eine schwächere und eine stärkere Seite. Dies bedeutet zunächst, daß er seine schwächere Annahmeseite während des Wettkampfes durch seine Annahmeposition zu verstecken versucht, aber im Training bemüht ist, diese Schwäche abzubauen. Gleiches gilt bezüglich dem Angriff über die linke oder die rechte Netzseite.
Sobald man einen Partner hat, müssen die Stärken und Schwächen jedes einzelnen Spielers analysiert werden, um zunächst hinsichtlich der Annahmeleistung möglichst jedem die für ihn günstigste Spielfeldseite zu überlassen. Haben beide Spieler die gleiche annahmeschwache Seite, dann entscheidet letztlich die angriffsstarke Seite über die Zuweisung der einen oder anderen Spielfeldseite.

Beobachtungen zeigen, daß die Spieler ihre Spielfeldseite nach ihrer Lieblingsangriffsseite wählen und nicht, wie es für Beachvolleyball sinnvoll ist, entsprechend ihrer annahmestärkeren Seite.
Haben beide Beachspieler unterschiedliche annahmestärkere Seiten, dann gilt der Grundsatz, daß jeder Spieler auf seiner annahmestarken Seite, d.h. auf der entsprechenden Spielfeldseite, agieren muß!
Hier ist erneut das Prinzip **„Annahme vor Angriff"** entscheidend!

2. Eine zweite Möglichkeit der Spezialisierung, die auch bei sehr guten Mannschaften zu beobachten ist, besteht in der Block- und Feldabwehrsituation. Ist einer der beiden Spieler **deutlich** effektiver im Block, dann soll er, je nach Turnierverlauf, möglichst oft die Hauptblockfunktion übernehmen und der andere Spieler die des Feldverteidigers. Das bedeutet, daß der Blockspieler, der aus der Abwehr heraus meistens die Zuspielfunktion übernimmt, insbesondere im Zuspielbagger sehr gut zuspielen muß.
Trotz allem muß sich jeder Spieler sowohl im Block- als auch im Feldverteidigungsbereich möglichst schnell und zielgerichtet entwickeln,
a) weil in einem Turnier, in dem bis zu zehn Spiele durchgeführt werden können, häufig eine Überbelastung und Ermüdung des ständig als Blockspieler agierenden Netzspielers eintreten kann,
b) weil jeder Spieler sehr oft mit unterschiedlichen Partnern, mit je unterschiedlichen Stärken und Schwächen, zusammenspielt.

Aus den Ausführungen wird erkennbar, daß eine zielgerichtete Spezialisierung eines Beachvolleyballers nur kurzfristig zu befürworten, als längerfristige Zielsetzung aber abzulehnen ist.
Es ist selbstverständlich, daß angehende Beachvolleyballer von Anfang an **universell** trainieren und spielen müssen.

3.4 Leistungsbestimmende Faktoren

Hier sollen die wesentlichen Einflußgrößen den jeweiligen Leistungsebenen im Frauen- und Männerbeachvolleyball zugeordnet werden. Größtenteils werden diese Unterschiede in den jeweiligen Kapiteln angesprochen. Im folgenden sollen vergleichend die wichtigsten Unterschiede erläutert werden.

Unterer Leistungsbereich

Hierunter wird der Anfänger im Beachvolleyball, der in der Halle dem mittleren Bereich zugehört, betrachtet. Dazu zählen auch **alle Jugendspieler**.

- Das spielentscheidende Element, sowohl bei den Frauen als auch bei den Männern, ist der Aufschlag, da er ohne Mitwirkung des Partners oder Gegners ausgeführt wird.
- Die äußeren Bedingungen, insbesondere der Wind, stellen den Anfänger sowohl in der Aufschlag- als auch in der Annahmesituation z.T. vor unlösbare Aufgaben. Aufgrund seiner hohen Effektivität ist der Aufschlag im Einzeltraining der bevorzugte Trainingsinhalt. Daher müssen die Annahmeschulung und der Angriffsaufbau aus der Annahme verstärkt und umfangreicher im Training berücksichtigt werden.
- Beim Angriffsaufbau aus der Annahme heraus ist die Zuspielhandlung als Feldzuspiel, d.h. nach einem 1. Paß mittlerer bis schlechter Qualität, ebenso von spielentscheidender Bedeutung. Dies bedeutet für den Trainingsprozeß, daß im unteren Leistungsbereich das zielgenaue Feldzuspiel mit halbhohem Paß bevorzugt trainiert werden muß. Ebenfalls ist das Feldzuspiel als Ballrettungsaktion und/oder als Zuspielhandlung durch einen Zuspielbagger besonders wichtig.
- Entsprechend ist – nach einem Zuspiel schlechter bis mittlerer Qualität, um Folgefehler zu vermeiden – als leistungsbestimmender Faktor das Ausführen eines möglichst zielgenauen Driveschlags anzusehen.
- Im Bereich der Block- und Feldabwehr ist die Abwehr ohne Block, die einer Annahmesituation weitestgehend entspricht, als die geeignete Abwehrformation anzusehen. Sowohl im Frauen- als auch im Männerbereich erzwingt ein effektiver Aufschlag meistens eine Danke-Ball-Situation für die eigene Mannschaft.
- Insbesondere im Frauenbereich ist die Abwehr ohne Block die ausschließliche Formation, denn zu den o.g. Punkten kommt hier die im Vergleich zu den Männern verminderte Athletik hinzu.
- Die Verständigung der Spieler durch Calls bzw. Zurufe für die Angriffsrichtung und durch Zeichen für die Abwehrstrategie soll in diesem Bereich nur dann eingesetzt werden, wenn die Spieler viele Trainingseinheiten miteinander verbringen.

Das wichtigste Trainingsziel für beide Geschlechter ist die Vermeidung von Eigenfehlern.

Folgende **Maßnahmen** können dazu beitragen, die Anzahl von Eigenfehlern zu verringern:
- Der Aufschlag soll von der Mitte der Grundlinie ausgeführt und möglichst in die gegnerische Spielfeldmitte geschlagen werden, um insbesondere windbedingte „Aus-Bälle" zu vermeiden.
- Der Aufschlag kann ebenso, von den äußeren Aufschlagpositionen, diagonal ausgeführt werden, um
  a) Eigenfehler durch Umstellungsschwierigkeiten zu vermeiden,
  b) möglicherweise einen für Rechtshänder (Linkshänder) ungünstigen Gegenangriff über die rechte (linke) Spielfeldseite zu erzwingen.
- Der erste Paß aus der Annahme und vor allem aus der Abwehr soll nicht hoch, sondern halbhoch und nicht zu nah ans Netz ausgeführt werden.
- Der Zuspieler soll nur bei optimalen ersten Pässen und bei relativer Windstille im oberen Zuspiel stellen und nach Pässen mittlerer Qualität das Sicherheitszuspiel mit Zuspielbagger bevorzugen.
- Die Angreifer sollen nach einem Zuspiel schlechter bis mittlerer Qualität nur taktische Schläge ausführen. Auch bei optimalem Zuspiel sollen die taktischen Schläge den harten Schmetterschlägen vorgezogen werden.
- Die Feldverteidiger agieren aus der Spielfeldmitte eher 6 m als 5 m vom Netz entfernt, da die Angriffsfinten in diesem Bereich aufgrund der technischen Ausführung selten erfolgreich eingesetzt werden.
- Beherrschen die Feldverteidiger nicht die Beachabwehrtechniken oberhalb Brust-/Schulterbereich, sollen sie kurz vor Schlagausführung und in Abhängigkeit zur Zuspielqualität in etwa 7 m Netzentfernung agieren.

Mittlerer Leistungsbereich
Diesem Bereich gehören Spieler an, die mehr als zwei Jahre Beachvolleyball gespielt haben und im Hallenspiel dem oberen Leistungsniveau zuzuordnen sind. Für die Frauenmannschaften auf dieser Leistungsebene haben die Überlegungen zum unteren Leistungsbereich weiterhin Gültigkeit. Als leistungsbestimmende Faktoren sind zu nennen:
- Der Aufschlag, insbesondere mit taktischer Wirkung unter Berücksichtigung der Witterungsbedingungen,
- die Annahme mittlerer Qualität mit der Möglichkeit, den Ball im oberen oder im unteren Zuspiel zuzuspielen,
- das Zuspiel, bei den Frauen insbesondere das Feldzuspiel,
- die Abwehr ohne Block als Hauptabwehrformation,

- die Fähigkeit des Angreifers, nach einem optimalen Zuspiel und ohne Block sehr hart zwischen die Spieler schlagen zu können,
- erste Ansätze bezüglich der Verständigung des zuspielenden mit dem angreifenden und des feldverteidigenden mit dem blockierenden Spieler.

Weiterhin ist die Vermeidung von Eigenfehlern für den Spielausgang von großer Wichtigkeit.

Folgende Maßnahmen erleichtern den Übergang zum oberen Leistungsbereich und können allmählich erlernt und angewendet werden:
- Taktische Aufschläge von jedem Aufschlagort aus, um einen bestimmten Spieler unter Druck zu setzen.
- Ausführung des ersten Passes zum Zuspielort.
- Der Zuspielende führt beim optimalen ersten Paß und unter normalen Windverhältnissen die Zuspielhandlung im oberen Zuspiel aus.
- Die Qualität der Zuspielhandlung darf nicht schlechter als die der Annahmehandlung sein.
- Der angreifende Spieler soll die taktischen Schläge in fast alle Feldbereiche ausführen können.
- Der Angriffsaufbau über Feldzuspiel aus der Abwehr ist weiterhin ein wichtiger Trainingsinhalt.

Oberer nationaler Leistungsbereich
Für den oberen nationalen Bereich der Frauen gelten die Ausführungen des mittleren Leistungsbereichs. Für den Männerbereich, der mit den besten 30 Beachvolleyballpaaren gleichzusetzen ist, gelten folgende Beobachtungen:
- Die Sprungaufschläge spielen bei den Männern eine viel bedeutendere Rolle als im Frauenbereich, in dem die taktischen Aufschläge dominieren.
- Im Vergleich zum internationalen Niveau fällt auf, daß nur wenige Aufschlagvarianten taktisch sinnvoll eingesetzt werden. Dies trifft besonders auf den Skyball zu.
- Die Qualität der Zuspielhandlung ist meistens besser als die der Annahmehandlung, aber schlechter als die Zuspielqualität der US-Profis.
- Die Verständigung zwischen Zuspieler und Angreifer ist zufriedenstellend und soll durch planmäßigeres Training weiter verbessert werden.
- Die Verständigung des Blockspielers mit dem Feldverteidiger hat schon ein hohes Niveau.

- Die Beachvolleyballer als Angreifer beherrschen meistens zwei bis drei Schlagvarianten – hier zeigt sich ein großer Unterschied zum Profispieler.
- Der Einsatz des Blocks ist die Regel, wobei im Vergleich zum internationalen Niveau dessen Effektivität, insbesondere hinsichtlich des Zonenblocks, weiterhin steigerungsfähig ist.
- Der angetäuschte Block wird noch zu oft nicht situations- und spielgerecht und deshalb nicht sehr erfolgreich eingesetzt.
  Das Hauptziel ist in diesem Bereich, jede Handlung in der Handlungskette effektiver als die vorausgegangene zu gestalten.
- Der Feldverteidiger weist in seinem Gesamtverhalten im Vergleich zum Profispieler die größten Defizite auf. Eine Steigerung ist durch das Training der Antizipations- und Reaktionsfähigkeit, das Training der Abwehrtechniken und vor allem der Bewegungsschnelligkeit zum Ball und zum Angriff sowie durch das Training der Verständigung mit dem Blockspieler zu erreichen.

Das Hauptziel in diesem Bereich, jede Handlung in die Handlungskette effektiver als die vorausgegangene zu gestalten.

Im **internationalen Frauenbereich** kann man bei den sechs weltbesten Teams Tendenzen erkennen, das Spiel sowohl aus technisch-taktischer als auch aus psychisch-physischer Sicht dem der Männer anzugleichen:
- Es sind sehr häufig Sprungaufschläge, vermehrt harte Schmetterschläge und verhältnismäßig häufig Abwehrformationen mit Block zu beobachten (Foto 11 + 12).
- Für alle anderen Mannschaften in diesem Bereich entsprechen die leistungsbestimmenden Faktoren denen des oberen nationalen Männer-Leistungsbereichs.

Im **internationalen Leistungsbereich**, d.h. bei ca. 20 Profis in den USA, ca. zehn brasilianischen Spielern und ca. sechs weiteren Nationalmannschaften unterschiedlicher Länder, sind die folgenden leistungsbestimmenden Faktoren festzustellen:
- Optimale athletische Voraussetzungen,
- hervorragendes individualtaktisches Handeln in allen Spielsituationen,
- sehr gute Abstimmung mit dem Partner in allen Spielsituationen,
- sehr hohe psychische Stabilität in allen Streßsituationen,

STRUKTURANALYSE DES SPIELS

Foto 11:
Profispielerin
Gabrielle Reece

Foto 12: Profiturnier, Santa Barbara 1991

- Profieinstellung in allen Lebensbereichen,
- planmäßiges und zielgerichtetes Training mit Wettkampfbetreuung,
- mindestens ein sehr guter Sprungaufschläger in jeder Mannschaft, der bei fast allen Windbedingungen den Sprungaufschlag erfolgversprechend anwendet.

3.5 Varianten des Beachvolleyballspiels

3.5.1 Beachvolleyball '3 gegen 3'

In einigen europäischen Ländern, besonders in Frankreich, kommt dem Spiel '3 gegen 3' sowohl im Leistungs- als auch im Freizeitbereich eine bedeutende Rolle zu (Foto 13). Im Leistungsbereich wird eine Turnierserie gespielt, die in eine internationale und eine nationale Kategorie untergliedert wird. Im folgenden werden die **Regeln** stichwortartig beschrieben:

Foto 13: Freizeitbeachvolleyball '3 gegen 3'

- Jede Mannschaft besteht aus höchstens vier Spielern und einem Trainer, d.h. jede Mannschaft kann über einen Auswechselspieler verfügen.
- Bei der Turnierserie wird im Gruppensystem gespielt.
- In allen Gruppenspielen wird jeweils ein Satz bis 15 gespielt, wobei zwei Punkte Mindestdifferenz für einen Sieg erforderlich sind. Das Endspiel wird über zwei Gewinnsätze ausgetragen. Der Entscheidungssatz wird nach der Tie-Break-Zählweise gespielt.

- Es gibt keine Rotationsordnung, jeder Spieler darf also während des gesamten Spiels angreifen und/oder blockieren. Das Rotationsprinzip gilt nur für die Reihenfolge der aufschlagenden Spieler.
- Der Ball darf von jeder beliebigen Position hinter der Grundlinie aufgeschlagen werden.
- Die Angriffsfinte im einhändigen oberen Zuspiel ist verboten.
- Der Ball darf nur im rechten Winkel zur Schulterachse über das Netz gepritscht werden.
- Die Berührung des Blocks durch den Ball wird, im Gegensatz zum Beachvolleyball '2 gegen 2', nicht als erste Berührung der abwehrenden Mannschaft gezählt.
- Es dürfen zwei Spielerwechsel vorgenommen werden: Der ausgewechselte Spieler darf nur gegen den Wechselspieler wieder eingewechselt werden.
- Das Spielfeld ist in Frankreich 7,5 x 7,5 m, in der Schweiz und Italien 9 x 9 m groß.

Eine ideal zusammengesetzte Dreier-Beachmannschaft setzt sich aus zwei möglichst großen Universalspielern zusammen, die sowohl in der Annahme als auch in Angriff und Block herausragend sind und einem Zuspieler, der ein überdurchschnittlich guter Abwehrspieler sein sollte. Beobachtungen zeigten, daß folgende **Annahmeformationen** gespielt werden:

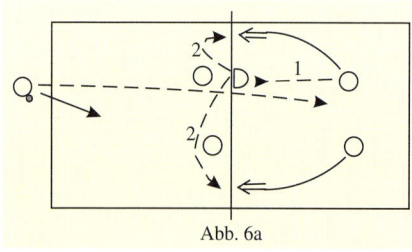

Abb. 6a

1. Zwei Annahme-/Angriffsspieler und am Netz ein Zuspieler (Abb. 6a).
2. Bei sehr guten Sprungaufschlägen des Gegners nehmen alle drei Spieler an. Der Angriffsaufbau erfolgt hier situationsgebunden, d.h. in Abhängigkeit vom annehmenden Spieler bzw. von der Richtung des Aufschlags. Der 3er-Riegel setzt allerdings voraus, daß die zwei Universalisten auch über Zuspielerqualitäten verfügen (Abb. 6b).

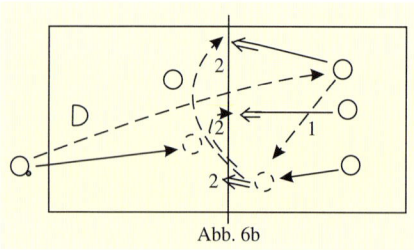

Abb. 6b

3. Im Freizeitbereich soll bei Annahmeschwächen der Angriffsaufbau eher situationsgebunden, d.h. mit Diagonalpaß oder einem hohen Paß in die Mitte erfolgen, oder es sollen andere erleichternde Maßnahmen ergriffen werden (z.B. schmaleres oder kürzeres Feld).

Die **Aufschlag-/Annahmestrategien** unterscheiden sich von denen des Hauptwettkampfspiels '2 gegen 2' nur durch die Möglichkeit des Gegners, auf den 3er-Riegel umzustellen. Ebenso bedingt das verkürzte Feld (7,5 m vom Netz) eine veränderte bzw. risikoärmere Aufschlagstrategie.

Gespielt werden hauptsächlich zwei **Block- und Feldabwehrformationen**:

1. Ein Blockspieler und zwei Feldverteidiger; diese Formation empfiehlt sich, wenn der eigene Blockspieler sehr schnell ist oder der Gegner über halbhohe Bälle angreift (Abb. 7a).

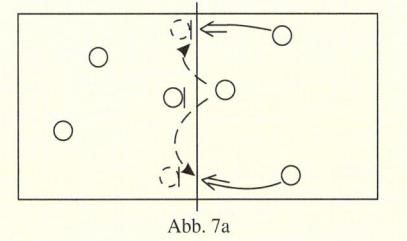

Abb. 7a

2. Ein Feldverteidiger und zwei Blockspieler, wobei der blockfreie Netzspieler stets die diagonale Angriffsrichtung verteidigt (Abb. 7b). Diese Formation empfiehlt sich, wenn der Gegner schnell über die Außenpositionen angreift und der eigene Blockspieler selten zur Einerblockbildung gelangt. Unter diesen Voraussetzungen ermöglichen die zwei Blockspieler stets einen gut postierten Einerblock.

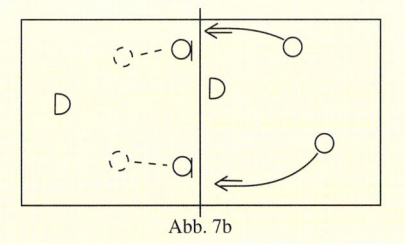

Abb. 7b

Die **Angriffstaktik** wird auch hier durch die eigenen und die gegnerischen technisch-taktischen sowie athletischen Fähigkeiten im Angriff bestimmt.

1. Spielt der Gegner mit einem Blockspieler, soll der Angriff über die gesamte Netzbreite erfolgen (Abb. 8a). Durch halbschnelle Pässe über außen wird die Bildung eines guten Blocks fast unmöglich. Eine ebenbürtige Angriffstaktik ist

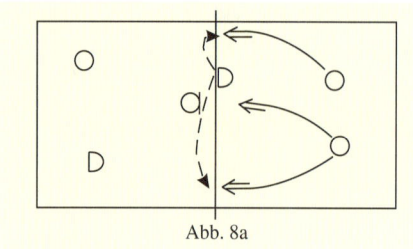

Abb. 8a

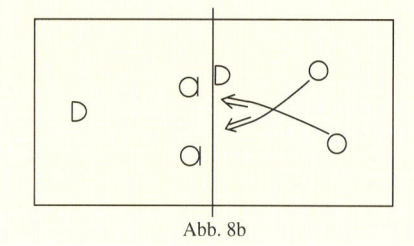

Abb. 8b

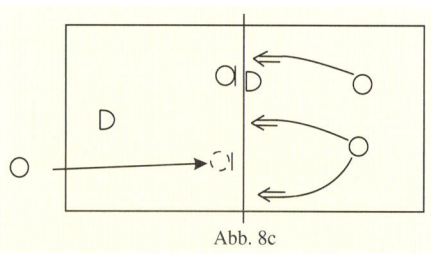

Abb. 8c

der Einsatz eines Schnellangreifers, um den gegnerischen Blockspieler zu binden.
2. Spielt der Gegner mit zwei Blockspielern, muß der Zuspieler versuchen, durch seinen besten Angreifer über den schwächeren Blockspieler angreifen zu lassen. Angriffskombinationen über die Mitte können sehr erfolgreich sein, insbesondere weil sich keiner der beiden Blockspieler frühzeitig zur Feldverteidigung zurückziehen kann, es sei denn, man agiert mit einem Blockspieler gegen die Kombination (Abb. 8b).
3. Wenn der Aufschlag von einem Blockspezialisten ausgeführt wird, kann die Angriffstaktik lauten: Angriff über zwei zeitgleiche Schnellangreifer oder über einen Schnellangreifer und einen Außenangreifer über die vom Aufschläger weit entfernte Blockspielfeldhälfte (Abb. 8c).

3.5.2 Beachvolleyball '4 gegen 4'

Im Bereich des Freizeitsports wird entweder nach den Regeln des Hallenspiels oder nach denen des Spiels '3 gegen 3' gespielt. Im Profibereich (vgl. Kap. 2.3) sind die unten aufgeführten **Regeln** die wichtigsten:
- Im US-Profibereich werden Turniere im Gruppensystem mit einer (fünf Mannschaften) oder zwei Gruppen (2 x 4 oder mehr Mannschaften) gespielt. Bei Turnieren mit fünf Mannschaften spielen der Zweit- und Drittplazierte ein

STRUKTURANALYSE DES SPIELS 65

Halbfinale, um den Finalgegner der erstplazierten Mannschaft zu ermitteln. Bei Turnieren mit zwei Gruppen ermitteln die besten vier Mannschaften den Turniersieger in Halbfinal- und Finalspielen.
- Es wird ein Satz bis 15 Punkte gespielt (zwei Punkte Mindestdifferenz).
- Die Teams wechseln nach fünf gespielten Punkten die Spielfeldhälfte.
- Der Ball darf von jeder beliebigen Position hinter der Grundlinie aufgeschlagen werden.
- Zum Sichtblock gelten die Regeln des Beachspiels '2 gegen 2'.
- Die Rotation beim Aufschlag muß eingehalten werden.
- Eine fehlerhafte Reihenfolge der Aufschlagspieler hat zunächst keine Folgen. Nach Beendigung des Ballwechsels, bei dem die falsche Reihenfolge entdeckt wurde, muß die Mannschaft wieder mit der „richtigen" Reihenfolge fortfahren, wobei nun darauf geachtet wird, daß zunächst die anderen drei Spieler der Mannschaft aufschlagen.
- Es gibt keine Aufstellungsregeln! Jeder Spieler kann auf jeder beliebigen Position spielen und angreifen.
- Die einhändige Angriffs-/Zuspielerfinte mit offener Hand ist verboten.
- Es gibt keine Netzantennen! Die Netzüberquerung muß innerhalb der Netzpfosten erfolgen. Diese Regel wurde auf Wunsch der meisten Profispieler und -spielerinnen eingerichtet, die die Erfahrung machten, daß es mit Antennen für die annehmende Mannschaft schwierig ist, einen Aufschlagwechsel zu erzwingen.
- Mit Ausnahme des Aufschlags darf der Ball nach Berührung der Netzpfosten oder deren Befestigungen weitergespielt werden.
- Der Ball darf nur dann außerhalb der Freiräume (begrenzt durch Werbebanden) gespielt werden, wenn ein Fuß des Spielers auf dem Boden innerhalb des Freiraums steht.
- Für den Ballkontakt des Angreifers, Feldverteidigers und Blockspielers gelten die Regeln des Spiels '2 gegen 2' (Kap. 3.1).
- Bezüglich des oberen Zuspiels gelten die Regeln des Hallensportspiels, das laterale Zuspiel zum Gegner ist demnach erlaubt.
- Die Blockberührung des Balles zählt nicht als erster Ballkontakt.
- Ein Spieler darf unter dem Netz übertreten, um den Ball zu spielen, solange der Schiedsrichter dabei keine Beeinträchtigung des Gegners erkennt und ahndet.
- Es dürfen zwei Auszeiten von einer Minute Dauer und eine Sand-Auszeit (20 s) genommen werden.

66 STRUKTURANALYSE DES SPIELS

- Bei Verletzung eines Spielers darf ein Spielerwechsel vorgenommen werden. Die Auswechselspieler gehören nicht „fest" den Mannschaften an, sondern können aus einem „Spielerpool" ausgewählt werden.

Eine ideal zusammengesetzte Vierermannschaft besteht aus,
- zwei möglichst guten Universalspielern mit hervorragenden Annahme- und Außenangreiferqualitäten,
- einem Mittelblocker mit Schnellangreiferqualitäten und
- einem Zuspieler mit sehr guten Feldverteidigerqualitäten.

Foto 14: Beachvolleyball '4 gegen 4' der Profis

Folgende **Annahmeformationen** sind zu beobachten:

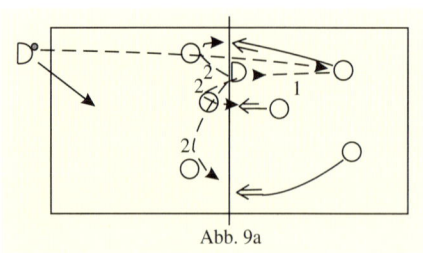

Abb. 9a

1. 2er-Riegel mit zwei Annahme-/Angriffsspielern, Schnellangreifer und Zuspieler am Netz (Abb. 9a).
2. Bei sehr guten Sprungaufschlägen des Gegners: Annahme im 3er-Riegel mit dem Zuspieler am Netz (Abb. 9b).

3. Im Freizeitvolleyballbereich ist es sinnvoll, immer im 3er-Riegel anzunehmen.

Im Bereich der **Block- und Feldabwehr** werden hauptsächlich zwei Block- und Feldabwehrformationen gespielt:

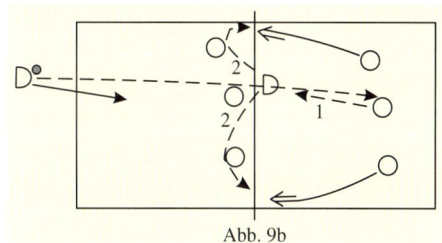

Abb. 9b

1. Drei Blockspieler und ein Feldverteidiger (Abb. 10a): Hierbei wird stets eine Doppelblockbildung angestrebt, wobei der blockfreie Netzspieler die Diagonale verteidigt und der Feldverteidiger nach Absprache den Longline-Bereich deckt oder im Blockschatten agiert.

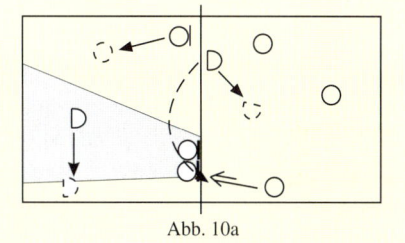

Abb. 10a

2. Zwei Spieler agieren stets als Blockspieler, zwei als Feldverteidiger (Abb. 10b). Diese selten anzutreffende Formation wird angewendet, wenn der Gegner über einen herausragenden Hauptangreifer angreift, auf den sich dann der Doppelblock konzentriert.

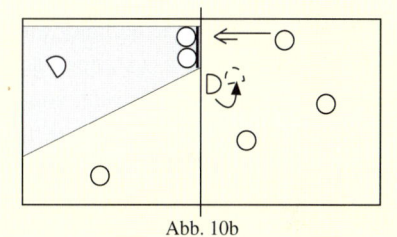

Abb. 10b

3. Ein Blockspieler mit drei Feldverteidigern (Abb. 10c): Dies ist wiederum die sinnvollste Formation für den Freizeitbereich, da hier von einer schlechten Aufschlagannahme ausgegangen werden muß.

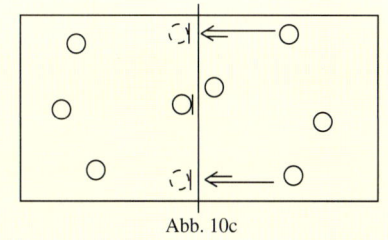

Abb. 10c

Bezüglich der **Angriffstaktik** sind sehr große Übereinstimmungen mit dem Hallensportspiel zu beobachten. Es wird jedesmal versucht, mit allen Spielern anzugreifen. Erst der Einsatz des Schnellangreifers ermöglicht durch die Bindung des gegnerischen

STRUKTURANALYSE DES SPIELS

Mittelblockers den Angriff gegen einen Einerblock. Der Angriff über den ersten Paß, d.h. über den Zuspieler, erschwert dem Gegner ebenso die Doppelblockbildung.

Auf Ausführungen zu Strategien im Angriff und in der Abwehr wird hier verzichtet, da sie fast genauso zahlreich sind wie im Spiel '6 gegen 6' in der Halle und den Rahmen des Handbuchs sprengen würden.

3.5.3 Beachvolleyball im Jugendbereich

Bisher gibt es weltweit nur wenige Spieler, die ihre Spielfähigkeit ausschließlich „auf Sand" entwickelt haben. Nahezu alle Beachspieler lernen das Volleyballspiel in der Halle, um sich dann zu einem späteren Zeitpunkt ihrer Laufbahn vermehrt oder ausschließlich dem Beachvolleyballspiel zu widmen.

Für die klimatisch sich anbietenden Länder, die über wenige Möglichkeiten für das Hallenvolleyballspiel verfügen, ist es notwendig, einen Weg zu erarbeiten, der den Strandvolleyballer zum Beachvolleyballer entwickelt.

Dieser Weg soll, ausgehend von den vorbereitenden und verwandten Spielen des Beachvolleyballs, zu einem noch zu erarbeitenden Beach-Minivolleyballspiel führen.

Ohne ausreichende Überprüfung wird hier empfohlen, das Minivolleyballspiel der Halle, daß sich sehr bewährt hat, genauso wie das darauf aufbauende „Minivolleyball '4 gegen 4'" für die Hinführung einzusetzen. Das Buch „Mini-Volleyball" von GÖTSCH/PAPAGEORGIOU (1989) dient als Grundlage für die angeführten Überlegungen.

Es ist zu erwarten, daß jeder nationale Verband, so wie der DVV in diesem Jahr, Jugendbeachvolleyballmeisterschaften durchführen wird, da das Spiel für die Jugend attraktiv ist.

Wurde bisher in der Schule das Beachvolleyballspiel im Winter in der Halle durchgeführt, so empfiehlt sich, Volleyball auch im Freien, z.B. in einer Weitsprunggrube oder auf dem Beachvolleyballfeld einzuführen. Mit Sicherheit ist davon auszugehen, daß die vorhandene Motivation der Schüler die Weiterführung des Beach- bzw. Hallenvolleyballspiels sehr positiv beeinflussen wird. Die immer größere Beliebtheit des Beachvolleyballspiels führt zu einer höheren Attraktivität der Sportart Volleyball und erhöht ihren Stellenwert in Konkurrenz zu anderen Sportarten. Die größere Attraktivität des Beachvolleyballspiels für Kinder und Jugendliche sollte als Chance begriffen werden, – auch im Vergleich zu den anderen Sportspielen – mehr Jugendliche und somit mehr sportliche Talente für das Volleyballspiel zu gewinnen und den Spaß am Spiel in der Schule zu erhöhen.

4 Beachvolleyball als Freizeitsportart

Das Spiel '6 gegen 6' auf Sand findet man fast nur im Freizeitbereich. Es empfiehlt sich, neben anderen Varianten, für alle Alters- und Leistungsstufen und kann im Freizeit-, Breiten- und Alterssport Anwendung finden. Durch seinen Charakter als Freiluftsportart und die Verbindung von Sonne, Wasser, Wind etc. ermöglicht das Spiel ein besonderes Sporttreiben und -erleben. Es schließt gruppendynamische Prozesse und aufgrund der informellen Gruppenzusammensetzung fast ausschließlich positive Erlebnisse mit ein. Sowohl Trainierte als auch Untrainierte, Geübte und Nichtgeübte können, anders als in den Hallensportarten, ohne Verletzungsgefahr am Spiel teilnehmen. Durch geringfügige regel- und/oder spieltechnische organisatorische Veränderungen kann es jedem Leistungs- und Anspruchsniveau angepaßt werden.

Nach diesen sehr kurzen, grundsätzlichen Anmerkungen zum Strandvolleyball sollen im folgenden Vorschläge für den Nicht-Volleyballer, der das Beachvolleyballspiel als eine ausgesprochene Freizeitsportart betreibt, gegeben werden:
- Jeder Ball, vom Fußball bis zum Plastikball, kann benutzt werden.
- Ein Netz kann bereits durch zwei mit einer Leine verbundene Sonnenschirme aufgebaut werden. Ein Baustellenband ersetzt die nicht gut sichtbare Schnur.
- Die Spielfeldbegrenzungen können mit dem Fuß im Sand gezogen werden.
- Die erste Ballberührung kann, anstatt den Ball zu baggern, durch „Fangen" erfolgen.
- Bei sehr niedrigem Netz bzw. niedriger Schnur soll aus dem Stand gespielt werden.
- Anfänger können die ihnen bekannten Hallenspielregeln übernehmen.
- Das Volleyballspiel im Sand kann miteinander oder gegeneinander mit beliebigen, auch ungleichen Spielerzahlen durchgeführt werden.

Für Hallenspieler, die das Beachvolleyballspiel „freizeitmäßig" interessanter gestalten wollen, gelten die folgenden Vorschläge:

Sind Leistungsunterschiede im Spielverhalten der Teilnehmer vorhanden, so sollen
- die Gruppen/Mannschaften gleichmäßig mit leistungsstarken und leistungsschwachen Spielern besetzt werden und/oder
- die leistungsstärkeren Spieler Schlüsselfunktionen, z.B. das Zuspiel, übernehmen und/oder

Foto 15: Freizeitspiel – Wilt Chamberlain, Bob Vogelsang, Bruk Vandeweghe

BEACHVOLLEYBALL ALS FREIZEITSPORTART 71

- der Handlungsrahmen der leistungsstärkeren Spieler durch Sonderregeln, z.B. Angriff nur mit der schwächeren Hand, eingeschränkt werden und/oder
- Spiele mit ungleicher Spielerzahl, z.B. '3 gegen 6', '1 gegen 3' oder '4 gegen 10', durchgeführt werden.

Werden zu viele Fehler begangen und somit viele Unterbrechungen herbeigeführt, kann
- bei jeder Ballberührung ein Fangen mit anschließendem Abspiel erlaubt werden und/oder
- das Spielfeld verkleinert werden und/oder
- das Netz/die Leine höher gespannt werden und/oder
- die Angriffshandlungen durch Sonderregel entschärft werden. Hier können z. B. leichte Aufschläge von unten aus kurzer Entfernung oder Driveschläge aus dem Stand geschlagen werden.

Wenn zu viele Spieler vorhanden sind und ein entsprechendes Spiel, z.B. '10 gegen 10', nicht durchführbar ist, so sollten
- kleinere Mannschaften gebildet werden und die Spiele nur 5 oder höchstens 7 Minuten dauern.

Treten beim Freizeitspiel auf Sand Probleme hinsichtlich der unterschiedlichen Handlungshöhe zwischen Frauen und Männern auf, so sollen
- die Frauen bei Frauennetzhöhe als Vorderspielerinnen und die Männer als Hinterspieler agieren oder
- die Männer bei ihrer Netzhöhe als Vorderspieler und die Frauen als Grundspielerinnen handeln oder
- die Männer als Vorderspieler im Angriff mit der schwächeren Hand spielen und aus dem Stand blockieren.

In diesem Kapitel werden bewußt keine besonderen Übungs- und Spielformen beschrieben und empfohlen, weil einerseits der Freizeitsportler nur spielen möchte und andererseits der Leser, der solche Beispiele sucht, diese in jedem Volleyballbuch für die Anfängerschulung leicht finden kann.

Foto 16:
Der legendäre Basketballprofi Wilt Chamberlain als Freizeitbeachvolleyballer

TEIL 2: TECHNIK, TAKTIK, TRAININGSFORMEN
5 Annahme- und Aufschlagsituation

5.1 Sachanalyse

Die Darbietung und Reihenfolge der Inhalte aller Lernbereiche erfolgt nach didaktisch-methodischen und sachlich-pragmatischen Gesichtspunkten. Die mannschaftstaktischen Handlungen, hier die Annahmeformation im 2er-Riegel, werden vor den individualtaktischen Handlungen diskutiert. Dies ergibt sich daraus, daß individualtaktisches Handeln im Rahmen der eigenen und gegen die gegnerischen mannschaftstaktischen Handlungen abläuft. So muß z.B. der Aufschläger Stärken und Schwächen des 2er-Riegels kennen, um unter Berücksichtigung der äußeren Bedingungen Wind, Sonne usw. sinnvoll und individualtaktisch effektiv aufschlagen zu können.

Die individualtaktische Ausbildung des Annahmespielers wird der des Aufschlägers vorangestellt, da eine optimale Annahmeleistung die Voraussetzung für gute Leistungen in Zuspiel und Angriff darstellt. Der Aufschläger erfüllt zunächst nur Hilfsfunktionen und trainiert in erster Linie die Zielgenauigkeit seines Aufschlags und somit erste Ansätze individualtaktischen Handelns. Das individualtaktische Training des Aufschlägers erfolgt zuletzt, da dieses gute Annahmeleistungen und letztlich gute Annahmespieler voraussetzt.

Bezüglich der Häufigkeitsverteilung der unterschiedlichen **Annahmetechniken** sowie der **Annahmeorte** sind folgende Beobachtungen maßgebend:
- Die Annahme nimmt mit rund 15,3% die 4. Stelle in der Häufigkeitsverteilung hinter Angriff, Zuspiel und Aufschlag ein.
- Untersuchungen im nationalen Spitzenbereich bzgl. der Annahmeorte zeigen, daß hinsichtlich der Spielfeldtiefe 72,5% der Annahmehandlungen auf dem mittleren und 25,5% auf dem hinteren Spielfelddrittel ausgeführt werden (vgl. Abb. 11a).

Abb. 11a   Abb. 11b

- Bezüglich der Spielfeldbreite konnten die meisten Annahmen (ca. 45%) im mittleren Drittel beobachtet werden (vgl. Abb. 11b).
- Auf mittlerem nationalen Niveau wird, hinsichtlich der Spielfeldbreite, vermehrt auf die seitlichen Drittel (jeweils ca. 40%) aufgeschlagen, hinsichtlich der Spielfeldtiefe wird seltener lang aufgeschlagen. Die Werte für den mittleren Leistungsbereich finden sich in Abb. 11a und 11b in Klammern.
- Fast alle Annahmen werden im Annahmebagger gespielt. Andere Annahmetechniken, wie die einhändige Annahme oder der Tomahawk (vgl. Kap. 7.5.1), sind nur zu beobachten, wenn der Annahmebagger nicht mehr möglich ist. Ebenso wurden Annahmehandlungen im oberen Zuspiel nicht beobachtet.
- Es werden mit rund 57% deutlich mehr Annahmen mit seitlicher Stellung zum Ball gespielt, gegenüber 43% in frontaler Stellung (vgl. Tab. 5 in Kap. 3.2.3). Auch bei den US-Profis konnte die herausragende Bedeutung des seitlichen Annahmebaggers beobachtet werden. Die Annahme **im Stand** hat mit fast 46% den größten Stellenwert. Aufgrund der Größe des durch die Annahmespieler abzudeckenden Raums werden jedoch auch sehr viele Annahmen **in der Bewegung** (fast 37%) und ebenso **im Fallen** (ca. 17%) gespielt (vgl. Tab. 5 in Kap. 3.2.3).

5.2 Annahmeformation

Beim Beachvolleyball '2 gegen 2' ist als einzige Formation der 2er-Riegel anzuwenden. Gegen Kerzenaufschläge (Skyballs) ist theoretisch die Annahme im 1er-Riegel möglich. Dies wurde aber noch nicht beobachtet. Da hier der Aufschlag eine sehr hohe Flugkurve hat, ist nicht die Schnelligkeit des Annahmespielers zum Ball gefragt, sondern in erster Linie seine Fähigkeit, Skyballs deutlich besser als sein Partner annehmen zu können.

Die Wahl der Ausgangsposition der Annahmespieler entspricht zunächst Abb. 12a. Jeder Spieler ist demnach bei gleicher Annahmeleistung für seine Spielfeldseite verantwortlich – sofern der Aufschläger in der Mitte der Grundlinie steht. Führt der Spieler den Aufschlag von der rechten Spielfeldseite aus, so verschiebt sich der Verantwortlichkeitsbereich der Spieler entsprechend Abb. 12b. Schlägt der Aufschläger von der linken Spielfeldseite, so entspricht die Abb. 12c der Verständigung der Annahmespieler bezüglich ihrer Annahmebereiche. Diese Veränderung der Annahmebereiche **in Abhängigkeit vom Aufschlagort** wird wie folgt begründet:

ANNAHME- UND AUFSCHLAGSITUATION

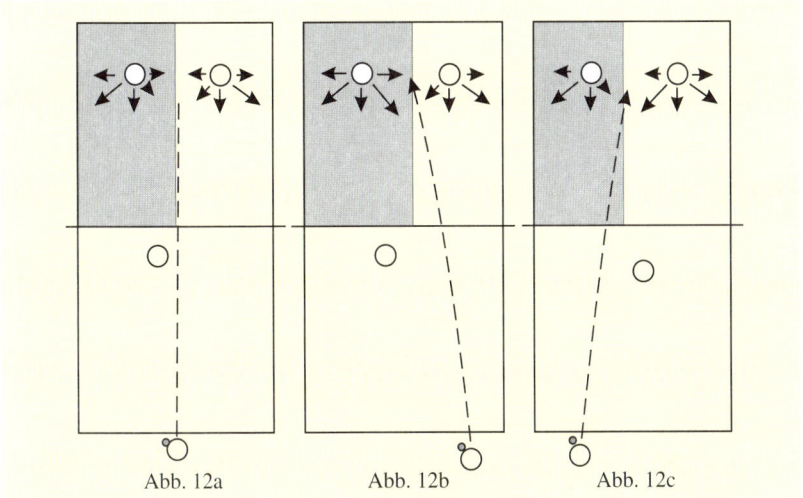

Abb. 12a   Abb. 12b   Abb. 12c

Der gegenüber dem Aufschläger annehmende Spieler hat aufgrund der kürzeren Flugbahn des Aufschlags stets einen kleineren Raum abzudecken. Dagegen hat der diagonal zum Aufschläger annehmende Spieler aufgrund der langen Flugbahn des Aufschlags und der entsprechend längeren zur Verfügung stehenden Reaktionszeit, einen größeren Raum abzudecken.

Grundsätzlich kann eine Beachvolleyballmannschaft nur dann erfolgreich sein, wenn beide Spieler über ähnliche Annahmequalitäten oder: noch besser, wenn sie über hervorragende Annahmequalitäten verfügen. Ist einer der Spieler deutlich schwächer in der Annahme und hat der Gegner dies erkannt, kann diese Mannschaft nicht erfolgreich spielen. Deshalb ist die **Annahmeleistung beider Spieler entscheidend** für die Bildung einer Beachvolleyballmannschaft.

Die folgenden Variationen des 2er-Riegels haben deshalb ihre Berechtigung in eher Beach-spezifischen Spielsituationen: Der 2er-Riegel verschiebt sich in Abhängigkeit von der Windrichtung bei Rückenwind um ca. 1 m nach vorn (Abb. 13a+b), bei Gegenwind um 1-1,5 m nach hinten (Abb. 13c+d) und bei Seitenwind zur windabgewandten Seite (Abb. 13e+f). Bei Wind sowohl von schräg vorn/hinten als auch bei Seitenwind nehmen die Spieler eine versetzt zueinander ausgerichtete Riegelaufstellung ein, um vom Wind wegdrehende Bälle annehmen zu können (Abb. 14a+b). Aufschläge mit Seiteneffet, die auf einen Spieler zuflie-

ANNAHME- UND AUFSCHLAGSITUATION

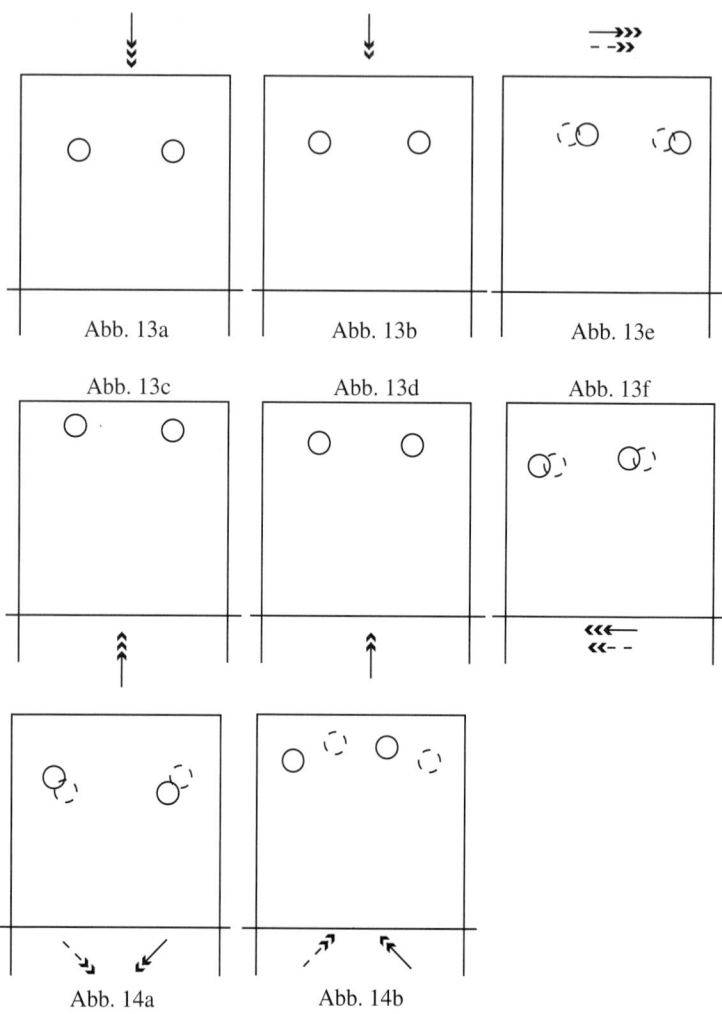

gen und dann unter Windeinfluß z. B. zur Spielfeldmitte „abdrehen", müssen **von dem Spieler angenommen werden, auf den der Ball zudreh**t, nie von dem Spieler, von dem der Ball wegdreht (vgl. Abb. 42 in Kap. 8.1). Unabhängig von vorstehender Überlegung kann sich die Ausgangsstellung aller aufgeführten 2er-Riegel in Abhängigkeit von der gegnerischen Aufschlagstrategie, der Tagesform der Annahmespieler und/oder der augenblicklichen psychischen Verfassung der Spieler verschieben.

ANNAHME- UND AUFSCHLAGSITUATION 77

Der Angriffsaufbau aus der Annahme entspricht stets einer **offenen Handlungssituation**. Der Angriffsaufbau erfolgt also situationsgebunden. Da beide Spieler für die Annahme verantwortlich sind, entscheidet die Aufschlagrichtung darüber, welcher Spieler annimmt und welcher zuspielt. Daraus ergibt sich, daß jeder Spieler stets damit rechnen und bereit sein muß, die erste und dritte – oder aber die zweite – Ballberührung durchzuführen.

Der **Handlungsablauf des Angriffsaufbaus** aus der Annahme wird folgendermaßen durchgeführt:

Beide Spieler sind in erster Linie für die Annahme des Aufschlags verantwortlich. Alle darauffolgenden Handlungen, wie Zuspiel und Angriff, sind der Annahmehandlung deutlich unterzuordnen. Die Spieler haben sich gedanklich ausschließlich auf die Annahme zu konzentrieren und erst dann dem Zuspiel zuzuwenden, wenn sie absolut sicher sind, daß sie für die Annahme des Aufschlags nicht verantwortlich sind.

Der nicht annehmende Spieler bewegt sich zum abgesprochenen und voraussichtlichen Zuspielort. Sein zeitlich-räumliches Verhalten zum Zuspielort ist abhängig von der Qualität des Aufschlags und von den individualtaktischen Fähigkeiten seines Partners. Deshalb ist die genaue Kenntnis der Fähigkeiten seines Mitspielers eine unabdingbare Voraussetzung für ein erfolgreiches Zusammenwirken.

In dem Moment, in dem der Spieler erkennt, daß sein Partner annehmen wird, bewegt er sich lediglich 1-2 Schritte nach vorn, etwa bis zur Spielfeldmitte.

> Beobachtungen zeigen deutlich, daß sich alle Profispieler erst **nach** der Annahmehandlung des Partners von dieser Position aus zum Netz bewegen, um immer in der Lage zu sein, Annahmen schlechter Qualität noch zu erlaufen (Foto 17a).

Der nicht annehmende Spieler läuft stets nach, frühestens aber zeitgleich mit der Annahmehandlung zum Zuspielort. Erwartet er einen Paß mittlerer oder schlechter Qualität, muß er seinen Lauf zum Netz so lang wie möglich verzögern und sich gegebenenfalls zur Spielfeldmitte hin orientieren.

Der späte Start des nicht annehmenden Spielers zum Zuspielort ist möglich, wenn man bedenkt, daß die Beachvolleyballer im Gegensatz zu den Hallenvolleyballern nicht den perfekten 1. Paß benötigen. Im Gegenteil: Der perfekte 1. Paß im Sinne des Hallensportspiels entspricht eher einem schlechten 1. Paß im Beachvolleyball, weil das Erlaufen des dicht ans Netz gespielten Balles die Zuspielhandlung sehr

ANNAHME- UND AUFSCHLAGSITUATION

stark erschwert und möglicherweise zu Folgefehlern führt. Deshalb ist der 1. Paß mittlerer Qualität, d.h. in 1 - 2 m Entfernung vom Netz mit der Möglichkeit, im oberen Zuspiel zu stellen, als der perfekte Paß für das Beachvolleyballspiel anzusehen. Aufgrund der meist vorherrschenden Windverhältnisse **muß der 1. Paß flach gespielt werden**, aber mit der Möglichkeit, ein oberes Zuspiel anwenden zu können. Ist im Hallensportspiel der Sprungpaß für das Ausspielen des Gegners sehr wichtig, so entfällt dies beim Beachvolleyball. Hier kommt dem Zuspiel im Stand mit dem Schwerpunkt der Zielgenauigkeit die ausschließliche Bedeutung zu.

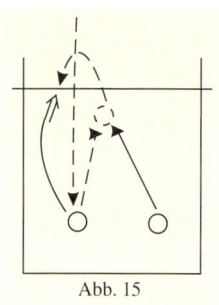

Abb. 15

Der Zuspielort ist im Beachvolleyball abhängig davon, welcher Spieler auf welcher Spielfeldseite den Ball annimmt und verfolgt stets die Zielsetzung, daß der Angreifer ohne Mühe den Ball und den Gegner im Blickfeld halten kann. Das heißt, daß der Zuspielort von Situation zu Situation unterschiedlich sein kann.

Nimmt der auf der linken Spielfeldseite agierende Spieler (Pos. IV/V) an, liegt der Zuspielort auf Pos. III, 1,5 - 2 m vom Netz entfernt und nicht, wie im Hallenspiel, auf Pos. II/III bzw. II direkt am Netz (vgl. Abb. 15).

Der Zuspielort auf Pos. III, oft sogar mit Tendenz hin zu Pos. IV, verkürzt einerseits die Ballwege, bringt aber andererseits den für Beachvolleyball entscheidenden Vorteil, daß die Gefahr, den Zuspieler zu überspielen - was zu Ungenauigkeiten bzw. zu Folgefehlern führen kann - vermieden wird. Hallenspieler, die zum Beachvolleyball kommen, haben dies nicht erkannt und spielen den 1. Paß lang und nach außen - entweder weil sie den o.a. entscheidenden Vorteil nicht erfaßt haben oder weil sie glauben, durch die langen Ballwege viel Zeit für die Vorbereitung auf den Angriff zu haben (s. hierzu auch Kap. 6.2, Angriffsaufbau).

Erfolgt die Annahme auf der rechten Spielfeldseite, d.h. durch den auf Pos. II/I annehmenden Spieler, verschiebt sich der Zuspielort von der Pos. III eher zu Pos. II/III, bzw. der 1. Paß erfolgt fast senkrecht zum Netz (Foto 17b).

Dies birgt in beiden Spielsituationen große Vorteile in sich:
1. Der nicht annehmende Spieler kennt in jeder Annahmesituation sehr genau den Zuspielort.
2. Der annehmende und angreifende Spieler hat Ball und Gegner ständig im Blickfeld.

ANNAHME- UND AUFSCHLAGSITUATION   79

Foto 17a: Optimales Zuspieler-Lauftiming (Randy Stoklos)

Foto 17b:
Zuspielort II/III, 1. Paß senkrecht zum Netz (Sinjin Smith/Randy Stoklos)

3. Der Anlauf des rechtshändigen Annahmespielers kann gradlinig erfolgen. Das Zuspiel kann halbhoch, als „2-3 Meterball" aus kurzer Distanz, beim Zuspieler ausgeführt werden, um dem annehmenden Angreifer die Möglichkeit zu geben, leicht in alle Richtungen angreifen zu können.
4. Der Paß senkrecht zum Netz ist leichter auszuführen.
5. Ebenso wird ein Überspielen des Zuspielers weitestgehend vermieden.

Diese Vorteile überwiegen deutlich gegenüber den Nachteilen, nämlich den kurzen Ballwegen und langen Laufwegen des Zuspielers.

Agiert ein linkshändiger Spieler auf der linken Spielfeldseite, entspricht der Handlungsablauf dem des rechtshändigen Spielers auf der rechten Spielfeldseite - und umgekehrt: Wenn ein linkshändiger Spieler auf der rechten Spielfeldseite agiert, entspricht der Handlungsablauf spiegelbildlich den Handlungen des rechtshändigen Spielers auf der linken Spielfeldseite.

5.3 Individualtaktik des annehmenden Beachvolleyballspielers

Bezüglich der Effektivität der Annahmen lassen sich für das nationale Spitzenniveau der Männer folgende Ergebnisse festhalten (Tab. 7):

- Bei ca. 91% aller Annahmen kann der Ball so zugespielt werden, daß ein Angriff im Sprung möglich ist (Annahme guter und sehr guter Qualität).
- Der Anteil der direkten Annahmefehler liegt insgesamt bei 6%.
- Bei Annahmehandlungen **im Stand** wird zu ca. 56% mit sehr guter Qualität, zu ca. 41% mit guter, zu rund 2% mit mittlerer Qualität angenommen. Im Stand werden lediglich 1% direkte Annahmefehler begangen.
- Bei Annahmehandlungen **in der Bewegung** liegt der Anteil der sehr guten Pässe bei ca. 40%. Fast 51% hatten gute, ca. 3% mittlere Qualität und ca. 7% der Annahmehandlungen sind direkte Fehler.
- Fast die Hälfte der Annahmehandlungen **im Fallen** sind guter Qualität, nur 26% der Bälle werden optimal zur Zuspielposition gepaßt. Demgegenüber ist der Anteil der Annahmen mittlerer Qualität (ca. 6,5%) und besonders der direkten Fehler mit 18% sehr hoch.

	sehr gut	gut	Qualität mittel	Fehler
Annahme gesamt	91%		3%	6%
im Stand	56%	41%	2%	1%
im Fallen	26%	49,5%	6,5%	18%
in der Bewegung	40%	51%	3%	7%

Tab. 7: Annahmequalität

Die Annahme hat mit einem Spielanteil von ca. 15,3% eine noch bedeutendere Schlüsselfunktion als im Hallenvolleyball, sowohl für die Folgehandlung als auch für den Ausgang des Spiels.

Foto 18

ANNAHME- UND AUFSCHLAGSITUATION

In der Annahmeformation steht der Beachvolleyballspieler immer unter hohem psychischen Druck, weil insbesondere die Zuschauer die gleichen Maßstäbe wie im Hallenspiel anlegen und die Bodenbeschaffenheit und die äußeren Bedingungen wie Wind, Sonne, hohe Temperaturen usw. meist völlig unberücksichtigt lassen. Diese aber wirken sich negativ auf den Beachvolleyballer aus. Hinzu kommt, daß der Annahmespieler mehr als 60% Sprungaufschläge – auch bei Wind – annehmen muß und daher über die Dauer eines oder mehrerer Spiele eine hohe Wahrnehmungs- und Reaktionsleistung im Sinne einer psychischen Beanspruchung erbringen muß. Bedenkt man, daß im Hallensportspiel der Sprungaufschlag stets im 3er-Riegel angenommen wird, so ist die im Beachvolleyball erschwerte Annahmesituation um so mehr verständlich.

Die Spielunterbrechung vor jeder Annahmehandlung führt bei den meisten Spielern zu einer Steigerung der Mißerfolgserwartung bzw. -befürchtung und somit zu einer psychischen Belastung. Ein direkter Fehler in der Annahme bedeutet einen direkten Punktgewinn des Gegners, was den besonderen Stellenwert der Annahme bestätigt. Da das Handlungsziel bzw. der Zuspielort von vornherein festliegt, sind schlechte oder ungenaue 1. Pässe für alle Beteiligten sofort erkennbar und wirken somit auf den annehmenden Spieler belastend.
USA: Hinzu kommt, daß bei den US-Profis kurz vor Ablauf der effektiven Spielzeit bei gleichwertigen Mannschaften der psychische Druck höher ist.

Belastend wirkt sich auch aus, daß der Annahmespieler stets als erster nach einer fehlerhaften Aktion seines Mitspielers handeln muß; noch belastender ist es, wenn er selbst den Fehler begangen hat.
Diese Ausführungen unterstreichen die außerordentlich hohe psychische Belastung des Annahmespieles und erfordern entsprechende Verhaltensweisen:
- Positive Verstärkung der Annahmespieler durch den Mitspieler oder gegebenenfalls den Betreuer im Training und Wettkampf;
- bewußtes Vermeiden von Folgefehlern durch den zuspielenden und auch den angreifenden Spieler bei schlechtem 1. Paß. Beide sollten sich gegenseitig helfen, ausgleichend handeln und risikoreiche Folgehandlungen ausschließen.

Aus diesen Gründen ist das **Training der Annahme** spiel- bzw. wettkampfspezifisch auszurichten, insbesondere bezüglich der psychischen Belastung. Für einen professionell trainierenden Spieler ist es daher unabdingbar, daß er sich mit einer psychoregulativen Entspannungstechnik vertraut macht.

5.3.1 Bedeutung der Gleichgewichtsfähigkeit

Im Gegensatz zum Hallenspiel kommt im Sportspiel Beachvolleyball der koordinativen Fähigkeit **"Gleichgewicht"** bei der Ausführung **aller** Handlungen entscheidende Bedeutung zu (Foto 19).

Der unebene Untergrund verursacht bei jeder Spielhandlung Balanceschwierigkeiten. Anders als im Hallenspiel kann der Spieler keine Aktion auf einer ebenen Fläche ausführen. Da der Sandboden nachgibt, sind balanceerhaltende Ausgleichsbewegungen erschwert.

Eine schlechte Balance führt zu **technischen Fehlern und/oder Ungenauigkeiten in allen Spielelementen**.

Die elementare Bedeutung des Gleichgewichts ist daher offensichtlich. Dieser Grundsatz gilt vor allem für die Momente **kurz vor** und **während** der Ballberührung bei allen Annahme-, Zuspiel- und Verteidigungshandlungen sowie für den Absprung bei allen Sprüngen und den Start bei allen Laufhandlungen.

Die Fehler werden entweder direkt vom Schiedsrichter geahndet – oder ihre Folgen mindern den Spielerfolg. Insbesondere obere Zuspiele, die technisch offenbar „sauber" ausgeführt wurden, bei denen der Schiedsrichter aber erkennt, daß der Spieler **Standschwierigkeiten** hatte oder das **optimale Körper-Ball-Verhältnis nicht mehr einnehmen konnte**, werden, zumindest beim Spiel der US-Profis, noch immer sehr kritisch beurteilt und oftmals geahndet. Es ist daher hervorzuheben, daß eine ausbalancierte Spielstellung auf Sanduntergrund unabdingbar ist, um jederzeit schnell in alle Richtungen starten bzw. reagieren sowie zielgenau und regelgerecht spielen zu können.

Der Spieler ist gefordert, in jeder Spielsituation durch **Absenken seines Körperschwerpunkts** die Balance zu halten. Durch eine ausgeprägte Fuß-/Laufarbeit muß der Spieler versuchen, die zur Gleichgewichtserhaltung und zum optimalen, d.h. regelgerechten und zielgenauen Spielen des Balles, notwendige Position zum Ball rechtzeitig einzunehmen. Windbedingte Änderungen der Flugbahn des Balles müssen daher sofort erkannt und durch kleine, schnell durchgeführte Schritte kompensiert werden.

ANNAHME- UND AUFSCHLAGSITUATION

Foto 19:
Optimale Balance (Jörg Ahmann)

Eine **optimale Gewichtsverteilung** in Form einer **ausbalancierten Grundstellung** ist **Voraussetzung jeder Handlung** im Sportspiel Beachvolleyball.

Die Spieler handeln immer aus einer **ausbalancierten Grundstellung** heraus. Sie erlaubt ein schnelles Reagieren in jeder Spielsituation (s.o.). Insbesondere als Ausgangshaltung für den Feldverteidiger ermöglicht sie ein schnelles Abtauchen oder Hechten bei kurz geschlagenen Bällen und ein rechtzeitiges Aufrichten, um Bälle über Kopfhöhe abzuwehren.

Beschreibung der Ausgangsstellung

Die Beine des Spielers sind in einer mehr als schulterbreiten Grätsch-Schrittstellung *gebeugt* und der Oberkörper *vorgebeugt*.

Die Grätsch-Schrittstellung wird von den meisten Beachspielern der Grätschstellung vorgezogen. Das Körpergewicht lastet auf den Fußballen und ist *gleichmäßig* auf beide Beine verteilt.

Foto 20: Ausgangsstellung (Adam Johnson)

Die Arme sind im Ellbogengelenk um ca. 90° angewinkelt, die geöffneten Hände befinden sich somit *auf Hüfthöhe*. Unter- und Oberarme zeigen leicht nach außen und liegen nicht am Körper an. Die Oberarme und Ellbogen werden nicht nach vorn geschoben, sondern befinden sich *neben* dem Oberkörper des Spielers.

5.3.2 Annahmetechniken

Bei den Beschreibungen der **Annahmetechniken** werden die Kenntnisse der Bewegungsabläufe des Hallensportspiels vorausgesetzt, so daß hier fast ausschließlich auf die Unterschiede eingegangen wird:

Die Annahme des Aufschlags wird grundsätzlich im **Annahmebagger** durchgeführt. Lediglich in Notsituationen, bei falscher Einschätzung des Ballflugs, wird mit Hilfe der Tomahawk-Abwehrtechnik (vgl. Kap. 7.5.1) angenommen. Annahmehandlungen im oberen Zuspiel sind zwar durch die Regeln untersagt, werden aber in einigen wenigen Fällen im Bereich der FIVB angewandt und bei technisch sehr sauberer Ausführung nicht als Fehler geahndet. Die Annahme mit nur zwei Spielern auf dem gesamten Spielfeld und die hohen Ballgeschwindigkeiten der Sprungaufschläge geben dem **seitlichen Annahmebagger herausragende Bedeutung**. Die zunehmende Bedeutung des oberen Zuspiels hat zu höheren Flugkurven beim ersten Paß geführt. Aus diesem Grund wird die Annahme häufig in einer sehr tiefen Spielstellung ausgeführt.

Der **frontale Annahmebagger** wird nur dann angewendet, wenn genau auf den Körper oder in einen Bereich aufgeschlagen wird, der durch Laufschritte nach vorn erreicht werden kann. Als Ausnahme ist die Annahme des Skyballs zu nennen, bei der der Spieler genügend Zeit hat, in alle Richtungen zu laufen, um den Ball frontal zu spielen. In allen anderen Situationen kommen ausschließlich Annahmetechniken mit seitlicher Armhaltung zum Einsatz.

Bewegungsablauf des frontalen Annahmebaggers

Der Bewegungsverlauf des **frontalen Annahmebaggers** im Stand bzw. im Fallen ist mit dem des Hallenspiels weitgehend identisch.

Folgende Details müssen allerdings für die Beach-spezifische Anwendung des Annahmebaggers hervorgehoben werden:

Die Spielstellung ist vor dem Spielen des Balles optimal *ausbalanciert* (vgl. Fotos 19 + 20).

ANNAHME- UND AUFSCHLAGSITUATION

Beim Spielen des Balles gelten folgende Grundsätze:

- Der Körpereinsatz und die Stärke des Armeinsatzes hängen von der Geschwindigkeit des anfliegenden Balles ab:
  - Je schneller der Ball fliegt, desto *geringer* ist der Arm- und Körpereinsatz.
  - Bei harten Aufschlägen ist der Annahmebagger identisch mit der Technik des Abwehrbaggers, die Arme sollten dann nach *vorne/unten*, unter dem Ball „*hindurch*" geschoben werden und ihm so eine Rückwärtsrotation verleihen. Gegebenenfalls kann der Arm- und Körpereinsatz auch nachgebend sein.
- Die Höhe der Flugbahn wird über den Anstellwinkel der Trefffläche im Moment der Ballberührung gesteuert. Dabei gilt:
  - Je höher der Paß sein soll, desto *waagerechter* muß die Trefffläche zum Ball stehen.
  - Je höher die Flugkurve des Aufschlags ist, desto *waagerechter* muß die Trefffläche zum Ball stehen.
- Die Spielstellung des Annahmespielers ist ebenfalls abhängig von der Flugkurve des anfliegenden Balles:
  - Je niedriger der Ball anfliegt, desto *tiefer* ist die Spielstellung.
- Spielstellung und Anstellwinkel der Trefffläche sind außerdem abhängig von der Netzentfernung des Annahmespielers:
  - Je kürzer der Aufschlag, desto *tiefer* ist die Spielstellung, desto *waagerechter* die Trefffläche.

Hier ist anzumerken, daß die Annahme des harten Sprungaufschlags einer Abwehrhandlung entspricht. Beide Spieler müssen daher, sobald sie erkennen, daß ein solcher Aufschlag erfolgen wird, eine tiefere Ausgangsstellung einnehmen. Da der annehmende Spieler zur Vorbereitung der Annahme seinen Körper nun nicht mehr nach erfolgtem Aufschlag absenken muß, gewinnt er wertvolle Zehntelsekunden, um die kürzere zur Verfügung stehende Reaktionszeit zu kompensieren.

Erwarten die Spieler einen taktischen Sprungaufschlag, muß die tiefere Spielstellung sofort aufgelöst werden.

Eine Ausnahme stellt wiederum die Annahme eines Skyballs dar: Der Spieler nimmt eine *sehr tiefe* Spielstellung ein. Der Ball wird mit *parallel* zum Boden ausgerichteten Armen gepaßt.

- Die Abspielrichtung wird über die Stellung der Trefffläche und der Schulterachse gesteuert. Die Schulterachse steht immer im *rechten Winkel zur Ballanflugrichtung* und richtet sich *nicht* nach der Richtung, in die der Paß gespielt werden soll. Erst durch ein Drehen der Trefffläche nach dem Prinzip „Einfallswinkel=Ausfallswinkel", in Verbindung mit der schiebenden Armbewegung, wird der Ball in die neue Richtung gelenkt. Diese Prinzipien kommen besonders beim seitlichen Annahmebagger zum Tragen.

Zum frontalen Annahmebagger **im Fallen** gehören verschiedene Variationen, die in Not- bzw. Zeitdrucksituationen angewendet werden:

- Annahmebagger als Beidhandhechtbagger (Foto 21a),
- Annahmebagger „im Knien" (Foto 21b).

Ist der vor dem Annahmespieler „einschlagende" Ball nicht mehr so zu erlaufen, daß er im Stand gespielt werden kann, muß der Spieler *hechten* (Foto 21a). Eine aktive Impulsgebung ist hier nicht notwendig. Im Gegensatz zum Hallenspiel sind hier akrobatische Sprünge mit weniger ausgeprägten Abfangtechniken möglich.

Foto 21a: Annahmehechtbagger

Foto 21b: Annahme im Knien

Der frontale Annahmebagger **im Knien** wird bei Top Spin-Aufschlägen angewendet, die sich rasch senken. Gegebenenfalls muß der Oberkörper auch, wie beim Hechtbagger, flach über den Boden hinweg vorgeschoben werden (Foto 21c). Der Spieler paßt sich an die kürzer werdende Flugbahn des Balles dadurch an, daß er in einen einbeinigen Kniestand „*fällt*". Der Körpereinsatz entfällt beim Spielen des Balles.

Foto 21c: Annahme kurzer Aufschläge

Ein *Abrollen nach hinten* bei der Annahme des Aufschlags sollte ebenso wie der Annahmebagger *in der Bewegung* vermieden werden!

Statt dessen sollen möglichst **seitliche** Techniken aus einem sicheren Stand heraus angewendet werden.

Bewegungsablauf des seitlichen Annahmebaggers

Folgende Unterschiede zum frontalen Annahmebagger sind zu beachten:
- Nimmt der Spieler rechts vom Körper *unter oder auf Hüfthöhe* an, macht er einen seitlichen Ausfallschritt nach rechts (Foto 22a); nimmt er *über Hüfthöhe* an, führt er einen Ausfallschritt nach rechts/*hinten* aus. Hier gilt:
- Je höher der Ball anfliegt, desto weiter muß der rechte Fuß nach hinten versetzt werden.

Foto 22a: Seitl. Annahme (Karch Kiraly)   Foto 22b: Annahme bei „hohen Bällen" (Danja Müsch)

- Die rechte Schulter wird nach *vorne/oben* geschoben, die linke Schulter nach *unten*.
- Die Bewegung wird bei Annahmeaktionen auf der linken Körperseite spiegelbildlich durchgeführt (Foto 22b).

ANNAHME- UND AUFSCHLAGSITUATION

- Die Abspielrichtung wird durch die Stellung der Trefffläche gesteuert. Die Schulterachse steht im rechten Winkel zur Ballanflugrichtung. Im Moment des Ballkontakts wird die Trefffläche aus den Schultern nach vorn in die neue Richtung geschoben.
- Bei *hoch oder sehr schnell* anfliegenden Bällen wird der Körper seitlich aus der Flugbahn gedreht und der Ball mit Hilfe der seitlichen Technik angenommen (Foto 22b).
- Der Körperschwerpunkt wird beim "späten" Erreichen des Annahmeortes immer *stark abgesenkt*, sei es durch einen Ausfallschritt (vgl. Foto 22a), eine tiefe Hocke ("Absitzen", vgl. Foto 19), Knien (Foto 23a) oder Hechten (Foto 23b).

Fotos 23a+b: Seitliche Annahme „im Knien" (Patty Dodd) und Hechten (Karch Kiraly)

5.3.3 Individualtaktisches Training des Annahmespielers

Das Training des Beachvolleyballers als Annahmespezialisten zielt darauf ab, in Abhängigkeit von den eigenen Fähigkeiten und Fertigkeiten und der jeweiligen konkreten Annahmesituation eine der folgenden Handlungsalternativen einsetzen zu können:

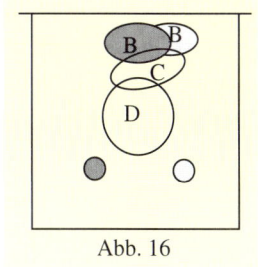

Abb. 16

1. entsprechend der Spielkonzeption den Ball optimal **zum Zuspielort** spielen (Zone B in Abb. 16),
2. um Eigen- und/oder Folgefehler zu vermeiden, einen guten, aber nicht optimalen 1. Paß **in Richtung des Zuspielortes** spielen (Zone C),
3. um einen direkten Eigenfehler zu vermeiden, zugunsten einer Sicherheitsannahme **hoch in die Spielfeldmitte** (Zone D) auf den guten Paß verzichten und so ein Feldzuspiel ermöglichen.

Es ist zu beachten, daß sich die Zuspielzonen überschneiden, d.h. daß deren Übergänge fließend und für jeden Beachspieler unter Berücksichtigung seiner Annahmeleistung unterschiedlich sind.

> Die Leistungssteigerung des Beachspielers in der Annahmesituation zeigt sich darin, daß sich die Handlungen von Saison zu Saison, möglichst aber von Monat zu Monat, anteilmäßig so verschieben, daß jeweils die direkten Fehler im Verhältnis zu den Ballrettungsaktionen, die Ballrettungsaktionen im Verhältnis zu den guten Annahmen sowie die guten Annahmen im Verhältnis zu den optimalen, geringer werden.

Zielsetzung des Trainings für den Beachvolleyballer ist, ihn in der konkreten Spielsituation unter Berücksichtigung innerer und **insbesondere äußerer** Faktoren zu befähigen, den 1. Paß bewußt in die Zone B, C oder D zu spielen.

Die inneren Faktoren beziehen sich auf den Spieler selbst und betreffen seine athletischen und taktischen, vor allem aber seine technischen und psychischen Fähigkeiten. Als äußere Faktoren beeinflussen insbesondere die klimatischen Bedingungen und die Bodenbeschaffenheit, aber auch Mit- und Gegenspieler sowie das Umfeld, den Beachvolleyballer in der Annahme. Wesentliche Faktoren sind hierbei:

- die Berücksichtigung der Windstärke und -richtung, um die richtige Ausgangsposition einzunehmen und sowohl den Aufschlag schneller zu antizipieren als auch die Annahme entsprechend zu spielen,
- die genaue Kenntnis der Annahmeleistung des Mitspielers, insbesondere dessen psychische Stärke/Schwäche,
- die genaue Kenntnis der Zuspielleistung des Mitspielers, insbesondere seiner athletischen und psychischen Voraussetzungen,
- die Kenntnis des Aufschlägerverhaltens und die frühzeitige Erfassung der Aufschlagart bzgl. der Richtung, Flugkurve und Geschwindigkeit,
- die Berücksichtigung der psychischen Verfassung des Mitspielers und der Gegenspieler, insbesondere im Zusammenhang mit der Erfolgs-/Mißerfolgshandlung der vorangegangenen Spielsituation,
- die Beachtung der Wettkampfentwicklung, vor allem des Satzstandes und, für den Bereich der US-Profis, des Zeitstandes.

Das Training des Beachvolleyballers erfordert, daß die aufgeführten beispielhaften Trainingsformen dem jeweiligen Ausbildungsstand des Spielers bzw. der Mannschaft angepaßt werden. Der Schlüssel für ein sehr gutes und effektives Training besteht in der Auswahl der Trainingsformen, in einer Verknüpfung derselben und besonders in der Fähigkeit, diese so zu vereinfachen oder zu erschweren, daß sie die Spielstruktur bzw. die situations- und spielgerechte Anwendung nicht verändern.

Der erste wichtige Schritt bei der individualtaktischen Schulung des Beachvolleyballspielers besteht darin, eine detaillierte **Erfassung und Analyse** der Annahmeleistung durchzuführen. Dies muß unter Wettkampfbedingungen geschehen, um die Stärken und Schwächen des Spielers in allen Bereichen, insbesondere unter psychischer Belastung, erfassen zu können. Nur so kann man die Spielerpersönlichkeit als Ganzes analysieren. Die Beobachtung sollte folgende Aspekte berücksichtigen:

- Hat der Spieler größere Schwierigkeiten bei der Annahme von Sprungaufschlägen?
- Hat der Spieler größere Schwierigkeiten bei der Annahme von Flatteraufschlägen?
- Zeigt der Spieler Annahmeschwächen bei starkem Rücken-, Gegen- oder Seitenwind?
- Zeigt der Spieler Schwächen, wenn er nach oder während der Bewegung annehmen muß?

ANNAHME- UND AUFSCHLAGSITUATION

- Hat der Spieler größere Schwierigkeiten bei der Annahme von Skyballs?
- Kann der Spieler bei sehr kurz oder sehr lang geschlagenen Aufschlägen effektiv als Angreifer handeln?
- Zeigt der Spieler Schwächen in der Annahme nach Eigenfehlern?
- Zeigt der Spieler Schwächen, wenn er sich mit seinem Mitspieler verständigen muß?
- Zeigt der Spieler Schwächen, wenn er über oder unter Hüfthöhe annehmen muß?
- Zeigt der Spieler Schwächen in Abhängigkeit von Flugbahn und Länge des Aufschlags?
- Zeigt der Spieler in kritischen Situationen Schwächen oder ist er gerade dann fähig, mehr Verantwortung in Annahme und Angriff zu übernehmen?
- Zeigt der Spieler Schwächen nach groben Fehlleistungen des Mitspielers bzw. nach Fehlentscheidungen des Schiedsrichters?
- Hat der Spieler eine annahmeschwache Seite, z.B. als Rechtshänder auf der rechten Seite?

Bezüglich dieser „Ist-Analyse" des Leistungsstandes muß betont werden, daß gegenwärtig selbst im Profibereich die Bedeutung und der Stellenwert der Spiel- bzw. der Spielerbeobachtung nicht erkannt werden. Es ist davon auszugehen, daß sich die Spielerbeobachtung durchsetzt, insbesondere weil die Betreuer der Nationalmannschaften die Wichtigkeit der Spielerbeobachtung aus dem Hallenspiel kennen und mit Erfolg anwenden. Grundsätzlich empfiehlt sich, die Spieler als „Einzelne" zu beobachten, Karteikarten für ihre Stärken und Schwächen anzufertigen, um dann, unabhängig von dessen gegenwärtigem Partner, gegen diesen Spieler die erfolgreichste Aufschlagstrategie anwenden zu können. Weitere detaillierte Ausführungen zu den Möglichkeiten der Spielbeobachtung im Beachvolleyballspiel sowie praxiserprobte Beispiele für Beobachtungsverfahren finden sich in Kap. 9.

Die Beobachtungen müssen im oberen Leistungsbereich der Frauen und Männer vor allem in der Vorbereitungsperiode durchgeführt werden. Ebenso sollte auch im mittleren und eventuell im unteren Leistungsbereich beobachtet werden. Dabei muß im mittleren, besonders aber im unteren Leistungsbereich in der Form beobachtet und analysiert werden, daß nur einzelne, für diesen Bereich wichtige Schwerpunkte Berücksichtigung finden. Hier gilt der Grundsatz: **„Weniger ist mehr!"**

Bei allen Trainingsformen ist es wichtig, die Beachvolleyball-spezifischen Trainingsprinzipien (vgl. Kap. 12) zu beachten. Das Annahmetraining erfolgt stets in Verbindung mit dem Training des Aufschlägers. Alle nachfolgend genannten Trainingsformen sollen möglichst früh die Annahme- mit der Angriffshandlung verbinden, da der annehmende zugleich der angreifende Spieler ist. Zudem muß bei den unterschiedlichsten Windverhältnissen und Tageszeiten trainiert werden.

Fehleranalyse und -korrektur

Die folgenden ausgewählten Trainingsmaßnahmen betreffen die beobachteten Schwächen bzw. Fehler des annehmenden Spielers.

1. Beispiel:
- *Die Annahme verschlechtert sich bei Sprungaufschlägen, bei Gegenwind, Rückenwind, seitlichem Wind oder Blendung durch die Sonne.*

1. Bei starkem Gegenwind wählt der Spieler seine Ausgangsstellung 1 m - 1,5 m (vgl. Abb. 13c+d) vor der Grundlinie.
2. Bei Rückenwind soll sich der Annahmespieler ca. 2 m vor der Grundlinie aufstellen (vgl. Abb. 13a+b).
3. Bei Seitenwind soll der Spieler seine Position in seinem Annahmeraum so einnehmen, daß er auf der Seite, aus der der Wind weht, mehr Raum ungedeckt läßt (vgl. Abb. 13e+f).

Grundsätzlich sollte sich der Beachspieler daran gewöhnen, im Training und Wettkampf eine sehr gute Sonnenbrille zu tragen,
- um durch Sonnenblendung verursachte Eigenfehler auszuschließen,
- um gesundheitlichen Schäden vorzubeugen (vgl. hierzu Kap. 13).

4. Bei Blendung durch die Sonne bemüht sich der Spieler, entsprechend seinen Fähigkeiten, frühestens nach dem Anwurf des Sprungaufschlägers und spätestens kurz nach der Ballberührung des Aufschlägers, den „aus der Sonne anfliegenden Ball" zu fixieren.

TRAININGSFORMEN
a) Der annehmende Spieler soll bevorzugt Sprungaufschläge in Serie annehmen, die entsprechend seiner Annahmeschwäche als Sprungaufschläge mit Gegenwind, Rückenwind, seitlichem Wind oder bei tiefem Sonnenstand geschlagen werden. Hierbei soll er stets **auf seiner Spielfeldseite** agieren.
b) Wie a, jedoch führt der Sprungaufschläger immer den „gleichen" Sprungaufschlag von der gleichen Aufschlagposition aus, z.B. zunächst nur lang ins Hinterfeld, später kurz ins Vorderfeld und zuletzt auf die rechte oder linke Annahmeseite.
c) Wie b, jedoch verändert der Sprungaufschläger seinen Aufschlagort, z.B. von der frontalen allmählich hin zur diagonalen Stellung zum Annahmespieler.
d) Wie b, jedoch variiert der Sprungaufschläger stets seine Aufschläge.
e) Wie c, aber wieder mit Variation von Aufschlag zu Aufschlag.
f) Zunächst können alle o.g. Formen ohne Gegenangriff erfolgen, um die Annahme zu verbessern; später jedoch sollte die Folgehandlung „Angriff" mit einbezogen werden.

2. Beispiel:
- *Die Annahmeleistung verschlechtert sich, wenn der annehmende Spieler kurz oder lang geschlagene Aufschläge annehmen muß, d.h. wenn er sich bewegen muß, um den Aufschlag anzunehmen.*

1. Überprüfen, ob entsprechend den äußeren Bedingungen und der Aufschlagart des Gegners die richtige Ausgangsposition eingenommen wird, d.h. ob der annehmende Spieler stets eine der Situation entsprechend differenzierte Ausgangsposition einnimmt.
2. Überprüfen, ob die Grundstellung, entsprechend den Ausführungen in Kap. 5.3.1, eingenommen wurde, um eine schnelle Bewegung bzw. ein schnelles Starten in alle Richtungen zu ermöglichen.
3. Darauf achten, daß die Aufschlagart, -richtung, -flugkurve und -geschwindigkeit frühzeitig erfaßt wird.

TRAININGSFORMEN
Alle Trainingsformen zur Verbesserung der Annahmeleistung gegen Sprungaufschläge sind hier anwendbar. Beachtet werden muß, daß **alle** Aufschlagarten sowie Aufschlagorte variiert zur Anwendung kommen sollen. Hierbei soll der Annahmespieler zur Bewegung nach vorne oder nach hinten gezwungen werden. Zunächst sollen die Aufschläge kurz, später lang geschlagen werden.

ANNAHME- UND AUFSCHLAGSITUATION

3. Beispiel:
- *Die Annahmeleistung verschlechtert sich bei flach anfliegenden Bällen.*

1. Überprüfen, ob der Annahmespieler die Hallentechnik anwendet, um mit einem langen Ausfallschritt den Ball zu erreichen. Dies ist ein grober Fehler, da das Gleichgewicht negativ beeinflußt wird und das sofortige Anbieten für die darauffolgende Handlung erschwert wird.
2. Überprüfen, ob der Körperschwerpunkt tief ist und ob die Bewegung vor der Ballberührung soweit abgeschlossen wurde, daß ein optimales Gleichgewicht erreicht wurde.
3. Überprüfen, ob die Armhaltung dem Prinzip Einfallswinkel=Ausfallswinkel entspricht.
4. Überprüfen, ob die Annahmeschwächen auf mangelnder Antizipationsfähigkeit beruhen.

TRAININGSFORMEN

a) Entsprechend der jeweiligen Fehlerquelle, sollte zunächst die Bewegung ohne Ball ausgeführt werden, anschließend mit einem Driveschlag aus kurzer Entfernung.
b) Wie a, jedoch wird der Driveschlag von der anderen Spielfeldseite durchgeführt.
c) Wie b, jedoch wird der Ball hart und flach aufgeschlagen und der Aufschlagort variiert.
d) Wie c, jedoch sowohl die Aufschlagart als auch der Aufschlagort variiert.

4. Beispiel:
- *Die Annahmeleistung verschlechtert sich bei hoch bzw. sehr hoch anfliegenden Bällen.*

1. Überprüfen, ob die Arme bei der Annahme waagerecht angestellt sind und aus einer sehr tiefen, gut ausbalancierten Spielstellung heraus agiert wird.

TRAININGSFORMEN

a) Alle Übungen, bei denen der Ball aus einer sehr tiefen Spielstellung heraus in Serie hochgebaggert wird, sind sehr zu empfehlen. Weiterhin soll der Spieler stets eine andere Stellung zur Sonne einnehmen. Besonders soll „gegen die Sonne" geübt werden.

b) Annahme der vom Partner hoch über das Netz geworfenen, später geschlagenen Bälle. Zunächst werden die Bälle genau zugeworfen, später ungenauer.
c) Aufschläge mit hoher Flugkurve bis hin zum Skyball annehmen, wobei die Bälle möglichst „aus der Sonne" kommen sollen.
d) Skyballs mit Sprungaufschlägen bzw. anderen Aufschlagarten variieren.

5.4 Individualtaktik des Aufschlägers

Der Stellenwert und die Effektivität des Aufschlags sind im Beachvolleyball von überragender Bedeutung. Dies ist leicht verständlich, wenn man bedenkt, daß die aufschlagende und somit abwehrende 2er-Mannschaft gegen einen Angreifer, der aus einer sehr guten Annahme- und Angriffssituation heraus agiert, fast keine Abwehrchance hat. Berücksichtigt man weiterhin, daß im Hallensportspiel ein Angreifer gegen eine 6er-Mannschaft dominiert, so ist leicht ersichtlich, daß die Dominanz des Angriffs gegen eine 2er-Mannschaft im Beachvolleyball sehr viel größer ist. Daraus resultiert, daß eine Beachvolleyballmannschaft nur dann erfolgreich sein kann, wenn sie die Aufschlagsituation und damit die Aufschlagstrategien sehr gut beherrscht und diese hervorragend mit den Abwehrstrategien verbindet. Dies sollte dazu führen, daß die gegnerische Mannschaft möglichst häufig aus einer Annahme schlechter oder mittlerer Qualität heraus angreifen muß.

Der Aufschlag ist mit einem Anteil von ca. 19% nach Angriff und Zuspiel das dritthäufigste Element. Folgende Tendenzen sind im Bereich der Aufschlagstrategie feststellbar (vgl. Tab. 8):
- Der Sprungaufschlag hat bei den Männern auf nationalem Niveau mit einem Anteil von fast 57% den mit Abstand höchsten Stellenwert. Bei den männlichen Profis in den USA hat er mit einem Anteil von fast 83% eine überragende Bedeutung.
- Bei den Frauen ist eine Entwicklung zum Sprungaufschlag hin feststellbar. Der Anteil beträgt bei den Profispielerinnen ca. 40%, mit steigender Tendenz.
- Die nationale Spitze wendet den Flatteraufschlag mit ca. 30% und den Tennisaufschlag mit ca. 13% an. Der Skyball ist fast bedeutungslos. Die Männer der US-Profi-Turnierserie schlagen ca. 16% Flatteraufschläge, lediglich 0,4% Tennisaufschläge und rund 1% Skyballs.
- Bei den weiblichen Profis beträgt der Anteil des Flatteraufschlags 50%, der des Tennisaufschlags rund 6% und der des Skyballs ca. 4%.

Foto 24

ANNAHME- UND AUFSCHLAGSITUATION

- Alle Beachvolleyballer wenden den Sprungaufschlag an, sehr viele setzen ihn fast ausschließlich ein.
- Untersuchungen im nationalen Bereich haben gezeigt, daß aus der Aufschlagzone hinter Pos. I zu 41,5%, hinter „Pos. VI" zu 16,5% und hinter Pos. V zu 42% aufgeschlagen wird.
- Geringfügig mehr Sprungaufschläge werden von der Pos. I geschlagen, wohingegen die meisten Tennisaufschläge auf der Pos. V ausgeführt werden.

	Sprung	Flatter	Tennis	Skyball
AVP-Profi	82,6%	16%	0,4%	1%
WPVA-Profi	40%	50%	6%	4%
Nat. Spitze Männer	57%	30%	13%	-

Tab. 8: Aufschlagtechniken

Hinsichtlich der Qualität der Aufschläge wurden folgende Beobachtungen gemacht:
- Die Risikobereitschaft in der Aufschlagstrategie wird durch die verhältnismäßig hohe Anzahl der fehlerhaften Aufschläge deutlich. Im Profibereich werden pro Spiel 6-7 Aufschläge verschlagen, bei rund drei Assen (inkl. der direkten Annahmefehler) pro Satz.
- Auf nationalem Spitzenniveau führen rund 6% aller Aufschläge zu einem direkten Punktgewinn. Der Anteil der Aufschlagfehler ist mit ca. 15% relativ hoch und zeigt die große Risikobereitschaft bei der Aufschlagtaktik. Der weitaus größte Anteil der Aufschläge (rund 76%) ermöglicht dem Gegner jedoch einen Angriff im Sprung.
- In der nationalen Spitze weisen sowohl die Sprungaufschläge als auch die Flatter- und Tennisaufschläge **hinsichtlich der Effektivität keine großen Differenzen** auf.
- Die Flatteraufschläge aus mittlerer Distanz und noch mehr aus langer Distanz verlieren deutlich an Effektivität.
- Die taktischen Aufschläge, variabel und zielgenau, auch als Sprungaufschläge ausgeführt, gewinnen weiterhin an Bedeutung, da sie die zwei annehmenden Angreifer im 2er-Riegel vor sehr große Probleme stellen.
- Beobachtungen haben gezeigt, daß die US-Profis den Sprungaufschlag auf Härte bevorzugen, die Spieler der FIVB World-Series-Turniere hingegen eher den taktischen Sprungaufschlag anwenden.

ANNAHME- UND AUFSCHLAGSITUATION

USA: Bei den US-Profis, bei denen ein Spiel oft - entsprechend den Regeln - nach Zeit entschieden wird, sind zwei Aufschlagstrategien, die sich nicht widersprechen, zu beobachten:

1. Die Mannschaft ist bemüht, durch sehr risikoreiche Aufschläge einen Punktevorsprung zu erzielen, der bis zum Ende der effektiven Spielzeit schwer einholbar ist.
2. Die augenblicklich zurückliegende Mannschaft versucht ebenfalls, den gegnerischen Vorsprung durch aggressive Sprungaufschläge wettzumachen.

Die Wahl des Aufschlagortes, der Aufschlagtechnik und der Aufschlagrichtung und -länge richtet sich:
- nach den individuellen technischen Fähigkeiten des aufschlagenden Spielers,
- nach den äußeren Bedingungen, besonders den Windverhältnissen,
- . nach der augenblicklichen Leistungsstärke der Gegenspieler (vgl. hierzu Kap. 8.1).

Zur Steigerung der Stabilität des Aufschlags und somit des individualtaktischen Handelns darf der Aufschläger im Training unmittelbar vor und während der Wettkampfperiode nur seine zwei besten Wettkampfaufschläge durchführen. Bezüglich des Aufschlagortes muß der Spieler seine Wettkampfaufschläge bei gleicher Effektivität von allen Aufschlagpositionen hinter der Grundlinie durchführen können. Er muß die Wettkampfaufschläge bewußt unter den unterschiedlichsten äußeren Bedingungen trainieren. Nur so kann die Fehlerquote des Aufschlägers minimiert und seine Zielgenauigkeit maximiert werden. Der Beachvolleyballer muß die in Kap. 8.1 aufgeführten Aufschlagstrategien kennen und dementsprechend bei den unterschiedlichsten Windverhältnissen die effektivsten Aufschlagvarianten einsetzen können. Hierbei kann nicht oft genug betont werden, daß die Aufschlagstrategie schon **bei der Seitenwahl** vor dem Spiel beginnt (vgl. Kap. 8.1).

> Es ist unbedingt darauf zu achten, daß die Spielfeldhälfte gewählt wird, von der aus mit Gegenwind aufgeschlagen werden kann! Dies ist der Wahl des Aufschlagrechts (Ball) vorzuziehen.

Sowohl international als auch national wird und soll mit Risiko aufgeschlagen werden, weil der Angriff im Beachvolleyball besonders nach einer guten Annahme sehr effektiv ist. Deshalb wird im Beachvolleyball unterschieden zwischen Risiko-

ANNAHME- UND AUFSCHLAGSITUATION

aufschlägen auf Härte, mit und ohne Effet und Risikoaufschlägen auf Zielgenauigkeit, stets unter Ausnutzung der äußeren Bedingungen.

Risikoaufschläge auf Härte, mit und ohne Effet, zielen ab auf einen direkten Punktgewinn, mindestens aber auf einen schlechten ersten Paß.

Risikoaufschläge auf Genauigkeit zielen ab auf die Störung des geplanten Angriffsaufbaus und Schwächung des Angriffsabschlusses. Zu letzteren zählen alle taktischen Aufschläge, einschließlich des Sprungaufschlags. Da im Beachvolleyball nur zwei Spieler annehmen, ist ein zielgenauer Sprungaufschlag von enormer Bedeutung. Im Hallenspiel wechselt man beim gegnerischen Sprungaufschlag vom 2er- auf den 3er-Riegel, um das Feld optimal abzudecken, im Beachvolleyball hingegen entfällt diese Möglichkeit.

Alle Spieler des oberen nationalen und internationalen Niveaus müssen von allen Aufschlagpositionen aus mindestens je einen Risikoaufschlag auf Härte und einen Risikoaufschlag auf Genauigkeit beherrschen. Der Skyball als die Aufschlagtechnik, die bei hochstehender Sonne und besonders bei Rückenwind des Aufschlägers sehr effektiv sein kann, muß ebenfalls von jedem Beachvolleyballer beherrscht werden.

Die Umsetzung des individualtaktischen Handelns ist sehr stark von der psychischen Verfassung des Spielers abhängig. Neben der Annahme-, Zuspiel- und Angriffssituation ist der Beachvolleyballer beim Aufschlag psychisch am stärksten beansprucht. Daher ist das Training des Beachvolleyballers als Aufschläger unter psychischem Druck und unter körperlicher Belastung durchzuführen. Ebenso wichtig ist das Training der Konzentrationsfähigkeit und -ausdauer, insbesondere weil der Spieler beim Aufschlag nach einer Spielunterbrechung handelt. Besondere Aufmerksamkeit ist der Situation zu widmen, in der der Spieler selbst durch eine spektakuläre Angriffs- oder Blockhandlung den Aufschlagwechsel herbeigeführt hat.

Um die streßauslösende Situation des aufschlagenden Spielers im Training zu berücksichtigen, soll das Prinzip der positiven und negativen Verstärkung, sowohl beim Spieler selbst als auch bei seinem Mitspieler zur Anwendung kommen. Auch psychische Belastungssituationen, wie sie vor Spielende bei angegebener Spielzeit (US-Profis) oder im Sudden Death bzw. im Tie-Break entstehen, müssen im Training berücksichtigt werden.

5.4.1 Aufschlagtechniken

Bewegungsablauf des Flatteraufschlags

Die Technik des Flatteraufschlags beim Beachvolleyball ist mit der des Hallenspiels identisch. Es muß darauf geachtet werden, daß der Aufschläger eine gut *ausbalancierte* Schrittstellung vor der Ausführung des Aufschlags einnimmt und während der gesamten Bewegung beibehält.

Die Variationen des Flatteraufschlags sind durch unterschiedliche Ballflugbahnen gekennzeichnet. Bis auf die nachfolgend erläuterten Unterschiede gleicht die Bewegung der des normalen Flatteraufschlags.

Langer, flacher Flatteraufschlag:
Der sog. **Deep, Low Floater** schwebt flach bis weit in das gegnerische Feld hinein und fällt erst kurz vor der Grundlinie zu Boden. Dies wird durch einen besonders *kurzen* Ballkontakt (abruptes Arretieren) des Schlagarms und der Schlaghand erreicht. Der Armzug sollte peitschenartig sein, aber nicht mit zuviel Krafteinsatz erfolgen. Der Ball wird *im* Mittelpunkt oder geringfügig darunter getroffen.

Langer, hoher Flatteraufschlag:
Der sog. **Lollipop Serve** hat eine hohe, bogenförmige Flugbahn. Ziel ist es, den Ball so nahe wie möglich an die gegnerische Grundlinie zu plazieren. Der Krafteinsatz beim Armzug erfolgt noch moderater als beim Low Floater. Der Ball wird weit *unterhalb* des Mittelpunkts getroffen.

Kurzer Flatteraufschlag:
Beim sog. **Short Floater** sackt der Ball direkt nach der Netzüberquerung zu Boden. Der kurze Aufschlag kann mit einer flachen oder mit einer hohen Flugkurve geschlagen werden. Beide Ausführungen sind durch einen sehr dosierten Krafteinsatz gekennzeichnet. Sie unterscheiden sich nur im Balltreffpunkt. Beim kurzen, hohen Aufschlag wird der Ball *unterhalb* des Mittelpunkts getroffen, beim kurzen, flachen Aufschlag *im* Mittelpunkt.

Bewegungsablauf des Tennisaufschlags

Die Ausführung des Beachtennisaufschlags entspricht der Hallentechnik. Auch hier ist eine optimale Ausführung nur aus einer gut ausbalancierten Schrittstellung heraus möglich.

Als spezielle Beachvolleyballtechniken wird hier auf die Tennisaufschläge mit Seiteneffet eingegangen. Hervorgehoben werden die *Unterschiede* zur sonst üblichen Technik mit Vorwärtseffet.

Die Ausführung des **Tennisaufschlags mit Seiteneffet** ist bis auf die Ausgangsstellung, den Ballwurf und die Treffstrecke mit der des üblichen Tennisaufschlags mit Vorwärtseffet identisch.

Soll der Ball, vom Spieler aus gesehen, einen Bogen nach rechts beschreiben (Seiteneffet rechts), wird er so angeworfen, daß er etwa auf der *linken Schulter* des Aufschlägers landen würde. Die Ausgangsstellung ist etwas geöffneter, d.h. das linke Bein und die linke Schulter sind etwas zurückgenommen, die Schulterachse steht etwa in einem 30°-Winkel zur Grundlinie (Foto 25a).

Foto 25a: Ausgangsstellung Tennisaufschlag (Linda Carillo)

Foto 25b: Tennisaufschlag mit Seiteneffet rechts (Randy Stoklos)

Die Treffstrecke beginnt beim Aufschlag mit rechtsdrehendem Seiteneffet *links/unterhalb* des Mittelpunkts. Die Hand wird seitlich über den Ball gewickelt, bis sie ihn, wie beim Top Spin-Aufschlag, überdacht. In der Ausschwungbewegung wird dies durch die nach *außen* gedrehte Handfläche mit nach unten zeigendem Daumen deutlich (Foto 25b). Der Ball erhält durch den Handgelenkeinsatz einen Vorwärts- und Rechtseffet und fliegt in einem Rechtsbogen in das gegnerische Feld.

Soll der Ball in einer Linkskurve in das gegnerische Feld fliegen (Seiteneffet links), wird der Ball so angeworfen, daß er *rechts neben* dem Körper landen würde. Die Ausgangsstellung ist ebenfalls leicht geöffnet. Das rechte Bein und die Schlagschulter sind zurückgenommen.

Beim Aufschlag mit linksdrehendem Seiteneffet beginnt die Treffstrecke *rechts/unterhalb* des Mittelpunkts. Die Hand wird seitlich über den Ball gewickelt, der mit Vorwärts- und Linksrotation in einem Linksbogen in das gegnerische Feld geschlagen wird. Die Ausschwungbewegung ist durch eine nach *innen* gedrehte Handfläche mit nach *oben* zeigendem Daumen gekennzeichnet.

Bewegungsablauf des Sprungaufschlags

Unterschieden wird zwischen dem üblichen Sprungaufschlag mit Effet und stabiler Flugbahn des Balles und dem Flatter-Sprungaufschlag (Floating Jump Serve).

Bei der üblichen Effetvariation des Sprungaufschlags werden die höchsten Ballfluggeschwindigkeiten erreicht. Es sind wiederum Aufschläge mit Vorwärts- oder mit Seiteneffet möglich.

Die Ausführung des Sprungaufschlags ist weitgehend mit der aus der Halle bekannten Technik identisch. Der Spieler muß jedoch hinsichtlich des Ballwurfs, Anlaufs, der Absprungposition, der Treffstrecke des Balles und seiner Balance Anpassungen an die äußeren Bedingungen vornehmen.

Der Spieler nimmt eine gut ausbalancierte Schrittstellung ein und muß sich vergewissern, daß Anlauf und Absprung nicht durch zu tiefe „Löcher" beeinflußt werden können. Ballwurf und Anlauf hängen von den herrschenden Windverhältnissen ab:
- Bei Gegenwind oder Windstille wird der Ball, je nach Windstärke, so weit *nach vorn* geworfen, daß er nicht hinter den im Sprung befindlichen Spieler geweht werden kann.

- Bei Rückenwind erfolgt der Ballwurf, je nach Windstärke, *nach hinten*, so daß der Ball vom Wind an die richtige Position getragen wird.
- Bei schwachem Gegen- oder Rückenwind erfolgt ein recht *hoher*, ein- oder beidhändiger Ballwurf. Er kann beim Sprungaufschlag durch die Schlaghand erfolgen. Der Wurf ist so „getimt", daß der Spieler Zeit für 1-3 Schritte und einen maximalen Sprung hat.
- Bei starkem Gegen- oder Rückenwind erfolgt ein *flacher* Ballwurf. Dieser ist so „getimt", daß der Spieler Zeit für 1-2 Schritte und einen maximalen Sprung hat. Es wird höchstens ein Auftaktschritt ausgeführt.

Um den bzw. die beiden Auftaktschritte in einen Sprung umsetzen zu können, erfolgt ein etwas kürzerer *Stemmschritt* als im Hallenspiel. Absprung und Schlagbewegung sind mit der Hallentechnik identisch (Foto 26). Ein wichtiges Merkmal des Absprungs ist die *vollständige Balance*, in der sich der Spieler in dieser Phase befinden muß, um den Aufschlag erfolgreich durchführen zu können.

Der Absprungort befindet sich kurz vor der Grundlinie, um eine möglichst netznahe Schlagposition zu erreichen und dadurch die Reaktionszeit für den Gegner zu verkürzen. Darüber hinaus gewährleistet ein weit in das Feld hineinreichender Sprung ein schnelles Erreichen der Feldabwehr- oder Blockposition.

Hinsichtlich der Treffstrecke hat der Sprungaufschläger im Beachvolleyball folgende Variationen zu beherrschen:
- Soll sich der Ball in einer langen, hohen Flugkurve über die Annahmespieler hinweg auf die Grundlinie senken (Lollipop Jump Serve), muß der Krafteinsatz dosierter als bei den anderen Aufschlagvarianten erfolgen. Der Ball wird zunächst *weit unterhalb* des Mittelpunkts getroffen. Danach folgt, wie beim Tennisaufschlag, das Umwickeln des Balles mit starkem Handgelenkeinsatz. Die Ballberührung endet, wenn die Hand den Ball *überdacht*.

Foto 26: Sprungaufschlag (Kent Steffes)

- Soll der Ball mit hoher Geschwindigkeit und langer, flacher Flugkurve geschlagen werden (Deep Jump Serve), beginnt die Treffstrecke *knapp unterhalb* oder im Mittelpunkt des Balles. Der Krafteinsatz ist stark bis maximal, der Handgelenkeinsatz erfolgt explosiver. Die Ballberührung endet mit dem Überdachen des Balles durch die Schlaghand.
- Soll sich der Ball kurz hinter dem Netz senken, beginnt die Treffstrecke ebenfalls unterhalb des Ballmittelpunkts. Im Gegensatz zur erstgenannten Variante erfolgt der erste Kontakt noch *tiefer*. Überdies muß das Umwickeln des Balles umfassender durchgeführt werden. Die Ballberührung endet ebenfalls mit dem vollständigen Überdachen des Balles durch die Schlaghand.

Das Timing der Schlagbewegung, das Körper-Ball-Verhältnis sowie die Landung entsprechen der Hallentechnik.

Der Bewegungsablauf des Sprungaufschlags **mit Seiteneffet** ist annähernd identisch mit der des normalen Top Spin-Sprungaufschlags. Um der Flugbahn einen Rechts- oder Linksbogen zu verleihen, wird die Treffstrecke verändert. Die Treffstrecken, Effets und Flugkurven sind mit denen der im Stand geschlagenen Seiteneffet-Tennisaufschläge identisch (s.o.).

Der Bewegungsablauf des **Flatter**-Sprungaufschlags gleicht ebenfalls weitgehend der Technik des „normalen" Sprungaufschlags. Bezüglich der Flugbahn des Balles und des Armzugs ist er mit dem Flatteraufschlag identisch. Im Gegensatz zum Flatteraufschlag aus dem Stand wird der Ball jedoch aus einer Bogenspannung heraus geschlagen. Der Ball wird im Mittelpunkt getroffen, die Hand wird **nicht** über den Ball „gewickelt".

5.4.2 Ein- und Weiterführung des Skyballs

Es wird vorausgesetzt, daß die Ausführung des Aufschlags von unten aus dem Hallensportspiel beherrscht wird.

Bewegungsablauf des Skyballs

Bei der gebräuchlicheren **Vorhandvariante** steht der Spieler gut *ausbalanciert* in Schrittstellung *seitlich* zur Grundlinie. Die Füße sind nur leicht versetzt, die Beine wenig gebeugt. Die Schulter des Nichtschlagarms zeigt zur Grundlinie.

ANNAHME- UND AUFSCHLAGSITUATION   107

Der Ball wird mit der Nichtschlaghand in Hüfthöhe vor dem Körper gehalten (Foto 28a). Die Entfernung zur Grundlinie richtet sich nach den herrschenden Windverhältnissen:
- Bei Gegenwind: nah an der Grundlinie;
- bei Rückenwind: je nach Windstärke weiter hinter der Linie.

Durch eine starke Beugung der Beine und ein Vorbeugen des Oberkörpers wird der Körperschwerpunkt *tief* abgesenkt (Foto 28b).

Der Nichtschlagarm führt den Ball in Bodennähe, der Schlagarm schwingt gleichzeitig nach *hinten/oben*. Der tiefste Punkt des Absenkens ist der *Umkehrpunkt der Bewegung*.

Foto 27:
Skyball (Bruk Vandeweghe)

In diesem Moment erfolgt eine explosive Körperstreckung. Der Ball wird zu Beginn der Aufwärtsbewegung, je nach Vorliebe des Spielers, leicht angeworfen oder zur Schlaghand hin „fallen gelassen". Das Aufrichten des Spielers erfolgt so rasch, daß der Ballwurf nur Sekundenbruchteile vor dem Schlag erfolgt. Der Schlagarm schwingt eng am Körper entlang nach *vorne/oben* durch, der Ball wird noch in der Aufwärtsbewegung des Körpers etwa zwischen Hüft- und Schulterhöhe getroffen.

Gespielt wird der Ball mit der *Innenseite der geschlossenen Faust* (Foto 27), der Handkante oder der Handgelenksbeuge. Er wird knapp *hinter* dem Mittelpunkt getroffen, um ihm die richtige Flugrichtung zu geben. Die Körperstreckbewegung setzt sich fließend fort (Foto 28c). Das Körpergewicht ist während der gesamten Bewegung gleichmäßig auf beide Füße verteilt.

Bei der Vorhandvariante des Skyballs ist es auch möglich, den Ball *im* Mittelpunkt zu treffen; er fliegt dann ohne Eigenrotation und ist für den Annahmespieler schwer zu berechnen.

Foto 28a-c: Vorhand-Skyball (Patty Dodd)

Die **Rückhandvariante** unterscheidet sich durch eine andere Ausgangsposition und durch eine andere Trefffläche vom Vorhand-Skyball. Der Spieler steht ebenfalls seitlich zur Grundlinie, allerdings zeigt nun die Schulter des *Schlagarms* zur Grundlinie (Foto 29a). Ballwurf, Aushol- und Schlagbewegung sind identisch (Foto 29b). Der Ball wird mit der Handkante geschlagen. Die Rückhandvariante wird *ausschließlich als Effetaufschlag* ausgeführt.

Foto 29a+b:
Rückhand-
Skyball
(Jackie Silva)

Übungen
1. Den Ball aus einer mitteltiefen Ausgangsstellung, entsprechend dem Aufschlag von unten, hoch nach oben zum Netz hin schlagen.

Handlungshinweise

- Stehe in einer stabilen Schrittstellung seitlich zum Netz!
- Leite unmittelbar vor dem Anwerfen des Balles die Körperstreckung ein!
- Führe Aushol- und Schlagbewegung mit langem Arm durch!
- Wirf den Ball möglichst kurz und niedrig vor dem Schlag an!
- Schlage den Ball mit der Innenseite der geschlossenen Faust!
- Triff den Ball über Hüfthöhe vor dem Körper!

Variationen
(1) Versuche, den Ball hoch in die gegnerische Spielfeldhälfte zu schlagen.
(2) Versuche, den Ball höher in die gegnerische Spielfeldhälfte zu schlagen.

2. Wie Übungsform 1, wobei die Ganzkörperstreckung aus einer tiefen, später sehr tiefen, ausbalancierten Ausgangsstellung eingeleitet wird.

Handlungshinweise

- Beachte, daß der Körper von der Ausgangsstellung bis zum Ausklingen der Bewegung in keiner Phase ruht!
- Leite die Ganzkörperstreckung mit dem Erreichen der tiefsten Körperstellung explosiv ein!
- Die Bewegung des pendelartig geführten Schlagarms setzt mit der Körperstreckung ein!

Variationen
(1) Die Variationen der Übungsform 1.
(2) Wie (1), der Ball soll nun so hoch wie möglich geschlagen werden.
(3) Wie (2), jedoch den Skyball bewußt bei allen Wind- und Sonnenverhältnissen trainieren.

3. Spielform: Spiel '1 gegen 1' nur mit Skyballs.
   Spieler A schlägt einen Skyball von der Grundlinie; Spieler B im gegnerischen Feld muß den Ball annehmen und anschließend fangen. Dort, wo er den Ball aufgefangen hat, führt er seinen Skyball aus. Hierbei achtet der Annahmespieler darauf, daß er keine Skyballs annimmt, die ins „Aus" gehen.

Variationen
(1) '1 gegen 1', mit zwei Ballberührungen nach Beachvolleyballregeln.
(2) '1 gegen 1', mit drei Ballberührungen.

4. Spiel '2 gegen 2' nur mit Skyballs nach Beachvolleyballregeln.

Variation
(1) Sonderregel: Wird der Skyball ins „Aus" geschlagen, erhält der Gegner einen Zusatzpunkt.

5. Die Spiele '1 gegen 1' und '2 gegen 2' unter allen Wind- und Sonnenbedingungen.

Fehleranalyse und Fehlerkorrektur zum Skyball

- **Fehler in der Grundstellung**
- Weite statt enge Schrittstellung.
- Falsche Schrittstellung, d.h. bei Rechtshändern ist der rechte anstatt des linken Fußes vorangestellt.
- Spieler steht frontal statt seitlich zum Netz.
- Spieler hat das Gewicht im Moment der Ballberührung nur auf einem Bein.

- **Lösungsmöglichkeiten**
- Erörterung der Bedeutung der Grundstellung für die erfolgreiche Ausführung des Skyballs.
- Üben der Schlagbewegung ohne Ball, d.h. mehrfaches Absenken und Aufrichten des Spielers in der Grundstellung unter Beachtung der Balanceerhaltung.

- **Fehler in der Koordination und Impulsgebung**
- Der Ball wird seitlich, zu hoch oder zu weit nach vorne angeworfen, statt ihn von der Nichtschlaghand nur fallen zu lassen.
- Der Ball wird zu früh (in der Ausholbewegung) angeworfen bzw. fallen gelassen.
- Der Ball wird zu spät, in der Ausschwungphase, getroffen statt zu Beginn des Aufrichtens, etwas über Hüfthöhe.
- Das Körpergewicht lastet nicht gleichmäßig auf beiden Beinen.
- Der Schlagimpuls kommt nur aus der Schulter bzw. dem Schlagarm statt aus der Ganzkörperstreckung.

- **Lösungsmöglichkeiten**
- Üben des Anwerfens bzw. „Fallenlassens" des Balles ohne Schlagausführung. Der Ball soll etwa 40 cm vor dem hinteren Fuß, d.h. auf der Schlagarmseite auf den Boden fallen.
- Den Ball bewußt sehr spät, fast zu spät fallen lassen.
- Akustische Hilfen zum Schlagimpuls geben.
- Jeder „Übungsversuch" wird bei unsicherem Stand sofort, also auch während der Bewegung, abgebrochen.

- Üben des Skyballs mit verminderter Dynamik, der Ball wird dabei nur 3-4 m hoch geschlagen, wobei auf das gleichzeitige Aufrichten des Körpers und Vorschwingen des Schlagarms geachtet wird.
- Bei der Impulsgebung wird darauf geachtet, daß die Gesamtbewegung auf den Zehenspitzen oder sogar mit leichtem „Sprung/Hüpfer" endet.

• **Fehler in der Trefffläche**
- Der Ball wird zu weit hinten getroffen.
- Der Ball wird von vorne/unten getroffen.
- Der Ball wird mit dem Handteller geschlagen.

• **Lösungsmöglichkeiten**
- Bewußtes Schlagen des ruhenden Balles aus der Hand, um den Treffpunkt kontrollieren zu können.
- Versuchen, möglichst hohe Skyballs zu schlagen.
- Die Dynamik der Gesamtbewegung vermindern und bewußt auf das Treffen des Balles im Mittelpunkt oder geringfügig hinter dem Mittelpunkt konzentrieren.
- Zunächst niedrige, später höhere Skyballs mit der Innenseite der geschlossenen Faust schlagen bzw. die individuell bevorzugte Trefffläche Schritt für Schritt herausfinden.

5.5 Ausgewählte Trainingsformen

Hierzu sind alle Ausführungen von Kapitel 1 – Vermittlungskonzept – zu beachten. Alle folgenden Übungs- und Trainingsformen werden als Spiele/Kleinfeldspiele bzw. Spiele mit mehr als zwei Spielern pro Mannschaft angeboten. Der Spieler/Trainer hat aber je nach Zielsetzung durch folgende Maßnahmen die Möglichkeit, trainingsmethodische Veränderungen hinsichtlich der Organisation vorzunehmen:

1. Wechsel des Aufschlagrechts nach Zeit (3 bzw. 5 min);
2. Wechsel des Aufschlagrechts nach Erreichen einer bestimmten Punktzahl einer Mannschaft (3 bzw. 5 Punkte);
3. Wechsel des Aufschlagrechts nach Aufschlagserien, d.h. eine Mannschaft hat 5 – 10mal hintereinander Aufschlagrecht, ehe gewechselt wird;

4. Wechsel des Aufschlagrechts einer Mannschaft nach Erreichen einer bestimmten Anzahl erfolgreicher Handlungen (fünf und mehr);
5. Wechsel des Aufschlagrechts einer Mannschaft nach Erreichen einer bestimmten Anzahl von Handlungen **hintereinander** (drei, vier oder mehr).

Alle Trainingsformen, einschließlich der Übungs-, Spiel- und Trainingsformen unter erleichterten Bedingungen müssen wettkampfmäßig durchgeführt werden. Die Wechsel des Aufschlagrechts können hierbei als sogenannte „Big Points" gewertet werden:
  Den Punkt für einen Wechsel des Aufschlagrechts erhält z.B. die Mannschaft, die mit weniger Handlungen oder in kürzerer Zeit einen Wechsel herbeigeführt hat. Ebenso können für bestimmte Handlungen Sonderpunkte gegeben werden, beispielsweise für einen Aufschlag, der zu einem direkten Annahmefehler führt (zwei Punkte) – oder umgekehrt, für einen Aufschlagfehler zwei Minuspunkte. Die Vergabe der Big Points kann, besonders für das Beachvolleyballspiel der US-Profis, auch nach effektiver Spielzeit von z.B. 30 s, 60 s usw. erfolgen. Um die Dauer eines Spielzugs zielgerichtet zu erhöhen, sollte mit zwei oder drei Bällen gespielt werden, wobei der erste Ball als Aufschlag und die anderen als „Danke-Bälle" ins Spiel gebracht werden. Dies ist eine hervorragende Möglichkeit für den Spieler/Trainer, die Intensität des Trainings zu erhöhen.

Es ist von entscheidender Bedeutung, daß **bei der Einführung und Weiterführung** von Einzeltechniken eine Aufschlagseite mit den gleichen äußeren Bedingungen länger beibehalten wird. **Beim Training** aber muß man spiel- und situationsgerecht trainieren, d.h., daß Spieler und Trainer darauf achten, möglichst oft die Aufschlag- bzw. Annahmeseite zu wechseln. Ebenso sollen, entsprechend den äußeren Bedingungen, unterschiedliche Aufschlagpositionen auf jeder Spielfeldseite eingenommen werden.

ÜBUNGSFORMEN MIT EINEM SPIELER
Für die Aufschlag-/Annahmesituation kann ein Spieler nur Aufschläge trainieren, d.h. der Spieler soll entsprechend den äußeren Bedingungen bewußt von allen Aufschlagorten auf unterschiedliche Ziele schlagen (Foto 30). Folgende Einzelübungen können wettkampfmäßig durchgeführt werden:

1. Der Spieler schlägt von einem Aufschlagort auf ein Ziel in der anderen Spielfeldhälfte auf. Je nach Leistungsniveau ist bei einer vorgegebenen Zahl von

ANNAHME- UND AUFSCHLAGSITUATION

Foto 30: Aufschlagtraining (Bruk Vandeweghe)

Aufschlägen (5-10) die Anzahl der erfolgreichen bzw. zielgenauen Aufschläge und die Größe des Ziels vorher zu bestimmen.

Handlungshinweise

- Achte stets auf die Hauptwindrichtung!
- Schlage immer aus einer ausbalancierten Stellung heraus auf!
- Wähle deinen Aufschlagort so, daß die Windverhältnisse den zielgenauen Aufschlag zulassen!

2. Wie 1, allerdings mit einer anderen Aufschlagart, z.B. Sprungaufschlag. Bei einem Einzeltraining ist es schon aus energetischen Gründen von Vorteil, dem Training des Sprungaufschlages einen größeren Umfang einzuräumen.

Handlungshinweise

- Schlage bewußt die erste Serie in die Spielfeldmitte, um Sicherheit zu gewinnen!
- Wähle Aufschlagorte, an denen dein Anlauf/Stemmschritt nicht durch zu tiefe „Sandlöcher" beeinflußt wird!

- Passe die Höhe deines Ballwurfs den Windbedingungen an; wirf den Ball bei stärkerem Wind nicht zu hoch an!

3. Die Annahme in Verbindung mit einem selbst geschlagenen Skyball trainieren. Hierbei muß der Spieler den Skyball bewußt in seine eigene Feldhälfte schlagen, um die Annahme spielgerecht ausführen zu können.

Handlungshinweis

- Diese Übung erst bei perfekter Beherrschung des Skyballs durchführen!

Alle Einzelübungen sollen mit wettkampfgerechten Folgehandlungen kombiniert werden. Es kann mit oder ohne einen zweiten Ball geübt werden, z.B.:

4. Der Aufschläger läuft nach dem Aufschlag so schnell es geht (wettkampfgerecht!) zum Netz:
   - und führt einen aggressiven Blocksprung aus oder
   - täuscht einen Blocksprung an, weicht 3 - 5 m zurück oder
   - täuscht einen Blocksprung an, weicht zurück, nimmt einen Ball vom Boden auf und führt eine Angriffstechnik nach selbst zugespieltem Ball durch oder
   - läuft nach dem Aufschlag zu seiner Feldverteidigungsposition und führt eine Abwehrfalltechnik durch oder
   - imitiert eine Abwehrtechnik aus dem Stand, nimmt einen Ball vom Boden auf, wirft ihn sich selbst an und führt einen vorher durchdachten, zielgenauen Angriffsschlag durch.

Die Zusatzaufgaben können unterschiedlich gestaltet und miteinander kombiniert werden. Allerdings muß gewährleistet sein, daß die Belastungsphase in der Regel nicht mehr als 10 s beträgt. Hierbei sind und können die Erholungsphasen länger als 20 s sein.

Die Zusatzaufgaben sollen auch zwischenzeitlich nur dann ausgeführt werden, wenn der Aufschlag als uneffektiv oder fehlerhaft bewertet wurde.

ÜBUNGS- UND SPIELFORMEN MIT ZWEI SPIELERN
Alle Übungsformen mit einem Spieler können hier ebenfalls angewendet werden, wobei der zweite Spieler Hilfsfunktionen ausführt und ggf. korrigierend eingreift.

Die unten aufgeführten Spiele '1 gegen 1' können je nach Leistungsniveau zunächst als Spiele miteinander – '1 **mit** 1' – durchgeführt werden. Bei Mängeln in der Bewegungs- und Handlungsgenauigkeit soll dem Spiel '1 mit 1' ein größerer Umfang eingeräumt werden.

1. Spiel '1 gegen 1' mit Sprungaufschlägen auf dem gesamten Spielfeld, mit folgenden Sonderregeln:
   - Der Aufschläger erhält zwei Punkte, wenn der Annahmespieler den Sprungaufschlag nicht berührt.
   - Der Aufschläger erhält einen Punkt, wenn der Annahmespieler den Ball mit einer Hand „annimmt".
   - Der Aufschläger erhält keinen Punkt, wenn der Annahmespieler den Ball beidhändig annehmen und danach fangen kann.
   - Der Aufschläger erhält einen Minuspunkt bei einem Aufschlagfehler.
   - Der Aufschläger erhält einen Minuspunkt, wenn der Annahmespieler mit drei Ballberührungen einen Gegenangriff ausführt.
   - Der Aufschläger erhält zwei Minuspunkte, wenn er den über das Netz zurückgespielten Ball nicht berührt.

Organisationshinweise

- Jeder Aufschläger führt zehn Aufschläge hintereinander aus und zählt seine Punkte oder
- die Spieler führen die Sprungaufschläge abwechselnd aus, bis einer der beiden 6, 10 oder mehr Punkte erreicht.

Handlungshinweise

- Wende bei Seitenwind den mit Seiteneffet in den Wind geschlagenen Sprungaufschlag an!
- Variiere bei Gegenwind die Länge des Aufschlags!
- Variiere die Richtung deines Ballwurfs entsprechend den Windbedingungen! Wirf z.B. den Ball bei Rückenwind je nach Windstärke mehr oder weniger weit nach hinten an!

Variationen
(1) Die Spielform **1** mit Aufschlägen aus dem Stand.

Handlungshinweise

- Schlage insbesondere bei zu starkem Wind aus dem Stand auf!
- Schlage bei starkem Gegenwind Tennisaufschläge mit hohem Krafteinsatz abwechselnd kurz und lang in die Spielfeldmitte!
- Schlage bei Rückenwind lange Flatteraufschläge die Linie entlang!

(2) Die Spielform 1 mit Skyballs.

Handlungshinweise

- **Aufschläger:** Variiere deine Entfernung zur Grundlinie entsprechend den Windbedingungen!
- Ändere unabhängig von den Windbedingungen nie deinen „eingeschliffenen" Bewegungsablauf!
- **Annahmespieler:** Nimm Skyballs aus einer sehr tiefen Stellung heraus mit fast waagerecht angestellten Armen an!

(3) Jeder Spieler kann beliebig aufschlagen.

Handlungshinweise

- **Aufschläger:** Setze den Annahmespieler durch harte, longline geschlagene Aufschläge unter Zeitdruck!
- **Annahmespieler:** Erkenne die Richtung bzw. den voraussichtlichen Auftreffort des Aufschlags spätestens nach 1/3 der Flugbahn!

2. Spiel '1 gegen 1' mit drei Ballberührungen auf Spielfeld 3 x 9 m, später 4,5 x 9 m.

Handlungshinweise

- **Aufschläger:** Variiere kurze und lange Aufschläge unter Ausnutzung der Windbedingungen!
- Schlage harte Risikoaufschläge longline „auf" die Seitenlinien!
- **Annahmespieler:** Konzentriere dich voll auf die Annahme und denke erst nach ihrer Ausführung an den Angriffsaufbau!

Variationen

(1) Spiel '1 gegen 1' mit zwei Ballberührungen.

Handlungshinweise

- **Aufschläger:** Bewege dich nach dem Aufschlag schnell auf deine Abwehrposition!
- **Annahmespieler:** Spiele die Annahme hoch genug!
- Agiere immer aus der Grundstellung, um schnelle Bewegungen in alle Richtungen durchführen zu können!

(2) Jeder Spieler entscheidet sich für eine Aufschlagart.

Handlungshinweise

- **Aufschläger:** Wende unabhängig von den Witterungsbedingungen deinen stärksten Wettkampfaufschlag an!
- **Annahmespieler:** Spiele den 1. Paß so flach, daß der Ball nicht zu stark durch den Wind beeinflußt wird, aber dennoch im oberen Zuspiel gestellt werden kann!
- Reagiere auf windbedingte Änderungen der Ballflugrichtung mit kleinen Nachstellschritten!

(3) Spiel '1 gegen 1' auf Diagonalspielfeld, zuerst mit drei, später mit zwei Ballberührungen (vgl. Abb. 17).

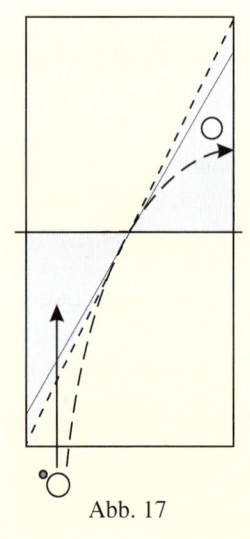

Abb. 17

Handlungshinweis

- Schlage Aufschläge mit Seiteneffet in die kurze Diagonale!

SPIELFORMEN MIT DREI SPIELERN

Alle Spielformen und Spiele mit zwei Spielern können in der gleichen Reihenfolge hier verändert Verwendung finden, allerdings entfallen die mehrmaligen Ballberührungen durch den gleichen Spieler.

Ebenso können alle unten aufgeführten Spiele und Spielformen als Spiele im Sinne des **Miteinanders** vorgeschaltet werden.

1. Spiel '1 gegen 1' mit gemeinsamem Zuspieler als

– DAS SPIEL DER BEACHVOLLEYBALLER –

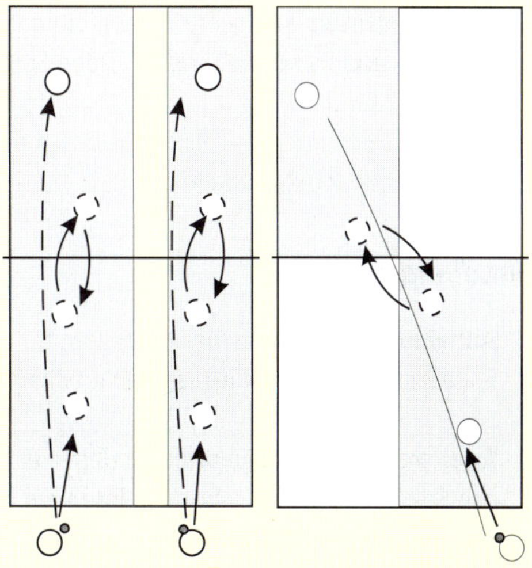

- Es spielen drei Spieler im Sinne des Spiels '1 gegen 1' mit gemeinsamem Zuspieler auf dem normalen Spielfeld oder auf 4,5 x 9 m (Abb. 18a), 3 x 9 m (Abb. 18b) oder den Spielfeldhälften mit diagonaler Zuordnung (Abb. 18c) nach Zeit oder nach Punkten. Punkte kann nur der Spieler machen, der das Aufschlagrecht besitzt.
- Der gemeinsame Zuspieler kann bis zu einer vorgegebenen Zeit (z.B. 4 min) oder Punktzahl (z.B. 7 Punkte) ständig als Zuspieler agieren oder

Abb. 18a-c

- der Annahmespieler, der den Fehler verursacht, wird gemeinsamer Zuspieler und der gemeinsame Zuspieler wird Annahmespieler bzw. Angreifer, d.h. der im Spiel befindliche Spieler hat das Aufschlagrecht. Es müssen drei Ballberührungen ausgeführt werden, um dadurch die Annahme gezielt zu trainieren.
- Fehler des Zuspielers werden als Fehler des annehmenden Spielers gewertet.
- Je nach Leistungsniveau kann zunächst nur hart angegriffen werden, später können alle Angriffsarten hinzugenommen werden.
- Die Spielfeldgröße hat Auswirkungen auf die Zielsetzung des individualtaktischen Trainings des aufschlagenden bzw. annehmenden Spielers. Grundsätzlich sollte darauf geachtet werden, daß auf einem Kleinfeld gespielt wird, um einerseits die Effektivität der Annahme zu steigern, andererseits den Handlungsspielraum des Angreifers einzuschränken und dadurch gezielt zu trainie-

ren. Ein Spielfeld 3 x 9 m erleichtert beispielsweise sehr die Annahme und den Angriffsaufbau aus der Annahme heraus, stellt andererseits erschwerte Bedingungen für den Aufschläger dar.
- Das Spiel auf 4,5 x 9 m entspricht weitestgehend den Anforderungen des Spiels im Bereich der Aufschlag- und Annahmesituation.
- Auf das gesamte Spielfeld gesehen, stellt sich die Situation umgekehrt dar: der aufschlagende Spieler agiert unter sehr erleichterten und der annehmende Spieler unter sehr erschwerten Bedingungen.
- Hervorzuheben sind die Spiele auf den Spielfeldhälften mit diagonaler Zuordnung.

Letztendlich bestimmt die Effektivität des Aufschlags die Spielfeldgröße bei diesem **Spiel der Beachvolleyballer**.

Handlungshinweis

- **Annahmespieler:** Versuche immer, den für das Beachvolleyballspiel optimalen 1. Paß zu spielen, d.h. nicht zu nah an das Netz!

2. Spiel '1 gegen 2', ein Aufschläger gegen eine Beachvolleyballmannschaft.
Die Spiele '1 gegen 1' mit gemeinsamem Zuspieler können hier genauso Anwendung finden. Das heißt, daß der Aufschläger stets gegen einen annehmenden Angreifer und seinen Zuspieler spielt.

Organisationshinweis

- Nach Zeit oder nach Punkten kann zunächst innerhalb der 2er-Mannschaft, später innerhalb der 3er-Gruppe gewechselt werden.

Handlungshinweise

- *Aufschläger:* Schlage vermehrt Aufschläge zwischen die Spieler!
- *Annahmespieler:* Frühzeitig verständigen – der diagonal zum Aufschläger stehende Annahmespieler übernimmt die Spielfeldmitte!

3. Spiel '1 gegen 2' auf dem Beachvolleyballfeld.
Der Aufschläger kämpft gegen die anderen zwei (Beachvolleyballmannschaft). Es wird nach folgenden Sonderregeln gespielt:

- Der Aufschläger bewegt sich nach dem Aufschlag auf die linke oder rechte Spielfeldhälfte und muß diese verteidigen. Die annehmende und angreifende Mannschaft muß dementsprechend in die gegnerische Spielfeldhälfte angreifen, die der Aufschläger verteidigt. Zunächst dürfen nur harte Angriffsschläge in den Bereich des Feldverteidigers geschlagen, später dann alle Angriffsarten angewendet werden. Der Aufschläger hat nach Abwehr des Angriffs noch zwei Ballberührungen, um seinen Gegenangriff aufzubauen. Sieger ist der Aufschläger oder die Beachvolleyballmannschaft, die nach vorgegebener Zeit oder einer vorgegebenen Zahl von Aufschlägen die meisten Punkte erzielt hat (Abb. 19).

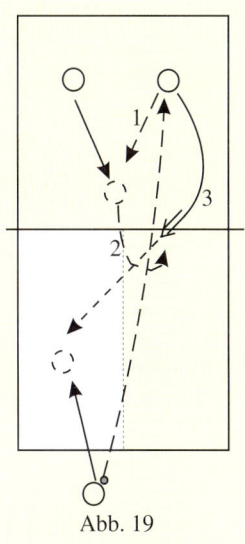

Abb. 19

Variationen
(1) Der Aufschläger muß im Sprungaufschlag agieren.
(2) Der Aufschläger muß, sofern es durch die Tageszeit- und Witterungsverhältnisse begünstigt wird, Skyballs schlagen.
(3) Der Aufschläger agiert bei Gegen-, Rücken- und Seitenwind.

Handlungshinweise

- **Aufschläger:** Schlage Risikoaufschläge unter Ausnutzung der Windbedingungen!
- **Annahmespieler:** Verschiebe deine Ausgangstellung den Windbedingungen entsprechend:

- Bei Gegenwind 1 m nach hinten,
- bei Rückenwind geringfügig nach vorn,
- bei Seitenwind geringfügig zur windabgewandten Seitenlinie!

TRAINING MIT VIER SPIELERN
Grundsätzlich können alle oben aufgeführten Übungsformen, Spielformen und Spiele durchgeführt werden.

ANNAHME- UND AUFSCHLAGSITUATION

1. Alle Spiele im Sinne des '1 gegen 1' können auch hier auf allen Spielfeldgrößen Anwendung finden. Die folgende Organisationsform bietet eine sehr gute Möglichkeit:
Der Spieler, der einen Fehler begeht, wird durch den Spieler, der hinter der Grundlinie bereitsteht, ausgetauscht. Dieser Spieler führt den Aufschlag aus, da jeder Spieler, der einen Punkt oder keinen Fehler gemacht hat, im Spielfeld bleibt.

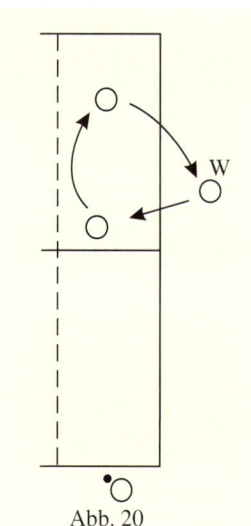
Abb. 20

2. Das **Spiel der Beachvolleyballer** '1 gegen 1' mit gemeinsamem Zuspieler wird mit vier Spielern und mit Warteposition gespielt. Die Wechsel werden wie folgt durchgeführt (Abb. 20): Der annehmende und angreifende Spieler, der einen Fehler macht, geht auf Warteposition; der Spieler auf Warteposition wird gemeinsamer Zuspieler, und der gemeinsame Zuspieler wird annehmender Angreifer.

Handlungshinweise

- **Annahmespieler:** Versuche, den Aufschläger zu verunsichern, indem du ihm eine Zone „anbietest"!
- Vermeide die Anwendung der Hallentechnik mit weitem Ausfallschritt seitlich!

3. Spiel '2 gegen 2' auf 4,5 x 9 m, wobei die Spieler in jeder Mannschaft feste Funktionen pro Spielzug haben, d.h. einer der zwei Spieler einer Beachvolleyballmannschaft übernimmt das Zuspiel, der andere die Annahme und den Angriff. Hier kann, den Regeln entsprechend, auch mit der zweiten Ballberührung über das Netz gespielt werden.

Handlungshinweis

- **Annahmespieler:** Den für das Beachvolleyballspiel optimalen Paß spielen, d.h. recht flach und nicht zu nah an das Netz!

Variationen

(1) Wie Spiel **3**, aber auf den Spielfeldhälften 4,5 x 9 m mit diagonaler Zuordnung.

(2) Kombination der zwei oben aufgeführten Spielformen **3** und (1), d.h. nach jeder Netzüberquerung muß der Gegenangriff in die andere Spielfeldseite gespielt werden. Wurde auf der linken Spielfeldseite angenommen, muß also auf die diagonal gegenüberliegende Spielfeldseite angegriffen werden. Dann erfolgt der Gegenangriff auf die longline gegenüberliegende Spielfeldseite. Das führt dazu, daß eine Mannschaft in einem Spielzug stets diagonal angreift, die andere stets frontal (Abb. 21).

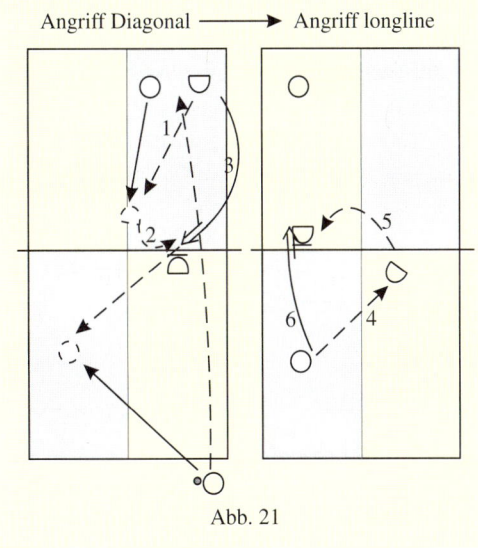

Abb. 21

4. Spiel '2 gegen 2' auf dem gesamten Spielfeld, entsprechend den Beachvolleyballregeln mit der Sonderregel, daß ein direkter Annahmefehler sowie ein Aufschlagfehler mit zwei Punkten für den Gegner geahndet werden. Zunächst greift jede Mannschaft nur diagonal, später nur longline und zuletzt beliebig an.

Handlungshinweise

- **Aufschläger:** Wähle das Risiko beim Aufschlag wettkampfgemäß!
- **Annahmespieler:** Spiele den 1. Paß deinen Fähigkeiten entsprechend!

Variationen

(1) Nur mit Sprungaufschlägen.
(2) Nur mit Aufschlägen aus dem Stand.
(3) Nur mit Skyballs.

(4) Stets auf die gleiche Spielfeldhälfte bzw. den gleichen gegnerischen Spieler mit den unterschiedlichsten Aufschlagtechniken aus den unterschiedlichsten Aufschlagpositionen aufschlagen.

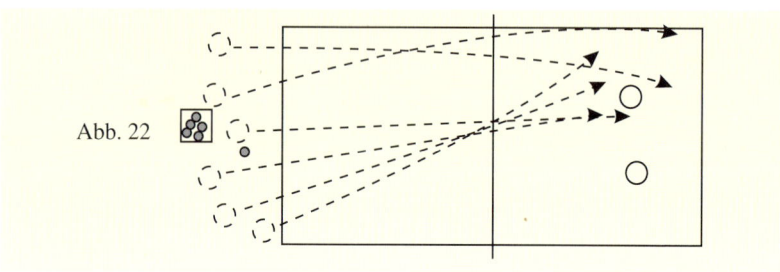

Abb. 22

Handlungshinweise

- **Aufschläger:** Schlage den Aufschlag, unabhängig von den Windbedingungen und deiner Aufschlagposition, zielgenau. Nutze dafür die Effetaufschläge und den Wind!
- Schlage den Aufschlag immer so, daß der Annahmespieler zu einer Bewegung vor oder während der Annahmehandlung gezwungen wird, d.h. nie genau auf den Spieler!
- **Annahmespieler:** Versuche stets, eine Annahmehandlung in der Bewegung zu vermeiden!
- Nur eine optimale Stellung zum Ball ermöglicht einen fehlerfreien Paß!

5. Spiel '2 gegen 2' mit zwei Bällen: alle oben aufgeführten Spiele mit zwei oder drei Bällen pro Spielzug. Das heißt, daß bei drei Bällen die Mannschaft Sieger ist, die zwei Spielzüge für sich entschieden hat. Der zweite oder auch der dritte Ball soll eine aufschlagähnliche Flugbahn haben oder zwischen die Spieler geworfen oder geschlagen werden.

Handlungshinweise

- **Annahmespieler:** Vermeide bei der Annahme die Abrolltechniken aus dem Hallenspiel!
- Sei nach jeder Spielhandlung sofort lauf- bzw. spielbereit!

- Für die Mitte ist stets der diagonal zum Aufschläger (Zuwerfer) postierte Annahmespieler zuständig!

6. Spiel '2 gegen 2' auf einem Spielfeld von 6 x 9 m mit 2er-Riegel, um die Verständigung der Annahmespieler zu erschweren (vgl. Abb. 23).

Handlungshinweis

- **Annahmespieler:** Frühzeitige Kommunikation!

Variationen
(1) '2 gegen 2' auf 4,5 x 9 m (vgl. Abb. 61a) mit Annahme im 2er-Riegel.
(2) Die Spielfelder können eine diagonale Zuordnung haben (vgl. Abb. 62).

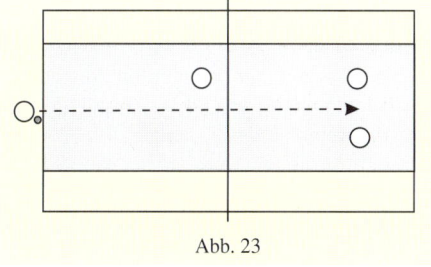

Abb. 23

TRAINING MIT FÜNF UND MEHR SPIELERN
Bei mehr als fünf Spielern können die Spielformen, in Abhängigkeit von der Zielsetzung, wie folgt gestaltet werden:

Ist das Ziel die Verbesserung der Individualtaktik des Aufschlägers oder des Annahmespielers, so könnte der fünfte und/oder der sechste Spieler die Aufschläge trainieren, und die anderen vier haben letztlich andere Trainingsziele zu erfüllen. Je nach Stärke oder Schwäche, unter Berücksichtigung der äußeren Bedingungen, können einer oder zwei der Spieler über eine längere Zeit ein Element/eine Funktion ausüben oder trainieren. Training mit mehr als vier Spielern kann ebenso zur psychischen Schulung beitragen, indem der Spieler, der einen Fehler verursacht, aus dem Spiel ausscheidet. Er greift wieder in das Spielgeschehen ein, wenn ein anderer Spieler einen Fehler macht. Somit ergibt sich bei einer ungeraden Anzahl von Spielern, daß man sehr oft mit einem anderen Partner spielen muß.

ANNAHME- UND AUFSCHLAGSITUATION

1. Spiel '3 gegen 3' mit einem festen Zuspieler.
   Dieses Spiel kann vor jeder Spielform mit einer vollzähligen Beachmannschaft auf dem gesamten Spielfeld gespielt werden. Die Erleichterung dieses Spiels besteht darin, daß die offene Handlungssituation entfällt, da die Annahme-, Zuspiel- und Angriffsaufgaben fest verteilt sind.
   Der feststehende Zuspieler erleichtert den Annahmespielern die Verständigung und somit den Übergang zum Angriff.

   Variationen
   (1) Spiel '3 gegen 3' mit einem festen Aufschläger.
   Dieses Spiel ist gut geeignet, weil die Annahmespieler stets gegen einen Aufschläger agieren müssen.
   (2) Das Spiel und Variation (1) als Verbindung, d.h., einerseits mit einem Zuspieler am Netz und einem festen Aufschläger über eine bestimmte Zeit oder andererseits bis zu einer bestimmten Punktzahl.
   (3) Spiel '3 gegen 3' nach den französischen Beachregeln (vgl. Kap. 3.5.1).

2. Bei sechs Spielern empfiehlt sich das **Spiel der Beachvolleyballer** '1 gegen 1' auf 4,5 x 9 m mit gemeinsamem Zuspieler.

   Variation
   (1) Auf der einen Spielfeldhälfte spielen vier Spieler '2 gegen 2' nach Beachvolleyballregeln aus dem 2er-Riegel und in der anderen Spielfeldhälfte zwei Spieler '1 gegen 1' mit zwei oder drei Ballberührungen.

3. Spiel '4 gegen 4' mit drei Netzspielern und einem Feldverteidiger nach Beachvolleyballregeln und der Rotationsordnung des Hallensportspiels: Der Feldverteidiger kann zugleich die Funktion des Zuspielers wahrnehmen. Für die Gewöhnung an das Beachvolleyballspiel, verbunden mit Freude und Spaß, stellt dieses Spiel einen sehr guten Übergang vom Hallenspiel zum '2 gegen 2' auf Sand dar. Überdies birgt es sehr viele Elemente des Hallensportspiels in sich und erleichtert in Verbindung mit der darauffolgenden Variation den Übergang zum Beachvolleyball. Es soll allerdings im 2er-Riegel angenommen werden.

Variationen

(1) Spiel '4 gegen 4' mit zwei Netzspielern und zwei Hinterspielern. Dieses Spiel empfiehlt sich ebenso für alle Hallensportspieler, die auf Beachvolleyball umsteigen oder die Beachvolleyball als Vorbereitung für das Sportspiel in der Halle nutzen wollen. Dieses Spiel ermöglicht, daß die Grundspieler nur Annahme und Feldabwehrfunktionen wahrzunehmen haben und die Netzspieler nur Block-, Zuspiel- und Angriffshandlungen ausführen.

(2) Spiel '4 gegen 4' nach den Regeln der American Beach Volleyball League (vgl. Kap. 3.5.2).

6 Zuspiel- und Angriffssituation

6.1 Sachanalyse

Der Angriffsaufbau erfolgt situationsgebunden. Das heißt, die Aufschlagstrategie des Gegners bestimmt den Handlungsablauf des Angriffsaufbaus für jeden Spielzug. Hieraus wird deutlich, daß es im Beachsportspiel keinen Zuspieler und keinen Angreifer im Sinne des Spezialisten gibt. Vielmehr müssen beide befähigt sein, sowohl die Zuspiel- als auch die Angriffshandlung erfolgreich umzusetzen.

Deshalb muß eine Beachvolleyballmannschaft möglichst aus zwei Universalisten im Annahme-, Zuspiel- und Angriffsbereich bestehen. Es wird daher im folgenden nicht, wie beim Hallenspiel, in Haupt- und Nebenzuspieler bzw. in Haupt- und Nebenangreifer unterschieden. Ebenso kann im Beachvolleyball nicht in den Angriffsaufbau über Vorder- oder über Hinterspieler unterschieden werden, da beide Spieler sowohl Vorder- als auch Hinterspieler sind. Im Beachvolleyball muß hingegen dem Feldzuspiel ein höherer Stellenwert eingeräumt werden.

Vergleicht man die Wirkung und den Stellenwert der Zuspielerfinte im Beachvolleyball und im Hallenspiel, so fällt auf, daß der Angriff über den ersten Paß im Hallenvolleyball als Stellerfinte eine größere Bedeutung hat und häufiger Anwendung findet. Dies ist verständlich, wenn man bedenkt, daß die Zuspielerfinte, den Regeln entsprechend, im Beachvolleyball nicht als einhändiges oberes Zuspiel und nie als laterales Zuspiel erfolgen darf. Außerdem wird der Angriff über den ersten Paß aus zwei weiteren Gründen seltener eingesetzt:
a) Der für die Halle optimale Paß muß am Strand vermieden werden, da er zu Folgefehlern führt.
b) Man verzichtet zugunsten der Paßgenauigkeit bewußt auf den Sprungpaß.

2er-Riegel, Angriffsaufbau und -abschluß bilden eine Einheit und somit die erste Grundsituation des Spiels, die im folgenden als Komplex 1 (K 1) bezeichnet wird. Komplex 2 (K 2) umfaßt Angriffsaufbau und Angriffsabschluß aus der Block- und Feldabwehr. Das Übergewicht des K 1 gegenüber dem K 2 ist im Beachvolleyball deutlich höher als im Hallenvolleyball. Leider wurden bis zum jetzigen Zeitpunkt nicht alle Regeln des Hallensportspiels übernommen, um die Dominanz des Angriffs zu verringern; es ist letztlich unverständlich, daß die Blockberührung im Beachvolleyball weiterhin als erste Ballberührung gezählt wird und somit die

Block- und Feldabwehr die beiden Spieler vor noch größere Probleme stellt als die sechs Spieler in der Halle. Die Blockberührung nicht als erste Ballberührung zu zählen, würde sicherlich durch die Einführung und Entwicklung neuer Block- und Feldabwehrstrategien zu einer Stärkung der Block- und Feldabwehr im Beachvolleyball führen.

> Um das Beachvolleyballspiel noch attraktiver zu gestalten, wird hier die Forderung formuliert, **alle Regeln des Hallensportspiels voll zu übernehmen, die zu einer Stärkung der Block- und Feldabwehr geführt haben** oder führen sollen.

Vergleicht man die K 1-Situation zwischen Frauen und Männern, so lassen sich folgende Unterschiede feststellen:
- Das Feldzuspiel, hier als Zuspiel nach einem schlechten 1. Paß bzw. einer Ballrettung zu verstehen, wird bei den Frauen häufiger angewendet.
- Die Zuspielerfinte wird bei den Frauen ebenfalls deutlich häufiger aus den folgenden drei Gründen eingesetzt:
   a) bewußt und zielgerichtet, wenn eine der Gegenspielerinnen sehr deutlich und früh als Blockspielerin agiert,
   b) unplanmäßig, um einen Fehler in der Folgehandlung zu vermeiden, besonders, wenn der erste Paß zu nah am Netz ist,
   c) planmäßig, wenn die Mitspielerin nicht fähig oder bereit ist, eine Angriffshandlung nach der Annahme/Abwehr auszuführen.
- Es ist auch zu beobachten, daß der Angriff über den ersten Paß aus guten bzw. sehr guten ersten Pässen bei Frauen und Männern planmäßig eingesetzt wird. Bei den Frauen allerdings erfolgt der Angriff mehr aus dem Stand als Driveschlag und weniger als Angriffsschlag im Sprung.

6.2 Angriffsaufbau

Hinsichtlich des Angriffsaufbaus aus der Annahmeformation wird auf das Kapitel 5.2 verwiesen.

Grundsätzlich wird im Beachvolleyball nicht von Angriffskombinationen gesprochen, da ja hier nur ein Angreifer vorhanden ist.

Berücksichtigt man, daß der Angreifer über lange Laufwege zum Angriff kommen muß und – was viel entscheidender ist - daß er unabhängig von der Schnellig-

ZUSPIEL- UND ANGRIFFSSITUATION

keit des Übergangs von Annahme zum Angriff höchstens gegen einen Einerblock agiert, ergeben sich nachstehende Paß- und Angriffsmöglichkeiten. Hinsichtlich der Länge, der Höhe und vor allem der Geschwindigkeit des Zuspiels wird in folgende Kategorien unterteilt (Abb. 24a+b):

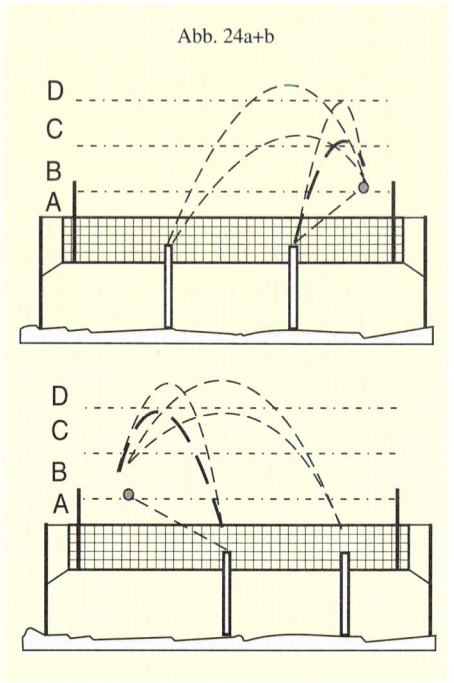

Abb. 24a+b

Bereich **A**: Schnelle, flache Pässe (bis zu 0,4 s und ca. 60 cm über Netzoberkante) werden im Beachvolleyball nicht angewendet, da sie sich für die angreifende Mannschaft nur nachteilig auswirken können.

Bereich **B**: Halbhohe Pässe (0,4 - 0,8 s, 2 - 2,5 m hoch) aus **mittlerer Distanz** (ca. 2 m) zum Zuspieler. Dies sind die **optimalen Zuspiele** im Beachvolleyball, weil
- die **Windeinwirkung** auf den Ball so **gering** wie möglich gehalten wird,
- die zeitlich/räumliche Abstimmung zwischen Zuspieler und Angreifer stets gleichbleibend gestaltet werden kann.

Bereich **C**: **Halbhohe Pässe** (0,8 - 1,2 s, über 2,5 m hoch) aus **weiter Distanz** finden nur bei schlechten ersten Pässen Anwendung, d.h. wenn der Ball mehr als 3 m entfernt vom planmäßigen Zuspielort zum planmäßigen Angriffsort zugespielt werden muß.

Bereich **D**: **Hohe Pässe** (über 1,2 s, über 4 m Höhe) aus **mittlerer und weiter Distanz** werden nach schlechten ersten Pässen, meistens nach einer Ballrettungshandlung, angewendet.

Eine Zuspielhandlung als Überkopfpaß wird ausschließlich als beidhändige Angriffsfinte eingesetzt und fast nie als Zuspielhandlung. Zuspielhandlungen, die ein

Überkopfspiel erzwingen, werden grundsätzlich im unteren Zuspiel als Überkopf- oder Lateralpaß ausgeführt. Diese Tatsache verlangt vom Hallenspieler eine Umstellung bzw. ein Neulernen dieser Zuspielvariante.

Beobachtungen zeigen, daß einige wenige Mannschaften der FIVB-Turnierserie das Überkopfzuspiel als Zuspielhandlung einsetzen. Mannschaften, bei denen die Spieler nicht nur in Block und Feldverteidigung spezialisiert sind, sondern auch in Zuspiel und Angriff und die sich aus der Halle sehr gut kennen, greifen aus unterschiedlichen Entfernungen nach unterschiedlichen Pässen an. Das Ziel dieser geänderten Angriffsstrategie ist es, den Blockspieler zu zwingen, aus der Bewegung zu blockieren, was am Anfang auch gelingt.

Die Angriffe über z.B. schnelle Bälle, kurz gestellte Bälle oder auch nach Überkopfpässen sind für den Gegner zunächst eine Überraschung, auf die sich die Spieler aber rasch einstellen können, so daß die Anfangsvorteile schnell zu Nachteilen werden.

Im Hallensportspiel wird der Überkopfbagger nur als dritte Ballberührung bzw. als ballrettende Handlung eingesetzt, hier aber muß er sehr zielgenau als Zuspielhandlung erfolgen. Deshalb muß der laterale und der Überkopfzuspielbagger von jedem Beachvolleyballer beherrscht bzw. trainiert werden.

Im Beachvolleyball wird das untere Zuspiel frontal als Zuspielbagger sehr häufig, fast gleichrangig mit dem oberen Zuspiel angewendet. Dies ist darauf zurückzuführen, daß:
1. der nicht annehmende Spieler häufig nicht die optimale Stellung zum Ball einnehmen kann,
2. international das obere Zuspiel sehr streng bewertet wurde.

USA: Zumindest der zweite Grund gilt in höherem Maße für die US-Profis und weniger für den europäischen Raum. Bis zum Jahre 1990 wurde in den USA eine zweimalige Rotation des Balles beim oberen Zuspiel bereits als technischer Fehler geahndet. Besonders um Fehler im technischen Bereich weitestgehend auszuschalten, wurde der Zuspielbagger als Zuspielhandlung sehr deutlich bevorzugt und sehr intensiv trainiert.

Hier muß erklärend hinzugefügt werden, daß der nicht annehmende Spieler erst dann zum voraussichtlichen Zuspielort läuft, wenn er sich sicher ist, welche Qualität die Annahme haben wird. So kann er mögliche Annahmen mittlerer und schlechter Qualität aus seiner Position neben dem annehmenden Spieler noch erlaufen. Dieses optimale Lauftiming des Zuspielenden bedingt ein langes Warten und anschließendes Erlaufen des 1. Passes, auch des bei Wind gespielten flacheren 1. Passes, fast im Sinne eines „Überholens" des nach vorn fliegenden Balles. Besonders auf mittlerem und oberen nationalem Niveau haben viele Spieler die Bedeutung des abwartenden Lauftimings des nicht annehmenden Spielers für einen fehlerfreien Angriffsaufbau noch nicht erkannt; d.h. sie begehen einen groben **Fehler**, da sie sich schon in dem Moment zum Zuspielort bewegen, in dem sie erkennen, daß sie nicht die Annahme ausführen müssen.

Das halbhohe Zuspiel aus kurzer und mittlerer Distanz als das optimale Beachzuspiel verlangt eine sehr gute Verständigung bezüglich des Zuspiel- und Angriffsortes. Drei Verständigungsmöglichkeiten kommen zur Anwendung:
1. Der Angriffsort bleibt unabhängig vom Zuspielort stets der gleiche, z.B. erfolgt der Angriff bei einem 1. Paß mittlerer und schlechterer Qualität auf der vorher festgelegten Position.
2. Der Angriffsort verschiebt sich in Abhängigkeit vom Zuspielort, d.h. erfolgt der 1. Paß mehr als 2 m entfernt vom planmäßigen Zuspielort, orientiert sich der Angreifer zum neuen Zuspielort, für den **gleichen** Paß.
3. Der Angreifer bestimmt verbal und deutlich seinen Angriffsort.

Für Beachvolleyball empfiehlt sich die zweite Verständigungsmöglichkeit in Verbindung mit der dritten bei ersten Pässen von mittlerer und/oder schlechter Qualität.

Bei vielen Beachvolleyballern der FIVB-Turnierserie, die ursprünglich vom Hallenspiel kommen, ist der Versuch zu beobachten, den Angreifer nach einer Annahmehandlung an der Außenlinie auch außen angreifen zu lassen. Die Zielsetzung ist hier zum einen, eine Bewegung des Blockspielers zu erzwingen, zum anderen, die Möglichkeit zu haben, von außen eher taktisch als hart angreifen zu können. Diese Angriffsstrategie wird von den betreffenden Spielern positiv beurteilt, sofern die Qualität des Zuspiels gut genug ist.

   In der Phase des Angriffsaufbaus ist zwischen Zuspiel und Angriff die Angriffssicherung nicht zu vernachlässigen. Bedenkt man einerseits, daß die Angriffssicherung als mannschaftstaktische Abwehrhandlung sehr geringe Spielanteile hat, aber andererseits das Erspielen von ein oder zwei Blockabprallern ein Spiel entscheiden kann, so wird deutlich, daß die Angriffssicherung im Training mitberücksichtigt werden muß.

Gezielte Beobachtungen zeigen, daß die Durchführung der Angriffssicherung, wie im Hallensportspiel, der **am stärksten vernachlässigte** Taktikbereich ist. Der Grund liegt darin, daß Spieler/Trainer zwar von der Notwendigkeit der Angriffssicherung überzeugt sind, sie aber im Training und Spiel nicht konsequent umsetzen. Dies ist darauf zurückzuführen, daß die Erwartungen an die Angriffsleistung aufgrund der Dominanz des Angriffs, vor allem aus der Annahmesituation heraus, zu hoch angesetzt ist.

Für die Angriffssicherung haben beide Spieler eine Sicherungsfunktion: der Angreifer im Sinne der **Eigensicherung** für Bälle, die vor ihn, unmittelbar hinter ihn und neben ihn, d.h. entgegengesetzt zur Zuspielrichtung, fallen; der Zuspieler ist für alle Blockabpraller auf seiner Seite und weiter hinter dem Angreifer verantwortlich. Da die Zuspielhandlungen meist eine mittlere Distanz aufweisen, soll der zuspielende Spieler versuchen, nach seinem Zuspiel mit höchstens einem Schritt die mittlere Abwehrbereitschaftshaltung einzunehmen. Bei Blockabprallern versucht der Angreifer, sich bei der Landung so zu drehen, daß er seine Funktion in der Eigensicherung wahrnehmen kann. Bei allen Angriffssicherungshandlungen muß der Ball hoch in die vordere Spielfeldmitte gespielt werden, um dem Mitspieler die Zuspielhandlung zu erleichtern und um selbst erneut zum Angriff anlaufen zu können.

6.3 Individualtaktik des zuspielenden Beachvolleyballspielers

Beobachtungen auf nationalem Spitzenniveau der Männer und bei den US-Profis ergaben:

- Das Zuspiel nimmt mit rund 20% hinter dem Angriff die zweite Stelle in der Häufigkeitsverteilung ein.
- Im nationalen Bereich wird mit rund 73% der weitaus größte Anteil aller Zuspiele im netznahen Spielfelddrittel ausgeführt, d.h. ca. 27% der Zuspiele werden als Feldzuspiel gespielt. Dabei entfallen fast 20% aller Zuspiele auf die Spielfeldmitte. Über die Hälfte aller Zuspiele (52%) finden im Bereich der Pos. III statt. Außerhalb der Spielfeldbegrenzungen werden weniger als 0,5% der Zuspiele ausgeführt.

Foto 31

- Das obere Zuspiel nimmt mit 72% den höchsten Stellenwert ein, während der Zuspielbagger nur zu ca. 26% angewendet wird (vgl. Tab. 9). Einhändige Zuspiele finden nur in Notsituationen Anwendung. Bei den männlichen US-Profis wird hingegen der Zuspielbagger mit ca. 78% häufiger angewendet als das obere Zuspiel mit nur 22%. Bei den weiblichen Profis zeigt sich mit rund 64% ein weit höherer Anteil des unteren Zuspiels (oberes Zuspiel 36,3%, vgl. Tab. 9). Der insgesamt weitaus höhere Anteil des Zuspielbaggers im US-Bereich ist auf die strengere Regelauslegung hinsichtlich des oberen Zuspiels zurückzuführen (vgl. hierzu Kap. 3.1 und 6.3.1).
- Im K 2-Bereich überwiegt bei den weiblichen und männlichen Profis das untere Zuspiel im Verhältnis 3 : 1.
- Im nationalen Bereich werden mit ca. 62% sehr viel mehr Zuspiele im Stand als in der Bewegung (rund 26%) oder im Fallen (ca. 12%) durchgeführt.

	USA Männer			USA Frauen			Nat. Spitze Männer
	Gesamt	K1	K2	Gesamt	K1	K2	Gesamt
Oberes Zuspiel	**22%**	50%	27%	**36%**	42%	25%	**72%**
Unteres Zuspiel	**78%**	50%	73%	**64%**	58%	75%	**26%**

Tab. 9: Zuspieltechniken

- Fast die Hälfte aller Zuspielbagger wird in der Bewegung ausgeführt, demgegenüber nur rund 30% im Stand und ca. 23% im Fallen.
- Das obere Zuspiel wird zu rund 76% im Stand ausgeführt, ca. 19% konnten in der Bewegung und rund 5% im Fallen beobachtet werden.
- In der nationalen Spitze werden die weitaus meisten Zuspiele (fast 92%) mit frontaler Zuspielrichtung gespielt. Nur 2% der Zuspiele werden lateral und 6,1% überkopf gespielt, wobei der höchste Anteil der überkopf gespielten Bälle durch den Zuspielbagger erfolgt. Der hohe Anteil frontaler Zuspiele ist im Profibereich nicht zu beobachten, da hier das für den Beachvolleyballer optimale Lauftiming angewendet wird, welches meist laterale Zuspiele erzwingt (vgl. Kap. 6.2).

ZUSPIEL- UND ANGRIFFSSITUATION

- Fast 56% aller Zuspiele werden optimal zum Angreifer gespielt. Weitere 39% werden gut zugespielt, d.h. ein Angriff im Sprung ist noch möglich. Weniger als 6% aller Zuspiele besaßen mittlere Qualität, hier konnte kein Angriff im Sprung bzw. keinerlei Angriff erfolgen (vgl. Tab. 10).
- Im oberen Zuspiel werden ausschließlich Pässe sehr guter und guter Qualität gespielt. Im Zuspielbagger hingegen erreichen die Pässe dieser Qualitätsstufen nur einen Anteil von ca. 86%, wobei hier die guten (50%) gegenüber den sehr guten (36%) überwiegen. Rund 12% der Zuspielbagger sind Pässe mittlerer Qualität, 2% werden als direkte Fehler gespielt (Tab. 10).

	Qualität			
	sehr gut	gut	mittel	Fehler
Gesamt	56%	38%	4%	2%
ob. Zuspiel	65%	35%	–	–
Zuspielbagger	36%	50%	12%	2%

Tab. 10: Zuspielqualität

Der Zuspieler hat vorrangig die Aufgabe, ungenaue erste Pässe auszugleichen und die Eigenheiten des Mitspielers zu kennen, d.h. insbesondere den für den angreifenden Mitspieler optimalen Paß zu spielen. Jeder Beachvolleyballer muß das obere Zuspiel frontal aus dem sicheren Stand und den Zuspielbagger beherrschen. Das Sprungabspiel, frontal oder lateral, hat keine Bedeutung.

Sehr viel wichtiger ist der Zuspielbagger frontal (Foto 32a), seitlich (Foto 32b) und überkopf (Foto 32c).

> Im Beachvolleyball muß jeder Spieler, sowohl in Abhängigkeit von den Windverhältnissen als auch **aus jeder Position im Spielfeld**, den für seinen Mitspieler optimalen Paß technisch fehlerfrei stellen können.

Der Beachvolleyballer bemüht sich, stets im oberen Zuspiel zu stellen, da dieses einen genaueren Paß ermöglicht. Insbesondere bei leichtem und mittelstarkem Wind ist das Pritschen präziser als das Baggern, da der Ball mit den Händen länger in die beabsichtigte Richtung „begleitet" werden kann. Der Wind ist, insbesondere beim Feldzuspiel, stets zu berücksichtigen. Das bedeutet, daß der Beachvolleyballer als Zuspieler das halbhohe Zuspiel je nach Windstärke mehr oder weniger stark gegen die Windrichtung spielen muß, damit der Ball

ZUSPIEL- UND ANGRIFFSSITUATION 137

Foto 32a:
Frontaler Zuspielbagger (Karch Kiraly)

Foto 32b:
Seitlicher Zuspielbagger (Andy Fishburn)

Foto 32c:
Zuspielbagger überkopf (Linda Carillo)

ZUSPIEL- UND ANGRIFFSSITUATION

- **bei Gegenwind** nicht nach hinten über den Angreifer hinweggeweht wird,
- **bei Rückenwind** nicht in die gegnerische Spielfeldhälfte geweht wird.

Bei **starkem** Wind, der zu technischen Folgefehlern beim oberen Zuspiel führen kann, und wenn der Spieler nicht aus einer optimal ausbalancierten Stellung zum Ball das obere Zuspiel anwenden kann, kommt der Zuspielbagger vermehrt zum Einsatz.

Aus den Ausführungen wird ersichtlich, daß dem Zuspielbagger hier eine viel entscheidendere Bedeutung zukommt als im Hallensportspiel. Gleiches gilt beim Zuspieler in bezug auf das Gegnerverhalten:

> Da sich im Beachvolleyball der Angreifer höchstens gegen einen Einerblock durchsetzen muß, ist die **Zielgenauigkeit des Zuspiels**, fast ohne Berücksichtigung des Gegners, die **wesentlichste Voraussetzung für den erfolgreichen Abschluß des Angriffs**.

Die Zielgenauigkeit des Zuspiels ist um so höher zu bewerten, wenn man bedenkt, daß der Angreifer im Sand sehr große Schwierigkeiten hat, Richtungsänderungen des Anlaufs vorzunehmen, d.h. ein nicht optimales Zuspiel selbst auszugleichen.

Ungenaue bzw. netzferne Zuspielhandlungen, die zum Unterlaufen oder zu einem netzfernen (2 - 3 m vom Netz) Angriff führen können, sind aufgrund der Handlungshöhe und der Möglichkeit des Gegners, mit zwei Feldverteidigern zu agieren, uneffektiver.

Da die Zuspielerfinte nur beidhändig, frontal oder überkopf ausgeführt werden darf, bedeutet dies, daß das einhändige Zuspiel **nicht** Bestandteil des Trainings ist.

Hat die Beobachtung des Gegners vor der Zuspielhandlung für den Zuspieler in der Halle einen hohen Stellenwert, so trifft dies für den Beachvolleyballer **nach** der Zuspielhandlung zu:

Der zuspielende Beachvolleyballer muß sofort nach der Zuspielhandlung die Position des Feldverteidigers beobachten, um dem eigenen Angreifer durch Zuruf Entscheidungshilfen bezüglich der Angriffsrichtung zu geben. **Allerdings erfolgt der Zuruf unmittelbar vor der Angriffshandlung**, um Täuschungen des Feldverteidigers in bezug auf seine Abwehrposition entgegenzuwirken. Gegebenenfalls muß der zunächst gegebene Zuruf kurz vor der Angriffshandlung nochmals geändert werden.

Hieraus ergibt sich, daß sich das individualtaktische Handeln des Zuspielers auf eine optimale Zuspielhandlung und anschließend auf das Erkennen der beabsichtigten Abwehrposition des Feldverteidigers beschränkt.
Die wesentlichen individualtaktischen Faktoren und spezielle Trainingsformen des Zuspielers werden in der Trainingsreihe zur Individualtaktik erörtert.

6.3.1 Zuspieltechniken

Bewegungsablauf des oberen Zuspiels

Die Technik des **oberen Zuspiels** ist weitgehend mit der in der Halle üblichen Technik identisch. Folgende Unterschiede, besonders hinsichtlich der Laufhandlungen vor dem Zuspiel, der Gleichgewichtserhaltung und des Ballkontaktes, müssen berücksichtigt werden:
Der nicht annehmende Spieler wartet nach 1-2 Schritten zur Spielfeldmitte hin lange, d.h. bis zum Moment der Annahme, bevor er zum Zuspielort läuft. Erst dann kann er erkennen, welche Qualität die Annahme hat und kann so Pässe mittlerer bis schlechter Qualität erlaufen. Der Zuspielbagger, die Falltechniken beim oberen Zuspiel sowie die folgenden Ausführungen sind aufgrund dieses **optimalen** Lauftimings für den nicht annehmenden Beachvolleyballer von besonderer Bedeutung. Jegliche Bewegung, egal, ob im Stand oder im Fallen zugespielt wird, muß vor der Ballberührung abgeschlossen sein, d.h. sie erreicht im Moment der Ballberührung den Zustand der optimalen Balance (vgl. Kap. 3.1 und 5.3.1). Beim Zuspiel im Fallen auf die Knie beispielsweise zeichnet sich der Kulminationspunkt durch einen Moment der „Ruhe" und somit des optimalen Gleichgewichts aus. Die elementaren Handlungen Laufen-Drehen-Stehen (bzw. Kulminationspunkt erreichen) werden dementsprechend vor der Ballberührung abgeschlossen.

USA: Für den Bereich der US-Profis gilt, daß in fast allen Fällen ein oberes Zuspiel in der Bewegung als technischer Fehler geahndet wird. Bezüglich des Körper-Ball-Verhältnisses muß betont werden, daß die im Hallenspiel häufig zu beobachtende Position der Hände neben dem Kopf bzw. der Stirn als schlechte Positionierung zum Ball (Gleichgewichtsprobleme) und damit als technischer Fehler vom US-Schiedsrichter geahndet wird.

Zum Ballkontakt (Foto 33): Die Finger und die beim ersten Ballkontakt rasch zur Stirn zurückgeführten Hände bremsen den Ball *elastisch* ab, die Ellbogen zeigen

Foto 33:
Oberes Zuspiel (Karch Kiraly)

nach außen. Mit einer Finger-, Arm- und Ganzkörperstreckung nach vorn/oben wird der Ball wieder beschleunigt. Der Ball wird durch eine *Drehung der Daumen nach vorn/außen* in die neue Richtung abgespielt. Die Armstreckung findet bei **allen** Varianten des oberen Zuspiels statt.

USA: Das aus dem Hallenspiel bekannte Zuspiel, bei dem der Ball einen kurzen Bewegungsimpuls nur aus den Fingern erhält, wird in den Vereinigten Staaten fast immer als technischer Fehler geahndet.

Im Gegensatz zum Hallenspiel ist die Ballkontaktzeit aus den o.g. Gründen etwas *länger*. Ein Halten, Führen oder Werfen des Balles wird aber auch im Beachvolleyballspiel geahndet und muß durch eine rasche Durchführung der Gesamtbewegung vermieden werden.

Das **laterale obere Zuspiel** ist bis auf die Position des Spielers in Relation zum Zuspielziel, die Armstreckung und das Körper-Ball-Verhältnis, identisch mit dem frontalen oberen Zuspiel. Kann der zuspielende Spieler sich nicht mehr rechtzeitig in die Zielrichtung drehen oder liegt der Zuspielort zu dicht am Netz, um noch eine Drehung zum Angreifer ohne Netzberührung zu ermöglichen, so muß der Zuspieler netznah und lateral, mit seiner Schulterachse parallel zum Netz zuspielen.

> Die in der Halle gebräuchliche Technik des **Abrollens seitwärts und rückwärts** sollte beim Beachzuspiel möglichst **vermieden** werden.

Die **unmittelbare Spielbereitschaft** ist bei nur zwei Spielern auf dem Volleyballfeld wichtiger als im Hallenspiel, wo fünf andere Spieler eine Folgehandlung übernehmen können. Daher finden die genannten Zuspielvariationen höchstens dann

Anwendung, wenn der Spieler von der Annahme oder Abwehr seines Partners **überspielt** wird und den Ball im Rückwärts- oder Seitwärtslaufen spielen muß. In diesem Fall ist das obere Zuspiel mit Abrollen die optimale Technik, da nur so die Einnahme des richtigen Körper-Ball-Verhältnisses (unter dem Ball!) bei sehr guter Balance möglich ist.

Weit häufiger als das Zuspiel mit Abrollen sollte aus den genannten Gründen sowie aufgrund der besseren Balance das **obere Zuspiel im Fallen in den tiefen Kniestand** (Foto 34) angewendet werden.

In allen Situationen, in denen der Spieler unter Zeitdruck eine optimal ausbalancierte Spielstellung unter dem Ball erreichen muß, wird diese Technik angewendet. Selbst bei einem oberen Zuspiel, das im Stand durchgeführt wird, gehen viele Spieler des amerikanischen Profibereichs *im Moment der Ballberührung* zu dieser Technik über, um während der gesamten Zuspielbewegung einen tiefen Körperschwerpunkt und damit das Gleichgewicht zu erhalten. Aufgrund der optimalen Balance und der dadurch verringerten Möglichkeit eines technischen Fehlers (verbesserte Ballkontrolle) sowie der wesentlich schnelleren Aufstehbewegung zur unmittelbaren Spielbereitschaft ist diese Zuspieltechnik für die meisten Spielsituationen die **optimale** und daher uneingeschränkt zu empfehlen.

Foto 34: Oberes Zuspiel (Karch Kiraly)

Bewegungsablauf des oberen Zuspiels im Fallen in den tiefen Kniestand (Foto 34)

Die Vorbereitung der Bewegung entspricht den bisher beschriebenen Zuspieltechniken.

Im Moment des ersten Ballkontaktes, dem elastischen Abbremsen des Balles mit den Händen, läßt sich der Spieler fallen. Dabei werden zuerst die Beine stark gebeugt. Während des Ballkontaktes besteht kein, bzw. nur minimaler (Fußspitzen) Bodenkontakt. Dies sowie der tiefe Körperschwerpunkt führt zu einer optimalen Balance ohne Störungseinflüsse des unebenen Untergrundes. Die Bewegung entspricht etwa einem *„auf die Knie fallen"*. Der Oberkörper bleibt *aufrecht*.

Die restliche Bewegung entspricht dem normalen oberen Zuspiel; lediglich die fehlende Beinstreckung wird durch einen *verstärkten* Arm- und Fingereinsatz kompensiert. Der Spieler landet auf den Unterschenkeln und Knien und sitzt auf oder zwischen den Fersen „ab". Das Gesäß berührt nicht den Boden.

Während des Abspiels ist ein *Hineindrehen* in die Zuspielrichtung möglich. Dies wird kurz vor der Ballberührung eingeleitet und mit dem Abspielen des Balles in die neue Richtung beendet, es stellt keinen Regelverstoß dar.

Bewegungsablauf des Zuspielbaggers

Die Bewegungsausführung der verschiedenen Arten und Varianten des **Zuspielbaggers** gleicht weitgehend den Baggertechniken, die zur Annahme des Aufschlags angewendet werden. Unterschiede bestehen in der Intensität des Armeinsatzes, da die zu spielenden Bälle mit einer geringeren Geschwindigkeit heranfliegen. Der Ball kann grundsätzlich *aktiver* gespielt werden, als dies beim Annahmebagger der Fall ist (Foto 35a). Des weiteren ist häufig eine *tiefere* Spielstellung erforderlich, da der Zuspielort oft spät erreicht wird.

Der zuspielende Spieler versucht, schnell seine Zuspielposition zu erreichen und hinter/unter dem Ball zu stehen. Die Position befindet sich so weit unter dem Ball, daß der Spieler in der Lage ist, mit eher *waagerecht* angestellten Armen den Ball zu spielen, um ihm eine steile Flugkurve verleihen zu können (Foto 35b).

Foto 35a+b:
Zuspielbagger
(35a: Mike Dodd)

(35b:
Jon Stevenson)

Im Moment der Ballberührung wird neben der Körperstreckung und dem Vorschieben der Schultern besonders der Armimpuls verstärkt. Die Arme werden aus der waagerechten Position bis fast Schulterhöhe geführt. Dies ermöglicht einen langen Ballkontakt.

Überdies ist die Steuerung der Flugrichtung des Balles über die Stellung der Trefffläche und der Schulterachse wichtig:
Bei zu dicht an das Netz gepaßten Bällen muß der Zuspieler den Ball, frontal zum Netz stehend, **seitlich** spielen (vgl. Foto 32b). Dies geschieht durch ein Drehen der Trefffläche nach dem Prinzip „Einfallswinkel=Ausfallswinkel". Wie beim Annahmebagger steht die Schulterachse *im rechten Winkel* zur Ballanflugrichtung.

Dies gilt auch für Bälle, die der Zuspieler **rückwärts**, d.h. ohne Blickkontakt zu seinem Mitspieler stellen muß. Der Armeinsatz ist dabei noch intensiver. Der Ball wird bis weit über Kopfhöhe von den Armen „begleitet" und fliegt somit über den Kopf des Zuspielers hinweg (vgl. Foto 32c).

Bei spätem Erreichen des Zuspielortes oder einem flachen Paß des Annahmespielers kann es überdies erforderlich werden,
- in der Laufbewegung zu spielen;
- in eine tiefe Spielstellung hineinzuspringen;
- im Fallen, d.h. im Knien oder
- im Hechtbagger zu spielen.

6.3.2 Einführung Beachvolleyball-spezifischer Zuspieltechniken

Für die Trainingsreihe gelten folgende **Voraussetzungen des Sportspiels aus der Halle**, d.h der Beachvolleyballer beherrscht:
- das obere Zuspiel frontal, vorrangig als hohes Zuspiel über lange Distanz,
- das untere Zuspiel als Annahmehandlung,
- den Driveschlag,
- den Handgelenkschlag,
- die Angriffsfinte als Schlag.

Die Inhalte bzw. Techniken, die im folgenden vor der Trainingsreihe zur Individualtaktik ein- und weitergeführt werden, sind:
- das halbhohe Zuspiel über mittlere Distanz, wobei die Zuspielhandlung durch das obere Zuspiel und durch den **Zuspielbagger** erfolgt,

- der Driveschlag longline und besonders diagonal (in Kap. 6.4.2),
- die Angriffsfinte als Schlag (in Kap. 6.4.2).

Übungsformen für zwei Spieler zur Zuspielhandlung aus mittlerer Distanz im oberen und unteren Zuspiel

1. Spieler A steht 3 - 4 m weit weg vom Netz, Spieler B befindet sich bereits 1 - 1,5 m vom Netz entfernt am Zuspielort.
Der Angreifer (A) wirft zunächst die Bälle genau, später ungenau, aber stets so, daß der Zuspieler (B)

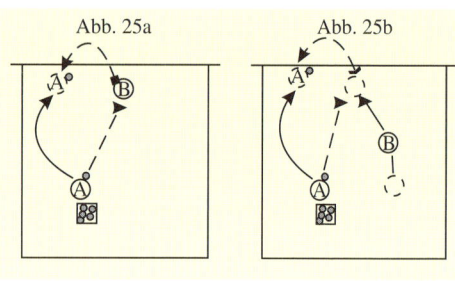

die Zuspielhandlung erst ohne, später mit vorausgegangener Bewegung im oberen Zuspiel ausführt. Der Zuwerfer läuft zum Angriff ans Netz, erhält das Zuspiel, führt die Bewegung des Angriffs aus, fängt aber den Ball im höchsten Punkt seines Sprunges.
Nach sechs Bällen wechseln die Spieler die Funktionen (Abb. 25a).

Handlungshinweise

- Drehe dich vor Ausführung des Zuspiels in die Abspielrichtung!
- Nimm immer das optimale Körper-Ball-Verhältnis ein, sei also beim Baggern tief unter dem Ball!
- Spiele halbhoch und zielgenau, ca. 1 m vom Netz und 2 m vor dich in den Anlauf des Angreifers!
- Berücksichtige den Wind bei der Höhe und Richtung deines Zuspiels!
- Stelle nicht zu hoch!
- Spiele den Ball je nach Windstärke mehr oder weniger stark in den Wind hinein!

Beobachtungshilfe

- Ist erkennbar, daß der Zuspieler aus tieferer Spielstellung ausgeprägter mit einem betonten Armeinsatz spielt?

Variationen

(1) Wie oben, jedoch pritscht oder baggert der Feldspieler (A) zu, und der Zuspieler (B) führt im Moment des Anspiels eine Zusatzbewegung aus, z. B.
- den Boden beidhändig berühren oder
- eine halbe Körperdrehung ausführen oder
- die Fersen berühren usw.

Handlungshinweise

- Bewege dich mit bzw. bei der Zusatzbewegung zum Zuspielort!
- Du spielst fehlerfrei, wenn du aus einer optimalen Balance heraus stellst!
- Achte stets darauf, daß du nicht überspielt wirst!
- Bemühe dich, stets den Ball zu beobachten!

(2) Wie oben, aber der Zuspieler (B) läuft in dem Moment, in dem sich der Feldspieler (A) den Ball anwirft, aus einer 4 m tiefen, später weiter entfernten Feldposition zum Zuspielort (vgl. Abb. 25b).

Handlungshinweise

- Laufe als Zuspieler spät, aber schnell, bis kurz vor den voraussichtlichen Zuspielort, um ein Überspielen zu vermeiden!
- Spiele nie in der Bewegung, sondern aus einem sicheren Stand!

Beobachtungshilfe

- Ist erkennbar, daß sich der Zuspieler im Moment des Zuspiels unter und hinter dem Ball befindet?

(3) Die Übungsform 1 und ihre Variationen aus unterschiedlichen Zuspielorten am Netz. Besonders die Hauptzuspielorte III für das Zuspiel zu Position IV und II/III für das Zuspiel zu Pos. II müssen häufiger in den Übungsablauf mit einbezogen werden.

(4) Die Übungsform 1 und die Variationen - allerdings erfolgt die Zuspielhandlung als Feldzuspiel, d.h. der Angreifer wirft den Ball ungenau in den Bereich der Spielfeldmitte - so hoch, daß ein oberes Zuspiel noch möglich ist.

Beobachtungshilfe

- Ist erkennbar, daß Bein- und Handgelenkeinsatz die Armstreckung beim Feldzuspiel deutlich unterstützen?

(5) Die Übungsform 1 und ihre Variationen, jedoch wirft der Angreifer einen **stark rotierenden** Ball zu.

Handlungshinweise

- Spiele den Ball möglichst im oberen Zuspiel!
- Antizipierst du technische Schwierigkeiten (Doppelberührung), wende den Zuspielbagger an!
- Spiele den Ball mit beiden Unterarmen **gleichzeitig**, um der Rotation entgegenzuwirken!
- Gleiche die Rotation des Balles beim Zuspielbagger aus, indem Du die Trefffläche entgegen der Ballrotation „unter dem Ball hindurchschiebst"!

2. Zwei Spieler baggern sich zunächst möglichst genau und ohne Ortsveränderung den Ball als Zuspiel (halbhoher Paß aus mittlerer Distanz) zu.

Variationen

(1) Wie die Übung 2, jedoch lateraler Zuspielbagger (als halbhohes Zuspiel 2 m, aus mittlerer Distanz 2 m).
(2) Wie die Übungsform 1, allerdings mit Zuspielbagger überkopf als Zuspielhandlung. Die Spieler stehen hierbei ca. 1 m auseinander, um bewußt ein Überspielen zu ermöglichen.

Handlungshinweis

- Beachte, daß sich die Arme im Moment der Ballberührung ein wenig höher als parallel zum Boden befinden!

3. Hochbaggern des Balles als Zuspielhandlung, zunächst ohne, später mit Ortsveränderung.

Variationen
(1) Hochspielen des Balles als Zuspielhandlung mit Ortsveränderung bis ca. 2 m unter Anwendung des oberen Zuspiels und des Zuspielbaggers.
(2) Die Variation (1), allerdings soll nach der Zuspielhandlung im oberen Zuspiel schnell eine Zusatzbewegung erfolgen, um unmittelbar danach situationsgerecht die Zuspielhandlung im oberen oder unteren Zuspiel auszuführen.

Handlungshinweise

- Wähle deine Ausgangsstellung frontal zum anfliegenden Ball!
- Gleiche windbedingte Änderungen des Ballflugs stets durch vermehrte Fußarbeit aus, um so immer die optimale Ausgangsstellung zum Ball einnehmen zu können!
- Beachte, daß sich die Arme im Moment der Zuspielhandlung fast parallel zum Boden befinden!
- Führe die Arme bis in den Schulterbereich, um den Ball zu begleiten und die Bewegung ausklingen zu lassen!
- Beachte, daß der Armeinsatz aus einer tiefen Spielstellung viel intensiver als beim Annahmebagger ist!
- Beachte stets, daß durch ein bewußtes Vorschieben der Außenschulter und Drehen der Trefffläche zum Angriffsort nach dem Prinzip Einfallswinkel=Ausfallswinkel die Zuspielrichtung gesteuert werden muß!

(3) Der Angriffsspieler am Netz spielt den Ball im Sprung in Form einer Angriffsfinte zu seinem Zuspieler. Dieser führt die Zuspielhandlung stets als Zuspielbagger aus.
(4) Wie Variation (3), jedoch wird die Angriffsfinte seitlich neben den Zuspieler gespielt.

4. Die Übung 1 und ihre Variationen, allerdings soll das Anspiel des Zuspielers durch den Angreifer die Anwendung des unteren Zuspiels erforderlich machen.

6.4 Individualtaktik des angreifenden Beachvolleyballspielers

Folgende Feststellungen lassen sich zu den Häufigkeiten der Angriffstechniken, ihren Qualitäten und zu den Angriffsorten machen:
- Der Angriff ist mit rund 22% das häufigste Element.
- Im **nationalen Bereich** werden lediglich ca. 6% aller Angriffe auf netzfernen Positionen durchgeführt, wohingegen die weitaus meisten Angriffsaktionen (fast 94%) auf den netznahen Positionen II, III und IV stattfinden. Dabei werden fast 41% auf Pos. IV, ca. 31% auf Pos. II und der geringste Anteil mit ca. 23% auf Pos. III ausgeführt.
- Mit 53% werden über die Hälfte aller Angriffe als harte Schmetterschläge gespielt. Der Anteil der taktischen Schläge liegt bei ca. 40%, weitere 7% werden aus dem Stand gespielt.
- Auf mittlerem nationalen Niveau ist der Anteil der harten Schmetterschläge mit ca. 32% niedriger als der der taktischen Schläge (ca. 61%).
- Bei den **männlichen US-Profis** zeigt sich mit einem Anteil von rund 65% aller Angriffe ein Übergewicht der harten Schmetterschläge. Hier werden nur ca. 35% der Angriffe taktisch, also als Driveschläge oder Finten, gespielt. Bei den **weiblichen Profis** zeigt sich insgesamt ein ausgeglichenes Verhältnis: harte Schmetterschläge und Driveschläge/Finten werden zu gleichen Anteilen angewendet (vgl. Tab. 6 in Kap. 3.2.3).
- Die nationale Spitze greift bei ca. 56% aller Angriffe so an, daß der Gegner den Ball nicht mehr zurückspielen konnte. Der Anteil der direkten Angriffsfehler liegt bei fast 15%. Nach fast 25% aller Angriffe konnte der Gegner aus der K 2-Situation einen Angriff im Sprung spielen. Hinsichtlich der **Effektivität** zeigen sich **keine Unterschiede** zwischen den harten Schmetterschlägen und den taktischen Schlägen.
- Ebenso unterscheiden sich die **Angriffsrichtungen** kaum hinsichtlich ihrer Effektivität. Longline-Angriffe sind geringfügig erfolgreicher als Schläge in die anderen Feldbereiche.

Aus den Ausführungen zum Angriffsaufbau und zur Individualtaktik des Zuspielers geht hervor, daß im Beachvolleyball keine Schnellangriffe gespielt und Angriffe nach hohem Zuspiel möglichst vermieden werden. Die wichtigsten Angriffstechniken im Beachvolleyball sind Handgelenkschläge, Driveschläge und Angriffsfin-

ZUSPIEL- UND ANGRIFFSSITUATION 149

Fotos 36a-d

a)

b)

c)

d)

ten. Die Angriffsfinten dürfen nicht im einhändigen oberen Zuspiel ausgeführt, sondern müssen als Schlagbewegung mit geschlossener Hand gespielt werden. Alle harten Schmetterschläge, die keine bogenförmige Flugkurve aufweisen, werden als „hart geschlagene Bälle" (Hard-Driven Balls) bezeichnet.

Diese Unterscheidung in harte Schmetterschläge und Driveschläge/Angriffsfinten wirkt sich nicht nur auf die technische Ausführung aus, sondern auch auf die Anwendung der Abwehrtechniken. Harte Schmetterschläge dürfen auch beidhändig, im Sinne des oberen Zuspiels, abgewehrt werden, Driveschläge und Angriffsfinten dagegen nicht.

USA: Das Regelwerk der US-Profis besagt überdies, daß Schmetterschläge mit Netzberührung, die zu einer deutlichen Reduzierung der Geschwindigkeit des Balles führen, als Driveschläge behandelt werden, d.h. daß diese nicht mit einer offenen, pritschähnlichen Abwehrhandlung gespielt werden dürfen. Hart vom Block zurückspringende Bälle werden hingegen als „Hard-Driven Balls" gewertet.

Das individualtaktische Handeln des Angreifers ist im Vergleich zum Angreifer in der Halle zunächst einfacher. Er muß erfolgreich gegen **einen** Blockspieler und **einen** Feldverteidiger agieren. Viel entscheidender als das taktische Verhalten ist die zielgenaue Ausführung der Angriffshandlung. Er muß befähigt werden, den Ball in fast jeden Bereich des gegnerischen Feldes zu schlagen. Die Härte des Angriffsschlages ist im Beachvolleyball im Vergleich zur Fähigkeit, zielgenau in ungedeckte Abwehrräume zu schlagen, weniger entscheidend. Überdies ist das seitliche Anschlagen des Blocks dem Anschlagen des Blocks von oben vorzuziehen.

Aus den Ausführungen geht hervor, daß der Angreifer in erster Linie mit Handgelenkschlägen am Block vorbei bzw. mit Driveschlägen und Angriffsfinten über den Block in die ungedeckte Spielfeldhälfte schlagen können muß. Berücksichtigt man das auf höchstem Spielniveau sehr fein entwickelte Zusammenwirken des Blockspielers mit seinem Feldverteidiger, so ist zu fordern, möglichst zielgenau auf dem kürzesten Weg den nicht gedeckten Abwehrbereich zu treffen.

Um den Ball nach Möglichkeit in den Feldbereich zu schlagen, in den sich der Feldverteidiger nicht hineinbewegt, wird dem Angreifer die beste Schlagrichtung durch den Zuspieler zugerufen. Wie bereits ausgeführt, beobachtet der Zuspieler nach dem Zuspiel den Gegner und gibt seinem Angreifer Entscheidungshilfen:

a) hinsichtlich der Schlagrichtung,
b) ob der Gegner blockiert.

Die erste Information gibt dem Angreifer die Schlagrichtung in **Abhängigkeit von der Position**, bzw. Laufrichtung **des Feldverteidigers** an und bezieht sich **nicht auf den Block**. Der Angreifer kann einen bogenförmigen, taktischen Schlag über den Block in die zugerufene Schlagrichtung spielen.

Die Information, ob der Blockspieler blockiert oder sich in die Feldverteidigung zurückzieht, ist besonders beim Feldzuspiel wichtig. Die Profispieler verstehen diese Zurufe als **unterstützende** Maßnahme, d.h. sie verlassen sich nicht ausschließlich auf den Zuruf ihres Mitspielers, sondern hauptsächlich auf ihre eigene Antizipationsfähigkeit. Besonders wichtig sind die Zurufe, wenn der Angreifer nicht oder nur begrenzt in der Lage ist, das gegnerische Verteidigungsverhalten zu beobachten. Dies ist beispielsweise dann der Fall, wenn ein Feldzuspiel erfolgt. Der Angreifer hat dementsprechend die Möglichkeit, in Abhängigkeit vom Zuruf und seinen eigenen Beobachtungen einen **Schmetterschlag** in den **nicht vom Blockspieler abgedeckten Feldbereich** zu schlagen oder einen **taktischen Schlag** bzw. eine Angriffsfinte in den **nicht vom Feldverteidiger abgedeckten Bereich** zu spielen.

USA: Bei den Profispielern wird neben einer Vielzahl individuell verabredeter Zurufe zwischen drei wesentlichen zugerufenen Handlungshilfen unterschieden:
- „Angle" bzw. „Cut" bedeutet, daß der Angreifer in die Diagonale schlagen soll;
- „Line" bedeutet, daß der Angreifer Linie schlagen soll;
- „No one" bedeutet, daß der Blockspieler nicht blockiert.

Diese Zurufe müssen sehr kurz und unmißverständlich sein. So könnte man im **deutschen Sprachraum** anstatt „diagonal" oder „Linie" die **Positionen des Hallenspiels „I" und „V"** übernehmen. Wenn kein Block gestellt wird, könnte der Zuruf **„ohne"** lauten.

Das Handeln des Angreifers nach Zuruf stellt **hohe** Anforderungen an die Aufmerksamkeit sowie Kopplungs- und Umstellungsfähigkeit und kann aus diesem Grund nicht genügend Berücksichtigung im Training finden.

Das sofortige Umschalten vom Angriff zum Block bzw. zur Feldverteidigung, wenn man in der Mannschaft vornehmlich die Verteidigungsaufgaben wahrnimmt, ist nach der Eigensicherung eine wichtige Voraussetzung für das mannschaftstaktische Zusammenwirken.

Verglichen mit dem Hallenvolleyballer, muß der Beachvolleyballer nicht nur psychische Stärke besitzen, sondern diese auch zum Ausdruck bringen. Die Notwendigkeit der psychischen Belastbarkeit zeigt sich beispielsweise schon in der Tatsache, daß ein Angreifer stets als Annahmespieler und Angreifer vom Gegner ausgesucht werden kann und daß er diesem Druck nicht, wie im Hallenspiel, durch eine Auswechslung ausweichen kann. Eigenfehler oder wirkungslose Handlungen muß er letztlich allein verantworten. Somit ist eine schnelle Verarbeitung der Streßsituationen für den Beachvolleyballer unabdingbar. Daher muß er eine hohe physische und psychische Stabilität sowie ein ausgeprägtes Selbstvertrauen besitzen.

Individualtaktische Faktoren

Für den **annehmenden und somit angreifenden** Beachspieler gelten in zeitlicher Reihenfolge folgende individualtaktischen Einflußgrößen:
1. Vor Ausführung des gegnerischen Aufschlags:
- Wind- und Lichtverhältnisse,
- Spielstand bzw., für den US-Profibereich, verbleibende Spielzeit,
- Schiedsrichter-, Linien- und Zuschauerverhalten,
- eigene psychische und physische Verfassung sowie die des Mitspielers und der Gegenspieler,
- Stärken und Schwächen des gegnerischen Blockspielers,
- Effektivität des Aufschlägers und Vorwegnahme der Aufschlagart und -richtung.
2. Nach Ausführung des gegnerischen Aufschlags:
- Aufschlagart, -richtung und -schwierigkeit,
- eigene Stärken und Schwächen als Annahmespieler,
- Verständigung mit dem Mitspieler.
3. Nach Aufschlagannahme:
- Qualität des eigenen Passes hinsichtlich der Höhe, der Netzentfernung und des Zuspielortes,
- zeitlich-räumliches Verhalten des zuspielenden Mitspielers,
- Berücksichtigung der individualtaktischen Fähigkeiten des Mitspielers als Zuspieler,
- Vorwegnahme der Zuspielhandlung.
4. Nach Zuspiel:
- Qualität des Zuspiels in bezug auf Höhe, Geschwindigkeit, Netzentfernung und Angriffsort,
- Ausgangsstellung des Blockspielers und Vorwegnahme seines Blockverhaltens,
- räumliches Verhalten des Feldverteidigers.

5. Vor Angriff:
   - Qualität des Blocks in bezug auf Aggressivität, das Arme-Ball-Verhältnis und das Timing,
   - eigenes Timing-Verhalten,
   - Wahrnehmung des Zurufs durch den Zuspieler,
   - Wahl der Angriffsart und -richtung.
6. Nach Angriff:
   - Effektivität der eigenen Angriffshandlung,
   - Vorwegnahme der Weiterentwicklung der Spielsituation,
   - sofortiges Umschalten auf Block oder erneuten Angriff oder Feldverteidigung.

Das individualtaktische Handeln eines Beachvolleyballspielers besteht darin, die spiel- und situationsentscheidenden Größen herauszufiltern und diese zu berücksichtigen. Der Stellenwert der Individualtaktik kann nicht hoch genug eingeschätzt werden.

> Aus den o.g. Gründen muß das Training stets so aufgebaut werden, daß der Spieler bei jeder Trainingsform Beobachtungen und Entscheidungen treffen muß.

6.4.1 Angriffstechniken

Bewegungsablauf des Schmetterschlags

Die Technik ist weitgehend identisch mit der des Schmetterschlags im Hallenspiel. Auf folgende wichtige Bewegungsunterschiede der Beachtechnik muß darüber hinaus hingewiesen werden:

Aus der Annahme oder Abwehr bewegt sich der Spieler zum Angriffsort. Greift der Spieler (Rechtshänder) auf der rechten Spielfeldseite an, so wählt er einen *gradlinigen* Anlauf, auf der linken Seite läuft er *bogenförmig* an. Es lassen sich zwei Arten der Einleitung des Stemmschritts unterscheiden:
- Die Laufschritte des Spielers gehen *fließend* in Auftaktschritte und Stemmschritt über;
- der Spieler *verharrt* für einen Moment in ca. 2 bis 3 Meter Entfernung vom Netz, bevor er Auftakt- und Stemmschritt einleitet.

Der Stemmschritt ist zwar etwas kürzer, der Absprung ist hingegen mit der Hallentechnik identisch. Ebenfalls identisch sind die Armbewegung, der Treffpunkt und das Körper-Ball-Verhältnis.

Die Schlagrichtung wird durch eine Drehung der Hand nach links oder rechts gesteuert. Die Drehung wird durch eine Supination oder Pronation des Unterarms eingeleitet. Die Schlagrichtung ist demnach *handgelenk-* und *ellbogengesteuert* (Foto 37a).

Ausschwung und Landung werden wie beim Hallenspiel durchgeführt. Beim **Schmetterschlag mit Drehung** wird, um die Schlagrichtung zu ändern, eine Körperdrehung in die gewünschte Richtung eingeleitet (Foto 37b). Dies wird durch ein verstärktes Abdrücken des rechten oder linken Beines erreicht. Der restliche Bewegungsablauf ist wiederum identisch mit dem frontalen Schmetterschlag. Auch nach einer Drehung des Spielers in der Luft kann die Schlagrichtung noch durch Handgelenkeinsatz geändert werden.

Foto 37a: Steuerung der Schlagrichtung über Ellbogen/Handgelenk

Foto 37b: Schmetterschlag mit Drehung

Bewegungsablauf des Driveschlags

Hinsichtlich der unterschiedlichen amerikanischen Fachwörter für die verschiedenen Angriffsvarianten wird auf das Glossar verwiesen.

Der Bewegungsablauf muß bis auf den Arm- bzw. Handgelenkeinsatz genauso wie beim harten Schmetterschlag durchgeführt werden.

Die Bewegung ist demnach identisch mit einem Angriffsschlag, bei dem der Ball mit vermindertem Krafteinsatz von hinten/unten getroffen wird und bei dem der Armzug erst im letzten Moment verlangsamt wird. Die Hand wird bei beiden unten beschriebenen Variationen bis zum vollständigen Überdachen des Balles abgeklappt.

Die Länge und Höhe der Flugkurve des Schlages hängen dabei vom Krafteinsatz sowie vom Beginn und von der Länge der Treffstrecke ab:
a) Soll der Ball in hohem Bogen in das gegnerische Feld gespielt werden, beginnt die Treffstrecke *weit unterhalb* des Ballmittelpunkts.
b) Wird der Ball in einem flachen Bogen geschlagen, so beginnt die Treffstrecke *knapp unterhalb* des Ballmittelpunkts. Sie ist dadurch kürzer.

Als **frontaler Driveschlag** wird der Schlag bezeichnet, der ohne jegliche Veränderung der Schlagrichtung in Verlängerung der Anlaufrichtung des Angreifers durchgeführt wird.

Beim **Driveschlag mit Drehung** wird die Schlagrichtung durch eine Drehung des Spielers in der Luft verändert.

Die speziellen Beachvolleyballvariationen des Driveschlags werden nach der Schlagrichtung unterschieden:

Der **Diagonal- oder Extremdiagonalschlag (Cut Shot rechts)** ist ein auf der rechten Spielfeldseite durchgeführter Driveschlag, bei dem der Spieler (Rechtshänder) den Ball von *rechts/unterhalb* des Mittelpunkts trifft und seine Schlaghand über die rechte Seite des Balles „wickelt" (Foto 38a).

Die Handfläche wird dabei durch eine Drehung im Handgelenk um den Ball herumgedreht und schließlich abgeklappt, bis der Daumen senkrecht nach oben zeigt. Der Ball wird diagonal nach links, in die rechte vordere Ecke des gegnerischen Feldes geschlagen.

Foto 38a: Cut Shot rechts

Foto 39:
Poke Shot (Danja Müsch)

Foto 38b: Cut Shot links

Auf der linken Netzseite wird beim **Driveschlag als Diagonal- bzw. Extremdiagonalschlag (Cut Shot links)** die Schlaghand links am Ball vorbeigeführt. Die Treffstrecke beginnt *links/unterhalb* des Mittelpunkts. Die Handfläche wird links um den Ball herumgedreht und abgeklappt, bis der Daumen senkrecht nach unten zeigt. Der Ball wird diagonal nach rechts, in die linke vordere Ecke des gegnerischen Feldes geschlagen (Foto 38b). Werden die beschriebenen Techniken der Handgelenkdrehung für Schläge die Linie entlang eingesetzt, so spricht man im amerikanischen Raum von **Line Shots**.

Auf die Bedeutung der Driveschläge bzw. der Schlagtechniken mit Drehungen im Hand- und Ellbogengelenk wurde bereits hingewiesen. Neben der Notwendigkeit, den freien Feldbereich zielgenau treffen zu müssen, ist das Verbot der Angriffsfinte im einhändigen oberen Zuspiel ein weiterer Grund für die häufige Anwendung dieser Techniken. Um neben den Driveschlägen über eine weitere zielgenaue Schlagvariante **im Sinne der Angriffsfinte** verfügen zu können, wird der sog. **Poke Shot** angewendet.

Bewegungsablauf der Angriffsfinte (Poke Shot)

Der Anlauf und Absprung sowie die Ausholbewegung erfolgen wie beim Angriffsschlag.
Kurz vor der Ballberührung wird der Armzug *geringfügig* verlangsamt. Die Finger der Schlaghand werden im Fingermittelgelenk gebeugt. Der Ball wird mit der Fläche zwischen *Fingermittel und -endgelenken* gespielt (Foto 39).
Der Ball wird mit *Handgelenkeinsatz* geschlagen, dadurch können die Länge und Richtung der Flugbahn gut kontrolliert werden. Für den Poke Shot gelten die o.g. Erläuterungen zur Steuerung der Schlagrichtung und -höhe.

6.4.2 Einführung Beachvolleyball-spezifischer Angriffstechniken

Als neue Angriffstechnik wird im folgenden der Driveschlag in alle Angriffsrichtungen und die Angriffsfinte als Schlag eingeführt:

> Grundsätzlich muß bei allen unten aufgeführten Formen beachtet werden, daß sich der Handlungsablauf insgesamt möglichst nicht vom harten Schmetterschlag unterscheidet.

Übungen

1. Driveschlag aus dem Stand und aus der gleichen Stellung zum Netz in unterschiedliche Feldbereiche, insbesondere als Linien-, Diagonal- und Extremdiagonalschlag. Sind nur zwei Spieler beteiligt, sollte der zweite Spieler das Ziel darstellen und die Bälle nach der Abwehrhandlung fangen.

Variationen
(1) Wie Übung 1, jedoch von unterschiedlichen Angriffsorten aus.
(2) Wie Übung 1 und Variation (1), jedoch mit selbst angeworfenem Ball und Sprung aus dem Stand.

Handlungshinweise

- Springe aus einer sicheren und ausbalancierten Spielstellung heraus!
- Beachte, daß beim extrem diagonal ausgeführten Driveschlag aus der rechten Spielfeldhälfte die Hand so hinter und neben den Ball geführt wird, daß der Daumen am Ende der Ballberührung nach oben zeigt!
- Der Daumen zeigt nach unten, wenn der extrem diagonal ausgeführte Driveschlag aus der linken Spielfeldhälfte erfolgt!

2. Die Übung 1 und ihre Variationen, allerdings erfolgt der Angriff als Angriffsfinte.

Handlungshinweise

- Beachte, daß die Schlagbewegung für die Angriffsfinte identisch ist mit allen anderen Angriffstechniken!
- Vermeide daher eine Stoßbewegung!
- Verlangsame die Schlagbewegung unmittelbar vor der Ballberührung!
- Schlage den Ball mit der Fläche zwischen Fingermittel- und -endgelenken!
- Treffe den Ball von hinten/unten mit Handgelenkseinsatz!

Variation
(1) Die Übungen und die Variationen, allerdings bewußt bogenförmig über den Block schlagen.

Handlungshinweis

- Schlage den Ball als Angriffsfinte ca. 2 m hinter den Blockspieler!

3. Der Angreifer führt nach Zuspiel Driveschläge auf unterschiedliche Ziele aus.

Variationen
(1) **Wie Übung 3**, jedoch von unterschiedlichen Angriffsorten aus.
(2) Erst nach drei zielgenauen Driveschlägen auf das gleiche Ziel darf zum nächsten Ziel übergegangen werden.

4. **Wie Übung 3** und ihre Variationen, allerdings erfolgt der Angriff nun als Finte.
5. Bei **guter Technikausführung** bestimmt der Zuspieler durch Zuruf das Ziel der Angriffshandlung; allerdings erfolgt der Zuruf zunächst mit, später unmittelbar nach der Zuspielhandlung und zuletzt, Beachvolleyball-spezifisch, unmittelbar vor der Angriffshandlung oder mit kurzfristiger Änderung des zunächst gegebenen Zurufs.

6.5 Ausgewählte Trainingsformen

Im folgenden werden die Trainingsformen weniger nach didaktisch-methodischen Prinzipien erläutert, sondern eher nach den pragmatischen Gesichtspunkten der Trainingspraxis:

ÜBUNGS- UND SPIELFORMEN MIT ZWEI SPIELERN

Für den Angriffsaufbau aus der Annahmesituation

Übungsformen
1. Einer der Spieler wirft den Ball hoch, entweder zwischen sich und seinen Partner (Abb. 26/1a) oder mehr auf die eigene Seite bzw. die des Mitspielers (1b). Die Verständigung soll grundsätzlich durch Zuruf bzw. durch eine deutliche Bewegung zum Ball erfolgen.

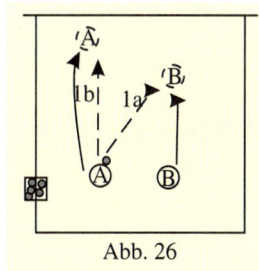

Abb. 26

Der nicht annehmende Spieler muß sich zum Zuspielort hin orientieren und je nach Qualität der Annahme die Zuspielhandlung im oberen oder unteren Zuspiel ausführen.

Handlungshinweise

- Sei als **Zuspieler** erst **nach** Einschätzung der Qualität des ersten Passes am Zuspielort!
- Bewege dich **nicht zu früh** zum Zuspielort, um Annahmen mittlerer oder schlechter Qualität zuspielen oder erretten zu können, ohne zurücklaufen zu müssen!
- Kontrolliere stets die Qualität deines Zuspiels und verlange diesbezügliche Informationen von deinem Partner!
- Gestalte das räumlich-zeitliche Verhalten (Anlauf, Anlaufrichtung, Abstand zum Zuspieler, Timing usw.) stets gleich!
- Versuche als **Angreifer**, deinem Mitspieler durch Zuruf deine Spiel- oder Nichtspielbereitschaft zu signalisieren!

2. Der Zuspieler agiert zunächst als ein Angreifer auf der anderen Seite des Netzes. Er führt einen Driveschlag aus dem Stand in die Spielfeldhälfte des Mitspielers aus, läuft unter dem Netz hindurch in die Nähe des voraussichtlichen Zuspielortes, um das Zuspiel zu übernehmen. Der Zuspieler bestimmt durch Zuruf die Angriffsrichtung und somit -art. Je nach Leistungsstand sollte versucht werden, daß der Zuruf, z.B. „EINS!", erst nach Beobachtung der (hier nicht vorhandenen) Gegenspieler, so unmittelbar wie möglich – gegebenenfalls sogar mit Änderung – vor der Schlagbewegung des Angreifers erfolgt. Diese Verhaltensweise soll jeder Beachvolleyballer nach jedem Zuspiel automatisieren (vgl. Abb. 27).

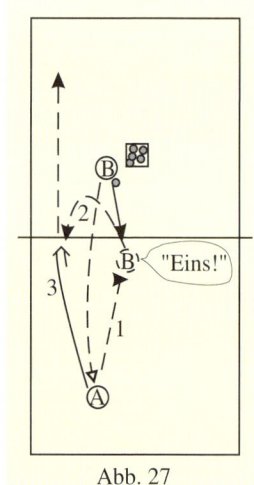

Abb. 27

Handlungshinweis

- **Annehmer/Angreifer:** Spiele den im Beachvolleyballspiel optimalen Paß, d.h. nicht zu nah an das Netz!

Variationen

(1) Unterschiedliche Zuspiel- und Angriffsorte berücksichtigen.
(2) Der Driveschlag erfolgt aus 5 m Netzentfernung im Sprung.

3. Der Spieler am Netz führt eine Angriffsfinte in den Bereich des annehmenden Spielers oder einen Driveschlag in die hintere Spielfeldhälfte aus, so daß eine Annahmehandlung erforderlich wird. Der annehmende Spieler versucht, einen optimalen 1. Paß auszuführen und sich räumlich und zeitlich richtig zum halbhohen Zuspiel aus mittlerer Distanz anzubieten. Der Zuspieler bestimmt die Angriffsrichtung.

Für die Zielgenauigkeit des Angriffs

Spielformen

1. '1 mit 1' auf 4,5 x 9 m-Spielfeld.
   Der Angreifer führt stets den frontalen Driveschlag lang ins Hinterfeld durch. Der Mitspieler fängt nach Abwehr den Ball, läuft ans Netz, wirft sich den Ball selbst hoch an und führt seinerseits einen gezielten Driveschlag auf den Partner aus.

2. '1 mit 1': Angreifer mit Feldverteidiger.
   Der Feldverteidiger bestimmt, wohin der Ball geschlagen wird,
   a) indem er frühzeitig seinen Abwehrbereich einnimmt,
   b) durch Zuruf.

Variation

(1) Bestimmung der Angriffsrichtung ausschließlich durch die Einnahme der Abwehrposition.

Handlungshinweis

- Beobachte unmittelbar nach dem Zuspiel den gegnerischen Abwehrspieler, um gegebenenfalls hart zu schmettern!
3. Wie Spielform 1, jedoch mit drei Ballberührungen auf jeder Netzseite.

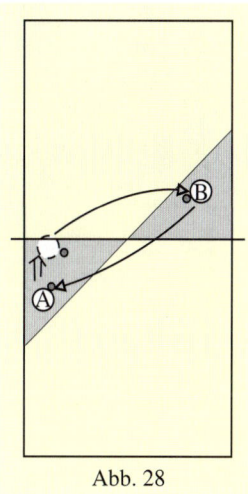

Abb. 28

4. Wie Spielform 1, jedoch auf extrem diagonal einander zugeordneten Feldern (Abb. 28).

5. Die Spielform 1 auf 4,5 x 9 m mit diagonaler Zuordnung.

Variation
(1) Alle aufgeführten Spielformen als Spiele gegeneinander.

Für die Überwindung/Berücksichtigung des Blockspielers

Spielformen
1. '1 gegen 1' (Foto 40).
   Der Angreifer wirft oder stellt sich den Ball selbst und schlägt am Block vorbei oder über den Block. Der Blockspieler agiert eindeutig in bezug auf die beabsichtigte Blockrichtung, später spielgerecht. Zunächst muß der Angreifer hart am Block vorbeischmettern, später mit frontalem/diagonalem Driveschlag über den Block; zuletzt führt er eine Angriffsfinte über den Block aus.

Foto 40: '1 gegen 1' (Bruk Vandeweghe und Bob Vogelsang)

2. Wie Spielform 1, jedoch wirft sich der Angreifer den Ball bewußt nah ans Netz an und führt einen Driveschlag in die extreme Diagonale oder eine Angriffsfinte am Block vorbei durch.

3. '1 gegen 1' nun spielgerecht, d.h. der Blockspieler kann frei agieren.

4. '1 gegen 1' auf 4,5 x 4,5 m mit drei Ballberührungen, wobei gegen jede Angriffshandlung geblockt werden muß.

Handlungshinweise

- Versuche als **Angreifer**, Blockabpraller im Sinne der Eigensicherung abzuwehren.
- Versuche als **Blockspieler**, zunächst die Angriffsfinte zu blockieren und in zweiter Linie diese im Sinne der Eigensicherung zu erlaufen!

TRAININGSFORMEN MIT DREI SPIELERN

Zur Schulung des Angriffsaufbaus aus der Annahme

Trainingsformen
1. '1 gegen 2' im Sinne des Spiels '1 gegen 1'.
   Das heißt, der Aufschläger/Feldverteidiger führt seine Handlungen stets im Bereich des gleichen Angreifers und Annahmespielers aus, so daß die Funktionen jedes Spielers klar umrissen sind. Nach 5, 8 oder 10 Aufschlägen wird der Aufschläger Zuspieler, der annehmende Angreifer wird Aufschläger und der Zuspieler wird Angreifer und Annahmespieler.

Variationen
(1) Wie Spielform 1, jedoch agiert der Aufschläger als Blockspieler der rechten Spielfeldseite (vgl. Abb. 29), später der linken Spielfeldseite (b). Der Angreifer darf keine Angriffsfinte spielen.

(2) Der Angreifer muß hart schmettern.

(3) Der Angreifer führt einen extrem diagonal geschlagenen Driveschlag oder eine Angriffsfinte aus.

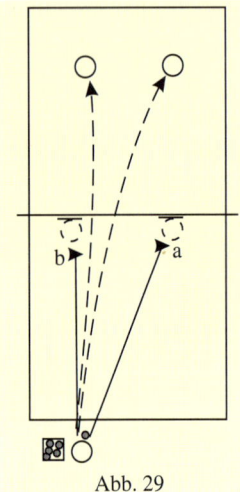
Abb. 29

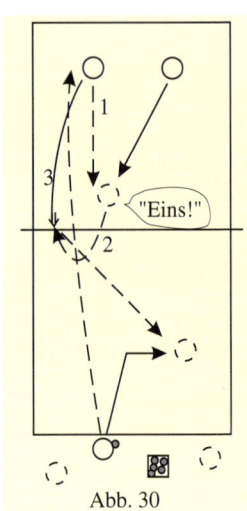
Abb. 30

2. Aufschläger/Feldverteidiger gegen eine Beachvolleyballmannschaft.
Der einzelne Spieler schlägt Aufschläge von allen Aufschlagorten (vgl. hierzu auch Abb. 22) und verteidigt auf der einen Spielfeldseite. Der Zuspieler muß kurz vor der Angriffshandlung dem Angreifer zurufen, wo der Feldverteidiger abwehrt. Der Angreifer versucht, obwohl nicht spielgemäß, aber aus trainingstechnischen Gründen sehr zu empfehlen, in den Bereich des Abwehrspielers anzugreifen. Dieser bemüht sich, durch **höchstens vier** Ballberührungen, einen Gegenangriff erfolgreich abzuschließen (Abb. 30). Der Feldverteidiger sollte zunächst weit weg vom Angreifer agieren, später aber netznäher.

Handlungshinweise

- Bewege dich als **nicht annehmender Spieler** unter Berücksichtigung der Schwierigkeit des Aufschlags und der Annahmefähigkeiten deines Mitspielers so zum Zuspielort, daß du Bälle mittlerer Qualität noch gut erlaufen und nicht überspielt werden kannst!
- Übernimm nach dem Zuspiel deine Funktion in der Angriffssicherung!
- Gib stets nach deinem Zuspiel, aber unmittelbar vor Ausführung des Angriffs, dem Angreifer einen kurzen Hinweis bezüglich des durch den Feldverteidiger nicht abgedeckten Feldbereichs!
- Informiere deinen Zuspieler, ob seine Zurufe für dich als **Angreifer** noch später erfolgen können!

Variationen

(1) Wie die Trainingsform 2, allerdings Beachvolleyballgerecht, d.h. der Angreifer schmettert, unterstützt durch seinen Zuspieler so, daß der Feldverteidiger den Ball nicht berühren kann. Bis auf die Angriffsfinte können alle Arten des Angriffsschlages zur Anwendung kommen. Bereits die Berührung durch den Feldverteidiger bedeutet für ihn einen Punktgewinn.

(2) Die Trainingsform 2, jedoch agiert der Aufschläger als Blockspieler. Bereits die Berührung des Balles durch den Blockspieler bedeutet für ihn einen Punktgewinn.

(3) Die Trainingsform 2, der Aufschläger agiert jedoch spielgerecht, indem er sich in Abhängigkeit von der Qualität seines Aufschlags bzw. der gegnerischen Annahme für die Feldverteidigung oder für den Block entscheidet. Daß er hierbei den Gegner durch Täuschungshandlungen zu irritieren versucht, ist selbstverständlich.

(4) Wie die Variation (1), jedoch agiert der Feldverteidiger so mit Täuschungshandlungen, daß der Zuspieler seinen schon erfolgten Zuruf kurz vor dem Schmetterschlag des Angreifers noch einmal ändern muß.

Handlungshinweise

- **Zuspieler:** Beobachte den Feldverteidiger so lange, daß du deinen Zuruf zum Angreifer gegebenenfalls noch ändern kannst!
- **Angreifer:** Verlasse dich nicht nur auf den Zuruf, sondern beziehe ihn als Hilfe in deine Entscheidung mit ein!
- Versuche, sehr späte Zurufe des Zuspielers in deine Angriffshandlung umzusetzen!

Zur Verbesserung der Individualtaktik des Angreifers

Trainingsformen

1. '1 gegen 2'.
   Der Angreifer wirft sich selbst den Ball hoch und versucht, den Blockspieler und den Feldverteidiger zu berücksichtigen, um erfolgreich anzugreifen. Jeder Angreifer führt 5, 8 oder 10 Angriffshandlungen in Folge durch.
   Die verteidigende Mannschaft erhält einen Punkt, wenn der Angreifer einen Fehler macht bzw. wenn sie einen erfolgreichen Gegenangriff durchführt. Der

Feldverteidiger erleichtert dem Angreifer die Situation, indem er sich nach dem selbst zugeworfenen/zugespielten Ball nicht mehr bewegt, d.h., daß der Feldverteidiger seinen Abwehrbereich bewußt früh zu erkennen gibt.

Handlungshinweise

- **Angreifer:** Versuche, unter Berücksichtigung der Kenntnis der Abwehrposition des Feldverteidigers und besonders des Blockspielerverhaltens, erfolgreich anzugreifen!
- Spiele in die ungedeckten Zonen mit einem Driveschlag über den Block oder am Block vorbei!
- Wende die Angriffsfinte an!

Variation

(1) Der Blockspieler verdeutlicht durch seine Ausgangsstellung die Blockrichtung und der Feldverteidiger agiert spielgerecht.

Handlungshinweise

- Versuche als **Angreifer** die Abwehrposition des Feldverteidigers kurz vor der Schlagausführung zu erkennen!
- Schlage hart in die vom Block nicht abgedeckte Zone!

TRAININGSFORMEN MIT VIER SPIELERN
Trainingsformen

1. '2 gegen 2' mit festem Aufgabenbereich.
   Eine Mannschaft hat stets das Aufschlagrecht, die andere das Annahme- und Angriffsrecht. Bei der annehmenden Mannschaft haben die Spieler zunächst feste Funktionen, d.h. entweder annehmender und angreifender Spieler oder Zuspieler. Daraus wird deutlich, daß für die annehmende Mannschaft in der Annahmesituation nur eine Spielfeldseite als Spielfeld gilt. Nach zehn Aufschlägen wechseln die Spieler zunächst die Aufgaben innerhalb ihrer eigenen Mannschaft und später die Spielsituation.

Variation

(1) '2 gegen 2' im normalen Spielfeld nach Beachvolleyballregeln, mit den Sonderregeln, daß die verteidigende Mannschaft bei Ballberührung bereits einen

Punkt erhält und bei erfolgreichem Gegenangriff drei Punkte. Davon ausgenommen ist das seitliche Anschlagen des Blocks.

Handlungshinweise

- **Zuspieler:** Führe dein Zuspiel optimal für deinen Mitspieler aus!
- Infomiere deine Mitspieler laut und verständlich, in welchen Bereich er angreifen soll!
- Versuche im Moment der Ballberührung, auch wenn dies im Fallen geschieht, dein Gleichgewicht zu halten!
- Bevorzuge das Fallen in den tiefen Kniestand und vermeide jegliche Abrollbewegung!
- Bewege dich nach der Angriffssicherung zum Netz, um den Block zu übernehmen oder zurück in das Feld zur Verteidigung!
- **Angreifer:** Führe jeden Angriff möglichst mit der gleichen Bewegungsausführung hinsichtlich des Anlaufs, der Stemmphase, des Armeinsatzes und der Ausholbewegung zum Schlag durch!
- Bedenke, daß unterschiedliche Verhaltensweisen in deinem Angriffsverhalten wichtige Informationen für die verteidigende Mannschaft darstellen!
- Schlage hart am Block vorbei oder führe einen taktischen Schlag über den Block oder extrem an ihm vorbei aus!
- Versuche, den Block vermehrt seitlich anzuschlagen, wenn der Blockspieler nicht übergreift!
- Versuche, bei schlechtem Zuspiel und nicht vorhandenem Block, möglichst hart zwischen die verteidigenden Spieler zu schmettern!
- Führe einen taktischen Schlag weit über den Blockspieler hinweg durch, wenn sich dieser zu spät vom Netz löst!
- Perfektioniere das Zusammenwirken mit dem Mitspieler, insbesondere hinsichtlich der Informationsaufnahme und -umsetzung!

Beobachtungshilfen

- Müssen bestimmte Angriffstechniken durch Übungen unter erleichterten Bedingungen verbessert werden?
- Erreicht der Spieler mit dem Zuspielbagger die gleiche Zuspielpräzision wie mit dem oberen Zuspiel oder muß der Zuspielbagger als Zuspielhandlung gesondert trainiert werden?

- Sind technische Mängel auf die Beinarbeit bzw. auf eine fehlerhafte Stellung im Moment der Zuspielhandlung zurückzuführen?

2. '2 gegen 2' im Halbfeld (4,5 x 9 m) nach den Beachregeln (Abb. 31):
Beide Spieler nehmen an. Sonderregel: Für die Blockabpraller gilt das gesamte Feld (9 x 9 m), um besonders bei der Arm- und Handhaltung des Blockspielers keine Fehler einzuschleifen.

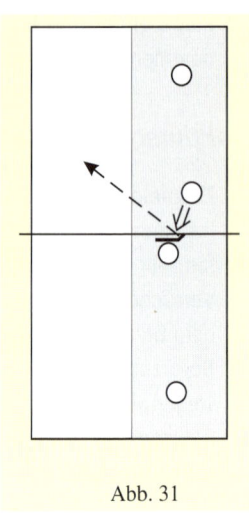
Abb. 31

Handlungshinweise

- **Angreifer:** Bedenke, daß ein harter Schmetterschlag und ein seitliches Anschlagen des Blocks erfolgreicher sein können als eine Angriffsfinte und taktische Schläge!
- **Zuspieler:** Nach der Zuspielhandlung ist, weil der Block bei dieser Spielform erfolgreicher sein kann, die Angriffssicherung deine wichtigste Aufgabe!

3. Spiel '2 gegen 2' im Spielfeld 9 x 5 m (Abb. 32). Die Annahme erfolgt im Beachvolleyballfeld. Der Angriff, die Block- und Feldabwehr und der weitere Spielzug werden im Spielfeld 9 x 5 m ausgeführt.

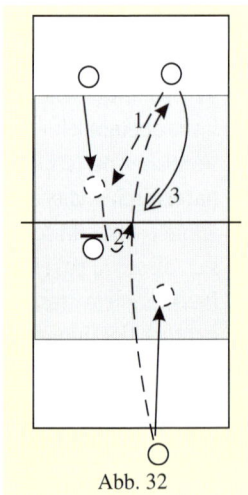
Abb. 32

Handlungshinweise

- **Angreifer:** Versuche, hart und extrem diagonal zu schlagen oder eine Angriffsfinte auszuführen – oder den Block seitlich anzuschlagen!
- Bewegt sich der Feldverteidiger hinter den Blockspieler, wende einen extrem netznah geschlagenen Driveschlag an!

TRAININGSFORMEN MIT FÜNF UND MEHR SPIELERN
Trainingsformen
1. Alle Spiele mit vier Spielern mit drei Bällen pro Spielzug.
   Das heißt, nachdem der erste Ball in der Aufschlag-/Annahmesituation ausgespielt wird, erhält jede Mannschaft nacheinander je einen Ball als Danke-Ball. Die Mannschaft, die zwei oder alle drei Ballwechsel gewinnt, erhält den „Big Point".

Variationen
(1) Die Trainingsform 1, aber den Danke-Ball erhält stets die Mannschaft, die einen Fehler begangen hat; später erhält den Danke-Ball die Mannschaft, die den Punkt gemacht hat.
(2) Das gleiche mit fünf Bällen.
(3) Das gleiche, allerdings führt der fünfte Spieler immer den Aufschlag aus. Nach 5, 8 oder 10 Aufschlägen wechseln die Spieler ihre Funktionen oder die Mannschaften.
(4) Wie oben, jedoch wird der Spieler, der zwei Fehler begeht, ausgewechselt. Als Fehler wird eine Angriffshandlung gewertet, die erfolgreich abgewehrt und angegriffen wurde. Der Wechsel kann z.B. in gleicher Weise erst erfolgen, wenn der Spieler zwei Fehler hintereinander begangen hat.

2. '3 gegen 3' als Sonderform des Beachvolleyballspiels (vgl. Kap. 3.5.1).
   In jeder Mannschaft agiert einen Satz lang der gleiche Spieler als Zuspieler ohne Annahmefunktion.

3. '4 gegen 4' mit drei Vorderspielern und einem Hinterspieler (vgl. Kap. 3.5.2).
   Die Annahme soll zunächst im 3er-, später im 2er-Riegel erfolgen.

Variation
(1) Wie die Trainingsform 3, jedoch mit zwei Vorder- und zwei Hinterspielern.

Alle Volleyballspiele mit mehr als zwei Spielern auf dem Spielfeld bedingen für jeden Beachvolleyballer erleichterte Spielsituationen.
Deshalb dienen die Spiele '3 gegen 3' und '4 gegen 4' als **vorbereitende bzw. einführende** Spiele für das Beachvolleyballspiel '2 gegen 2'. Für den Hallenvolleyballer, der sich zum Beachvolleyballer entwickeln will, ist es sinnvoll, vor dem Beach-Sportspiel das Spiel '4 gegen 4' nach Hallenregeln, später nach Beachregeln zu spielen. Das Spiel '3 gegen 3' stellt einen sehr guten Übergang zum

Beachvolleyball dar. Aus den letzten Ausführungen wird ersichtlich, daß aus didaktisch-methodischen Überlegungen möglichst mit dem Spiel '4 gegen 4' begonnen und über das Spiel '3 gegen 3' zu den Trainings- und Spielformen im Sinne des Spiels '2 gegen 2' übergegangen werden sollte.

6.5.1 Spezielle Trainingsformen

Die folgenden Trainingsformen dienen dem Training der **koordinativen Fähigkeiten** des zuspielenden und des aus der Annahme angreifenden Spielers, insbesondere der Umstellungs-, Kopplungs- und Orientierungsfähigkeit sowie der Schnelligkeit mit Ball. Hierbei werden spieltypische Handlungsketten trainiert, die nicht länger als 6-10 s dauern sollen (vgl. Kap. 11.2 und 11.3). Je nach Dauer der Handlungskette können 1-3 Wiederholungen durchgeführt werden. Anschließend sammelt der Spieler die Bälle ein bzw. übernimmt Hilfsfunktionen. Die aktive Erholungsphase darf nicht kürzer als 2 min sein. Die Formen zum Training der koordinativen Fähigkeiten sind nur am Anfang der Trainingseinheit in erholtem Zustand nach guter Aufwärmung mit sehr gut beherrschten Bewegungs- und Handlungsabläufen durchzuführen. Bei Ermüdungserscheinungen sind sie abzubrechen.

Diese Trainingsformen, die, wie aus den Ausführungen deutlich wird, nach der Wiederholungsmethode erfolgen, eignen sich für die spezielle Vorbereitungs- und Wettkampfperiode.

Annehmender und angreifender Beachvolleyballer

- 3mal Angriff gegen Block nach Annahme.
- Angriff gegen Block nach der Annahme ⇨Blockhandlung ⇨Lösen vom Netz ⇨Angriff.
- Blockhandlung ⇨Abwehren eines Balles als Eigensicherung ⇨mit halbhohem Paß aus mittlerer Entfernung angreifen.
- Angriff gegen Block nach Annahme ⇨angetäuschte Blockhandlung ⇨Lösen vom Netz zur Feldverteidigung ⇨Angriff gegen Block.
- Angetäuschter Block ⇨Lösen zur Abwehr ⇨Angriff ⇨Block.
- Blockhandlung zwischen den Positionen III/IV ⇨Blockhandlung zwischen den Positionen II/III ⇨Angriff zwischen Position II/III.
- Angriff nach Annahme zwischen Pos. III/IV gegen Block ⇨Blockhandlung zwischen Pos. II/III ⇨Abwehren einer Angriffsfinte im Sinne der Eigensicherung ⇨ Angriff über Pos. II/III.

ZUSPIEL- UND ANGRIFFSSITUATION 171

- Annahme ⇨Angriff gegen Block ⇨2mal gegen Block angreifen.
- Zwei Angriffe hintereinander mit halbhohem Paß aus mittlerer Entfernung mit langen Laufwegen (ca. 7 m).

Bei allen oben genannten Formen für den annehmenden Angreifer sollte der Zuspieler, wenn organisatorisch möglich, aus der Annahmeposition nach langem Laufweg (ca. 6 m) agieren.

- Je nach Trainingsform sollte der Zuspieler bewußt nach optimalen, guten und schlechten ersten Pässen handeln.
- Der Zuspieler sollte zwischendurch Blockhandlungen ausführen.
- In jeder Trainingsform sollte er den optimalen Paß spielen, d.h. ein halbhohes Zuspiel aus mittlerer Distanz oder hohes Zuspiel als Feldzuspiel, stets unter Berücksichtigung des Mitspielers.

Die folgenden Trainingsformen zielen besonders auf das Training des zuspielenden Beachvolleyballers ab und sollen sowohl mit dem oberen Zuspiel als auch mit dem **Zuspielbagger** durchgeführt werden.

Zuspielender Beachvolleyballer

- Nichtannahme ⇨Block ⇨Zuspiel ⇨Sicherung.
- Nichtannahme ⇨Zuspiel ⇨Verteidigung ⇨Zuspiel.
- Nichtannahme ⇨Zuspiel ⇨Sicherung ⇨Abwehr.
- Nichtannahme ⇨Zuspiel (halbhoch, mittlere Distanz) ⇨Block ⇨Zuspiel (hoch, mittlere Distanz).
- Nichtannahme ⇨Zuspiel oder Zuspielerfinte ⇨Block ⇨Zuspielerfinte.
- Nichtannahme ⇨3mal halbhohes Zuspiel aus mittlerer Distanz mit Angriffssicherung dazwischen.
- Nichtannahme ⇨3mal hintereinander hohes Zuspiel aus mittlerer oder weiter Distanz mit Verteidigungshandlung dazwischen.
- Zuspiel nach optimalem ersten Paß ⇨Block ⇨Feldzuspiel.
- Feldzuspiel ⇨Sicherung ⇨Block ⇨Feldzuspiel.
- Drei Zuspielhandlungen als Feldzuspiel mit Angriffssicherung.
- Drei Zuspielhandlungen zum gleichen Angriffsort nach unterschiedlichen ersten Pässen.
- Nichtannahme ⇨Zuspiel ⇨Block ⇨Feldzuspiel ⇨Angriff ⇨Zuspiel
- Nichtannahme ⇨3 Zuspielhandlungen mit unterschiedlicher Paßart.

- Nichtannahme ⇨Feldzuspiel aus unterschiedlichen Positionen mit unterschiedlichen Zuspielpässen.

Alle o. g. Trainingsformen, speziell für den Beachvolleyballer aus der Annahmesituation heraus, können beliebig variiert werden und sollen dem Leistungsniveau der Mannschaft und des einzelnen Spielers angepaßt werden.

Foto 41

7 Block- und Feldabwehrsituation

7.1 Sachanalyse

Die Tatsache, daß erst im Jahre 1986 das Übergreifen des Blockspielers erlaubt wurde und somit der Angriff netznäher als gegenwärtig ausgeführt werden konnte, führte zur Entwicklung der speziellen Beachtechniken des Feldverteidigers. Der netznahe Angriff führte ebenso zu einer Vorverlagerung der Stellung des Feldverteidigers, um harte Angriffsschläge aus einer optimalen Feldverteidigerposition abzuwehren. Diese Erkenntnisse wurden zunächst von der US-Nationalmannschaft der Männer im Hallensportspiel, der einige Spieler mit Beachvolleyballerfahrung angehörten, übernommen und erfolgreich umgesetzt. Daraufhin haben auch viele andere Nationalmannschaften die Abwehrorte vorverlagert und die Abwehrtechniken übernommen.

Das Beachvolleyballspiel '2 gegen 2', d.h. Block- und Feldabwehr mit nur zwei Spielern, führte zwangsläufig zu einer Verständigung des Blockspielers mit dem Feldverteidiger mit Hilfe von Zeichen. Diese Verständigung vor dem gegnerischen Angriff wurde ebenso von den Hallensportspielmannschaften mit großem Erfolg übernommen.

Der Block- und Feldabwehrbereich erlebte beim Beachvolleyball eine weitere Steigerung hinsichtlich der Effektivität mit der Einführung des Übergreifens durch den Blockspieler im Jahre 1986. Diese für Beachvolleyball neue Regel brachte verständlicherweise eine geringfügige Zurückverlagerung der Ausgangsstellung des Feldverteidigers, da der Angriff nunmehr netzferner ausgeführt werden mußte.

Verglichen mit dem Sportspiel in der Halle, ist die Unterlegenheit der Block- und Feldabwehrsituation weiterhin sehr groß. Es ist aus dieser Sicht unverständlich, daß die Blockberührung weiterhin als erste Ballberührung gilt und somit die gesamte Block- und Feldabwehrsituation, insbesondere durch den stark eingeschränkten Angriffsaufbau aus der Abwehr, erschwert ist. Es ist zu hoffen, daß in den nächsten Jahren diese Regelung abgeschafft wird und die Blockberührung, wie im Hallensportspiel, nicht mehr als erste Berührung gilt.

Eine **Abwehrstrategie** ist nur dann wirkungsvoll, wenn sie die folgenden Anforderungen erfüllt:
- Anpassung an die unterschiedlichen Fähigkeiten, Stärken und Eigenheiten der gegnerischen Angreifer.

BLOCK- UND FELDABWEHRSITUATION

- Häufige Veränderung der Block- und Feldabwehrstrategie, damit das Erkennen der Abwehrformation, vor allem aber der beabsichtigten Abwehrhandlung durch den Feldverteidiger, erschwert wird.
- Beherrschen von Täuschungshandlungen sowohl des Blockspielers hinsichtlich seiner Absicht, zu blockieren oder nicht zu blockieren, als auch des Feldverteidigers.
- Ausrichtung der Abwehrstrategie nach den eigenen Stärken und Schwächen, hier insbesondere durch die Übernahme des Blocks durch immer den gleichen Spieler.

Zielsetzungen der verteidigenden Mannschaft müssen sein:
- Erzielen eines Punktes/Aufschlaggewinns durch einen aggressiven Block.
- Ermöglichen eines Gegenangriffs durch ein Abschwächen des gegnerischen Schmetterschlags durch passives Blockieren.
- Optimales Zusammenwirken des Blockspielers mit dem Feldverteidiger, um zu verhindern, daß der Ball direkt den Boden berührt.

Untersuchungen auf nationalem Spitzenniveau der Männer haben hinsichtlich der Häufigkeiten der Handlungen des Feldverteidigers im Verhältnis zu Handlungen des Blockspielers ergeben:
- ca. 67% Handlungen mit Block,
- ca. **33% Handlungen ohne Block.**

Die Abb. 33 zeigt die Verteilung der Blockhandlungen auf die Netzpositionen. Bei internationalen Beachturnieren wurde festgestellt, daß die besten Mannschaften eine deutlich bessere Blockeffektivität aufwiesen.

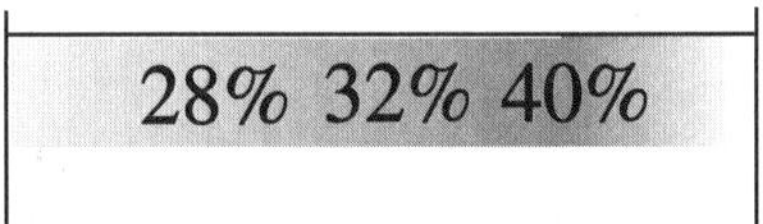

28% 32% 40%

Abb. 33

Dadurch wird der Stellenwert des Blocks für den Spielausgang klar. Die Chancen des Feldverteidigers, erfolgreich zu handeln, hängen entscheidend von der Wirksamkeit des Blocks, hier insbesondere hinsichtlich der Abdeckung einer Feldzone ab, da dadurch die Feldabwehrräume kleiner werden.

7.2 Block- und Feldabwehrformationen

Im Beachvolleyball finden zwei Grundformationen Anwendung:
1. Abwehr ohne Block, d.h. mit zwei Feldverteidigern und
2. Einerblock mit dem Feldverteidiger in der Mitte des Spielfeldes.

Im Frauenbereich sind mehr Situationen ohne Block als im Männerbereich zu beobachten. Dies ist auf die geringeren athletischen und individualtaktischen Voraussetzungen zurückzuführen. Zum Beispiel führt eine Annahme mittlerer Qualität aus der hinteren Spielfeldhälfte bei den Frauen eher zu einer Danke-Ball-ähnlichen Situation als bei den Männern.

In der Block- und Feldabwehr wird deutlich, daß die Fähigkeiten der Beachvolleyballer die entscheidende Rolle für die Wahl der Funktion des jeweiligen Beachvolleyballers spielen. Dieser Bereich ist der einzige im Beachvolleyball, in dem eine **Spezialisierung** hinsichtlich der Spielerhauptfunktion sinnvoll sein kann.

Grundsätzlich muß demnach jeder Beachvolleyballer ein hervorragender Universalspieler sein. Spielt er aber mit einem Partner, der im Block besser oder schwächer ist als er, so ist hier eine Spezialisierung in der Block- und Feldabwehrsituation anzustreben. Dies bedeutet aber nicht, daß der im Block schwache Beachvolleyballer sein Blocktraining vernachlässigen kann oder darf, denn einerseits spielt er mit unterschiedlichen Partnern, die unterschiedliche Blockqualitäten einbringen, und andererseits gibt es immer wieder Situationen, in denen er blockieren muß. Außerdem ist das Trainieren des Blocks für einen schwächeren Blockspieler um so wichtiger, wenn man bedenkt, daß im Laufe des Turniers der Mitspieler, der stets den Block übernimmt, überbelastet werden kann und deshalb in Abhängigkeit vom Spielverlauf die Funktionen gewechselt werden können. Sehr gut eingespielte Teams beginnen ein Turnier ohne Spezialisierung in Block- und Feldverteidigung, um die entscheidenden Spiele spezialisiert und ohne vorausgegangene hohe physische Belastung durchführen zu können. Aus den obigen Ausführungen wird die Notwendigkeit des Blocktrainings auch für schwächere Blockspieler deutlich.

7.2.1 Ausgangsstellung der Abwehrspieler

Die Ausgangsstellung der Abwehrspieler ist unabhängig von der Block- und Feldabwehrformation, mit oder ohne Block, zu sehen. Agieren **beide Spieler gleich häufig als Blockspieler und Feldverteidiger**, so ist die Ausgangsstellung wie folgt:

BLOCK- UND FELDABWEHRSITUATION

Der **Blockspieler** steht in der Netzmitte, ca. 1 m vom Netz entfernt, um sich von dort aus zum Angriffsort zu bewegen, um mißlungene 1. Pässe, die ins eigene Feld fliegen, direkt zurückzuschmettern und um dem Gegner die beabsichtigte Aufschlag- und Blockstrategie nicht zu offenbaren. Diese Ausgangsstellung ist auch deshalb sinnvoll, weil sich der Blockspieler bei deutlichen Danke-Ball-ähnlichen Situationen auf kürzestem Weg in seine bevorzugte Annahme-, Angriffs- bzw. Abwehrposition orientieren kann (Foto 42). Erfolgt eine Absprache hinsichtlich der Aufschlagstrategie, so ist zu beobachten, daß sich der Blockspieler bereits in die Nähe des erwarteten Angriffsortes orientiert. Diese Ausgangsstellung ist **abzulehnen**,
- weil die annehmende Mannschaft mit einem sehr guten 1. Paß die Angriffstaktik durch einen Angriff über den 1. Paß bewußt verändern kann und/oder
- weil der annehmende Spieler mit dem Annahmebagger den Ball schnell und gezielt in den ungedeckten Abwehrbereich des Gegners spielen kann.

Foto 42: Ausgangsstellung des Blockspielers (Kent Steffes)

Im **Frauenbereich** ist die Ausgangsstellung der Blockspielerin ca. 2 m vom Netz entfernt. Dies ist aus folgenden Gründen sinnvoll:
- Die Annahme- und Angriffssituation erfolgt nicht selten als Feldzuspiel netzfern bzw. als Danke-Ball-Situation,
- um den Weg zur Feldverteidigungsposition kürzer zu halten,

- um mißlungene oder bewußt über das Netz in den freien Feldbereich gespielte erste Pässe leichter zu erlaufen,
- da der Angriff der Frauen oft nicht sehr hart ist, kann dieser mit zwei Feldverteidigerinnen erfolgversprechender abgewehrt werden.

Im mittleren internationalen Frauenniveau ist häufig zu beobachten, daß sich die Mannschaften von vornherein, d.h. unabhängig von der Qualität des ersten Passes, auf die Abwehr ohne Block einstellen.

Mannschaften des mittleren und unteren internationalen Niveaus ist aufgrund der obigen Überlegungen zu empfehlen, noch viel häufiger mit angetäuschtem Block und häufiger direkt ohne Block zu agieren (vgl. Kap. 3.4, Leistungsbestimmende Faktoren).

Der **Feldverteidiger** nimmt sofort nach dem Aufschlag bzw. nach dem eigenen Angriff und der Angriffssicherung seine Ausgangsposition 5 - 6 m vom Netz entfernt in der Mitte des Spielfeldes ein (vgl. Foto 42). Diese Ausgangsstellung ist sehr wichtig, weil der Feldverteidiger zu allen Feldbereichen die gleiche Entfernung hat und vor allem, weil er der angreifenden Mannschaft nicht die beabsichtigte Verteidigungsposition zu erkennen geben will.

Es ist bei sehr wenigen Mannschaften zu beobachten, daß sich der Feldverteidiger nach dem Aufschlag mehr oder weniger deutlich zu einer Spielfeldseite hin orientiert. Aus Befragungen der Profibeachvolleyballer geht hervor, daß diese Ausgangsstellung des Feldverteidigers abzulehnen ist, es sei denn, daß von vornherein geplant ist, ohne Block zu verteidigen.

Bei Mannschaften mit **Spezialisierung in der Block- und Feldabwehr** ist die Einnahme der Ausgangspositionen wie folgt vorzunehmen:
Schlägt der Blockspieler auf, bewegt er sich schnell zum Netz, hier allerdings aus Zeitgründen in die Nähe des voraussichtlichen Angriffsortes bzw. seiner Blockposition. In Abhängigkeit vom Aufschlagort postiert sich der Feldverteidiger so, daß er nicht den Lauf des Aufschlägers/Blockspielers behindert. Schlägt z.B. der Aufschläger/Blockspieler von der Mitte der Grundlinie auf, so steht der Feldverteidiger mehr zur rechten oder zur linken Feldseite. Hinsichtlich der Ausgangsstellung der Spieler muß darauf geachtet werden, daß der Nichtaufschläger (Blockspieler oder Feldverteidiger) nicht vor dem Aufschläger steht (Foto 43).

Der Mitspieler des Aufschlägers darf laut Regelwerk weder den Aufschlagspieler noch die Flugbahn des Balles durch einen Sichtblock verdecken. Auf Anfrage des Gegners muß er sich seitwärts bewegen.

Foto 43: Ausgangsstellung bei Aufschlag des Blockspezialisten

7.2.2 Abwehrformation mit Blockbildung

Der Blockspieler steht ca. 1 m und der Feldverteidiger im Mittelfeld 5 – 6 m vom Netz entfernt. Vor Ausführung des Aufschlags zeigt der Blockspieler dem Aufschläger/Feldverteidiger an, welche Zone er zu blockieren beabsichtigt. Der Feldverteidiger ist aber durch die Entscheidung des Blockspielers in seinen individualtaktischen Handlungen nicht eingeschränkt.

Der Blockspieler beobachtet aus seiner Ausgangsstellung den Angriffsaufbau der gegnerischen Mannschaft. Bei sehr gutem bzw. gutem Zuspiel bewegt er sich schnell an den voraussichtlichen Blockort. Die Bewegung des Blockspielers zum Netz erfolgt stets sehr spät, d.h. er leitet seinen Blocksprung mit einem Schritt zum Netz hin ein. Je nach Entfernung und Qualität des Zuspiels nimmt der Blockspieler die Position zum Absprung früher ein oder leitet mit einem schnellen Stemmschritt zum Netz hin den Sprung ein. Grundsätzlich hält er sich an seine vorgegebene Blockrichtung. Allerdings ist er immer bemüht, diese dem gegnerischen Angreifer so spät wie möglich zu zeigen oder ihn durch Änderungen der Blockrichtung zu täuschen.

Die Entscheidung des Feldverteidigers, auf welche Position er sich im Moment des gegnerischen Angriffs bewegt, hängt von dem mit dem Blockspieler abgesprochenen **taktischen Plan**, von seinen **Kenntnissen** über Stärken und Schwächen des gegnerischen Angreifers und von seiner **Antizipation** ab.

Aus den obigen Ausführungen ergeben sich folgende Möglichkeiten für Abwehrformationen (vgl. hierzu die folgenden Kapitel zur Individualtaktik des Blockspielers und Feldverteidigers):

- Blockiert der Blockspieler an einem der Beachvolleyballhauptblockorte zwischen Pos. III/IV und deckt die Linie, dann deckt der Feldverteidiger die rechte Spielfeldseite gegen harte Schmetterschläge in mittlerer Feldverteidigungsstellung und die hintere linke Spielfeldseite gegen taktische Schläge ab (Foto 44a).
- Blockiert der Netzspieler zwischen Pos. III/IV und deckt die Diagonale, bewegt sich der Feldverteidiger in die linke Spielfeldhälfte in die mittlere Feldverteidigungsstellung, um harte Schmetterschläge abzuwehren und taktische Schläge in der Diagonalen zu erlaufen (Foto 44b).
- Blockiert der Blockspieler an dem anderen Beachvolleyballhauptblockort zwischen Pos. II/III und deckt die Linie, so verteidigt der Feldabwehrspieler die linke Spielfeldseite gegen harte Diagonalschläge und den hinteren rechten Feldbereich gegen taktische Schläge (Foto 44c).
- Blockiert der Netzspieler zwischen Pos. II/III und deckt die Diagonale, so übernimmt der Feldverteidiger die rechte Spielfeldhälfte und verteidigt zugleich die Diagonale gegen taktische Schläge (Foto 44d).
- Erfolgt der Block in der Mitte des Netzes, agiert der Feldverteidiger, entsprechend der Absprache mit dem Blockspieler, außerhalb des Blockschattens, eher auf der linken oder rechten Spielfeldseite (Foto 44e).
- Erfolgt der Block auf den Außenpositionen, so verhält sich der Feldverteidiger, ebenso nach Absprache mit seinem Blockspieler, auf der rechten oder linken Spielfeldhälfte (Foto 44f).

Foto 44a: Block longline (Kent Steffes) – Erlaufen der Finte (Karch Kiraly)

Foto 44b:
Block diagonal (Jackie Silva) – Erlaufen des Driveschlags (Linda Carillo)

Foto 44c:
Block longline – Erlaufen des taktischen Schlags

Foto 44d: Block diagonal (Kent Steffes) – Feldverteidiger in der Mitte des Spielfeldes (Karch Kiraly)

Foto 44e:
Block in der Netzmitte

Foto 44f: Block außen – Feldverteidigung nach Absprache, hier longline

Foto 44g:
Spread Block – Abwehrspieler zwischen den Einhandblockschatten

- Agiert der Blockspieler im Spread Block, d.h. im offenen Einerblock und gibt er diese Information seinem Feldverteidiger, so handelt der Feldspieler zwischen den Einhandblockschatten (Foto 44g, vgl. Abb. 51a).

Wenn man die Block- und Feldabwehrformationen mit den Handlungen von einzelnen Spielern im Hallensportspiel zu vergleichen versucht, dann entspricht das Verhalten des Blockspielers dem des Mittelblockers in der Halle und das Verhalten des Feldverteidigers dem des Abwehrspielers auf der Pos. „VI im Mittelfeld" in der Halle.

Grundsätzlich ergeben sich, wie aus Abb. 34a-c zu ersehen, folgende Aufgabenbereiche und Funktionen für die Abwehrspieler:
- Der Blockspieler verteidigt den Bereich A gegen sehr harte Schmetterschläge und den Abwehrbereich neben und hinter sich (B) im Sinne der Eigensicherung gegen Angriffsfinten. Der Feldverteidiger verteidigt den Raum C gegen harte Angriffsschläge, den Bereich D im Sinne der Fernsicherung und Feldverteidigung gegen taktische Schläge. Gegen hart und/oder sehr plaziert geschlagene Schmetterbälle in den Bereichen D ist er ohne Abwehrchance. Das Beispiel zeigt letztlich eine statische Formation, um die Funktionen und Abwehrbereiche deutlich voneinander abzugrenzen.

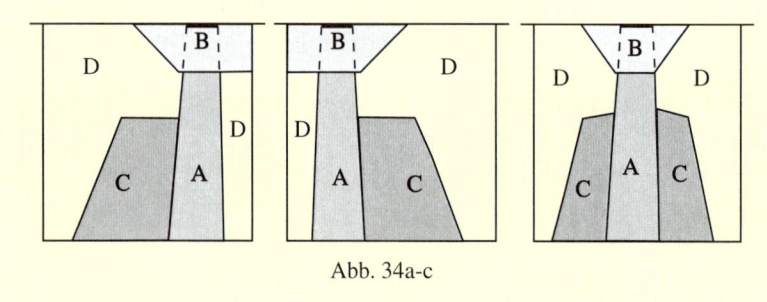

Abb. 34a-c

7.3 Angriffsaufbau aus der Abwehr

Für die Bewertung des Angriffsaufbaus aus der Abwehr ist die Kenntnis der Anteile und der Effektivität der ballgebundenen Handlungen von Bedeutung (vgl. Ausführungen zur Individualtaktik des Blockspielers, Kap. 7.4 und Individualtaktik des Feldverteidigers, Kap. 7.5).

Der Stellenwert des Gegenangriffs wird ersichtlich, wenn man bedenkt, daß im internationalen und nationalen Männerbereich ca. 45% der Gesamtpunktzahl aus der Abwehr heraus mit einem erfolgreichen Gegenangriff erkämpft werden und ca. 15% durch erfolgreiche Blockhandlungen. Diese zwei Ergebnisse verdeutlichen die Wichtigkeit des K 2. Das Erspielen der weiteren Punkte erfolgt zu ca. 24% durch Aufschlagasse und direkte Annahmefehler sowie zu ca. 16% durch direkte Angriffsfehler des Gegners.

Hieraus lassen sich folgende Forderungen ableiten:
1. **Jeder Beachvolleyballer muß sehr gut zuspielen können.** Diese Forderung ist für den Beachvolleyballer in der Strukturanalyse und im Kapitel zum Angriffsaufbau aus der Annahmesituation sehr ausführlich begründet worden. Das **präzise Feldzuspiel** ist für den Angriffsaufbau aus der Abwehr unabdingbar. Dieses muß stets zu einer Qualitätssteigerung des 1. Passes führen, um hieraus einen wirkungsvollen Gegenangriff zu initiieren. Er muß dieses genauso gut mit dem Zuspielbagger umsetzen können, um bei schlechten 1. Pässen gut und technisch sauber zuspielen zu können.
2. Das Zusammenwirken des Feldverteidigers mit dem Blockspieler – und umgekehrt – muß Inhalt jeder Trainingseinheit sein, denn die Verständigung der zwei Spieler untereinander ist eine der wichtigsten Voraussetzungen für eine erfolgreiche Abwehr und für den Übergang von der Abwehr zum Angriff. Grundsätzlich kann man zwischen Angriffsaufbau über den Blockspieler, wenn dieser den Ball nicht berührt hat, und Angriffsaufbau über den Feldverteidiger bei Blockberührung des Balles durch den Blockspieler unterscheiden. Die zweite Art des Angriffsaufbaus entspricht im Handlungsablauf dem Angriff über den ersten Paß aus dem Hallensportspiel.
3. Das Training der Abwehr und des Angriffsaufbaus aus der Abwehr sollte mindestens so intensiv wie das der Annahme und des Angriffsaufbaus aus der Annahme durchgeführt werden.

Hinsichtlich der **Handlungsabläufe des Angriffsaufbaus aus der Abwehr** werden drei typische Grundsituationen unterschieden:

a) Situationen, in denen der Blockspieler den Ball nicht berührt,
b) Situationen, in denen der Blockspieler den Ball berührt,
c) Situationen ohne Block bzw. Danke-Ball-Situationen (Foto 45).

Foto 45: Danke-Ball-Situation (Angriff: Jackie Silva/Patty Dodd; Abwehr: Janice Harrer/Elaine Roque)

Zu a: Hier wird davon ausgegangen, daß sich der Blockspieler nach seiner Blockhandlung auf die Zuspielhandlung vorbereitet, indem er sich sofort vom Netz löst, um den ersten Paß zu erlaufen. Der Blockspieler ist stets bereit, bei einer Ballrettungshandlung durch den Feldverteidiger den Ball zu erlaufen und hoch zur Spielfeldmitte zu spielen. Die Forderung für den Blockspieler lautet: **Abwehr (Block oder Eigensicherung) vor Zuspielhandlung!** Für den Feldverteidiger gilt dementsprechend: **Abwehrhandlung vor Angriff!**

BLOCK- UND FELDABWEHRSITUATION

Für den Feldverteidiger gelten unter besonderer Berücksichtigung der Qualität des gegnerischen Angriffsschlages und der eigenen Fähigkeiten folgende **Handlungshinweise**:
- Versuche, sehr schwierig abzuwehrende Bälle nur im Spiel zu halten, um noch ein Weiterspielen des Balles zu ermöglichen (Ballrettung)!
- Wehre schwierig abzuwehrende Bälle hoch zur Feldmitte ab, um ein Feldzuspiel einzuleiten!
- Spiele leichter abzuwehrende Bälle, je nach Abwehrort hoch, bei starkem Wind halbhoch in die Nähe des Zuspielorts, ca. 2 m weg vom Netz in die Nähe des Blockspielers, um diesem das Zuspiel zu erleichtern!
- Spiele leicht abzuwehrende Bälle halbhoch und ca. 1 m vom Netz entfernt zum Zuspielort, eher zur Netzmitte, damit der Blockspieler optimal zuspielen kann!
- Wehre bei Wind immer flacher als normal ab und richte dich hinsichtlich der Höhe deines abgewehrten Balles nach der Windstärke!

Die Abstufungen und deren Übergänge sind fließend und individuell unterschiedlich. Der Beachfeldverteidiger handelt individualtaktisch richtig, wenn er seine Fähigkeiten in der jeweiligen Abwehrsituation weder über- noch unterschätzt.

Ein weiterer Schwerpunkt für einen erfolgreichen Gegenangriff ist das Umschalten des Feldverteidigers von der Abwehr auf den Angriff. Diese Umstellungsfähigkeit erfordert ein zeitlich-räumlich sehr gut abgestimmtes Verhalten des Blockspielers als Zuspieler und des Feldverteidigers als Angreifer. Hier gelten folgende **Handlungshinweise**:
- Sei sofort nach der Abwehrhandlung bereit, eine Angriffshandlung durchzuführen!
- Greife auf der Spielfeldseite an, die du vom Abwehrort aus leichter (schneller) erreichen kannst!
- Erwarte in dieser Situation nicht das perfekte Zuspiel, sondern eher ein Feldzuspiel oder ein Zuspiel mittlerer bis schlechter Qualität!

Zu b::Für diese Situation ist besonders die Umstellungsfähigkeit des Blockspielers vom Block zum Angriff von großer Wichtigkeit. Je nach Qualität bzw. Effektivität der Blockberührung orientiert sich der Blockspieler als Angreifer bei effektiver Blockhandlung weg vom Netz, hin zum verabredeten Angriffsort, um mit Anlauf zu schmettern, oder er orientiert sich bei erwarteter Rettungshandlung durch den Feldverteidiger in dessen Nähe, um den Ball weiter im Spiel zu halten, d.h. um den Ball so effektiv wie möglich über das Netz zum Gegner zu spielen.

BLOCK- UND FELDABWEHRSITUATION

Der Feldverteidiger ist bemüht, in Abhängigkeit vom Schwierigkeitsgrad der Abwehrhandlung den abzuwehrenden Ball durch ein halbhohes Zuspiel zum Bereich des Blockspielers/Angreifers **zuzuspielen**, in den Bereich des Blockspielers **abzuwehren** oder hoch in die Spielfeldmitte zu **retten**.

Zu c: Bei diesen Situationen muß man zwei unterschiedliche Ausprägungen unterscheiden:
1. Der Blockspieler hat sich nach einem angetäuschten Block in die Feldverteidigung zurückgezogen, um abzuwehren.
2. Der Gegner kommt eindeutig zu keiner Angriffshandlung im Sprung.

Zu 1: Diese Situation entspricht weitestgehend der Block- und Feldabwehrsituation ohne Blockberührung. Hierzu gelten die Ausführungen zu a. Bei dieser Art der Feldabwehrformation ist hinsichtlich der Abwehrbereiche zwischen folgenden Möglichkeiten zu unterscheiden:
- Entscheidet sich der Blockspieler vor Ausführung des Zuspiels anstatt eines Blocks für die Feldverteidigung, soll er sich auf seine Spielfeldseite zur Feldverteidigung hinbewegen.
- Entscheidet sich der Blockspieler nach dem Zuspiel bzw. bis kurz vor Ausführung des Angriffsschlages, so übernimmt er die Spielfeldseite in der Feldverteidigung, auf der er sich befindet. Der Feldverteidiger orientiert sich daraufhin zur anderen Spielfeldseite (Foto 46).

Foto 46:
Fake Block
Situation

Grundsätzlich muß der Blockspieler den Bereich übernehmen, den er aus der Situation heraus schneller erreichen und verteidigen kann. Der Feldverteidiger agiert nach Verständigung durch Zeichen mit dem Vorderspieler im anderen Feldbereich - oder situationsgerecht. Bei der Auswahl der zu verteidigenden Spielfeldseite durch den Vorderspieler gilt weiterhin das Prinzip: Abwehr vor Angriff, d.h. der Netzspieler soll nicht stets die Spielfeldseite verteidigen, aus der er besser angreift, sondern die Spielfeldseite, die eine erfolgreichere Abwehrhandlung durch ihn verspricht.

Zu 2: Die Zuständigkeitsbereiche und Funktionen der Spieler beim Angriffsaufbau aus der Danke-Ball-Situation entsprechen denen der Aufschlag-/Annahmesituation, d.h. der Netzspieler wird für seine Spielfeldseite in der Annahmesituation verantwortlich und demzufolge der Feldverteidiger für seine Spielfeldseite.
- Der Zeitpunkt für die Einnahme der Abwehr-/Annahmepositionen liegt, je nach Eindeutigkeit, spätestens unmittelbar nach der Ausführung des Zuspiels.
- Die Abstimmung erfolgt per Zuruf oder Zeichen durch den Netzspieler.

7.4 Individualtaktik des Blockspielers

Folgende Resultate sind für die Erarbeitung der Block- und Feldverteidigungsstrategien von maßgebender Bedeutung:
- Der Block nimmt mit fast 14% die 5. Stelle in der Häufigkeitsverteilung der Techniken ein.
- Auf **nationalem Niveau** (Männer) wird mit fast 40% der Hauptanteil der Blockaktionen im inneren Bereich der Pos. II vollzogen (entsprechend lag der Hauptanteil der Angriffsaktionen auf der gegenüberliegenden Pos. IV). Rund 28% aller Blocks werden auf Pos. IV und ca. 32% auf Pos. III ausgeführt (vgl. Abb. 33).
- Bei $^2/_3$ aller Angriffe wird mit Block verteidigt.
- Bei rund 11% aller Blockaktionen wird direkt ein Punkt oder Aufschlagwechsel erzielt. Zu ca. 4% werden direkte Blockfehler begangen, d.h. der Ball wird ins 'Aus' geblockt, oder der Blockspieler berührt das Netz.
- Bei fast der Hälfte der Blocks deckt der Blockspieler eindeutig eine Zone des Spielfelds ab, wodurch der gegnerische Angreifer keinen harten Schmetterschlag in diesen Bereich spielen kann. Der Anteil der Blocksprünge, bei denen

Foto 47

der Blockspieler nicht eindeutig einen Bereich abdeckt und sich der Abwehrspieler dementsprechend nicht orientieren kann, liegt bei fast 36%.
- Bei fast 11% aller Angriffe im Sprung wird ein Fake Block gespielt.
- Rund 9% aller Blockhandlungen der US-Profis werden angetäuscht, d.h. als Fake Block gespielt.
- Bei den **männlichen und weiblichen US-Profis** zeigt sich tendenziell, daß in der Block- und Feldverteidigung vermehrt spezialisiert agiert wird; nur sieben von 20 beobachteten Mannschaften spielten nicht spezialisiert.
- Bei den **in Deutschland** beobachteten Spielen war hingegen festzustellen, daß nur drei von zehn Mannschaften in der Block- und Feldverteidigung spezialisiert agierten.

Die Steigerung der Abwehrleistung insgesamt ist ohne die Verständigungsstrategien zwischen Blockspieler und Feldverteidiger nicht denkbar. Der Netzspieler kann dem Feldverteidiger folgende Informationen verdeckt hinter dem Rücken durch Handzeichen geben:
- Der Blockspieler zeigt mit seiner linken Hand an, wie er den von ihm aus gesehen linken Angreifer blockieren wird.
- Mit der rechten Hand zeigt er dementsprechend seinem Feldverteidiger, wie er den von ihm aus gesehen rechten Angreifer blockieren wird.

Auch wenn aufgrund der Aufschlagstrategie bekannt ist, welcher Gegenspieler angreift, sollten grundsätzlich beide Hände hinter dem Rücken gehalten werden (Foto 48a+b), um einerseits die Aufschlagstrategie nicht erkennbar zu machen und dadurch andererseits die Möglichkeit des Angriffs über den 1. Paß zu vermeiden.
- Mit einem nach unten gerichteten Finger wird angezeigt, daß der longline-Bereich abgedeckt wird (vgl. Foto 48a).
- Mit zwei nach unten gestreckten Fingern wird angezeigt, daß die Diagonale abgedeckt wird (vgl. Foto 48a).
- Mit einer Faust wird angezeigt, daß ein Fake-, d.h. angetäuschter Block, vorgenommen wird. Diese Abwehrstrategie zielt darauf ab, den gegnerischen Angreifer durch die unerwartete Angriffs- bzw. Abwehrsituation zu verunsichern (vgl. Foto 48b).
- Hat der Blockspieler vor, auf jeden Fall den Ball zu nehmen, aber nicht den Raum abzudecken, so zeigt er dies mit der offenen Hand an (vgl. Foto 48b).

Foto 48a: Handzeichen des Blockspielers: longline-diagonal (Owen McKibbin)

Foto 48b: Handzeichen des Blockspielers: Fake Ball (Jackie Silva)

Die letztgenannte Möglichkeit ist, und das ist sehr selten, nur für sehr gut antizipierende Blockspieler mit herausragenden körperlichen Voraussetzungen zu empfehlen; bewußt wird der Nachteil in Kauf genommen, daß der Feldverteidiger keine konkrete Vororientierung für seinen Abwehrbereich hat.

Der Zeitpunkt der Zeichengebung ist stark abhängig vom Leistungsniveau. Auf **allen** Leistungsebenen werden die Zeichen vor Ausführung des Aufschlags gegeben. Die besten Profispieler sind überdies in der Lage, die Zeichen sehr spät, d.h. während der Zuspielhandlung zu verändern bzw. zu erkennen (Foto 49). Die Fähigkeit der Spieler, sich während des Spielzuges durch Zeichen zu verständigen, ist besonders deshalb auf höchstem internationalen Niveau so wichtig, weil Informanten/Spione des Gegners diese über die beabsichtigte Strategie durch Zeichen informieren.

Wichtig für die Verständigung der Spieler ist, daß der Netzspieler durch Blickverbindung erfährt, ob der Aufschläger seine Information erkannt hat. Mehrere Beachpaare verzichten auf die Blickverbindung, verlangen aber einen zustimmenden Zuruf durch den Aufschläger, daß er die Information verstanden hat und zustimmt.

Schlägt der Blockspieler auf und läuft anschließend sofort zum Block, so kann die Verständigung entweder mündlich vor dem Aufschlag oder durch Zeichen vom Feldverteidiger – oder unmittelbar vor der Blockhandlung erfolgen.

Der Blockspieler ist grundsätzlich an die von ihm angezeigte Richtung gebunden. Es gibt nur zwei Situationen, in denen der Blockspieler die Berechtigung hat, von seiner beabsichtigten Blockrichtung abzuweichen:

Foto 49: Handzeichen während des Spielzugs (Kent Steffes)

1. Wenn der Ball zu dicht ans Netz gestellt wird, blockiert er den Ball und nicht den Raum und
2. bei weit vom Netz gestelltem Ball und Nichtanwendung des Fake Blocks blockiert er eher die Diagonale.

Der Feldverteidiger hingegen ist durch die Blockstrategie nicht an eine Spielfeldseite gebunden, d.h., er agiert in Kenntnis der Blockstrategie stets situativ und entscheidet sich so spät wie möglich für seinen Abwehrbereich.

Der Blockspieler kann nur dann erfolgreich handeln, wenn er über folgende Fähigkeiten verfügt:
Bezüglich des eigenen Verhaltens muß er über eine überdurchschnittliche Wahrnehmungs-, Umschalt- und Kopplungsfähigkeit verfügen, sehr schnell über kurze, mittlere und lange Distanzen sein, eine sehr gute Sprungausdauer haben sowie diszipliniert und psychisch sehr stark sein. Er muß über die Qualitäten der

Gegner im Zuspiel, vor allem bezüglich deren Stärken, Schwächen und Eigenheiten als Angreifer, informiert sein. In der konkreten Spielsituation soll er abschätzen können:
- die **Qualität des 1. Passes** in Verbindung mit der Möglichkeit des Angriffs über den 1. Paß,
- die **Qualität des gegnerischen Zuspiels**, insbesondere den Einfluß des Windes auf das Zuspiel. Bei Gegenwind, d.h. Rückenwind des Gegners, muß er damit rechnen, daß häufiger sehr netznah angegriffen wird oder der Ball direkt auf seine Spielfeldhälfte geweht wird. Umgekehrt muß er bei eigenem Rückenwind damit rechnen, daß der Gegner häufiger netzfern angreift und das Blockieren somit nicht notwendig ist.
- Die Bereitschaft und das räumlich-zeitliche Verhalten des annehmenden Angreifers hinsichtlich der Notwendigkeit eines angetäuschten Blocks,
- die Wechsel in der Angriffstaktik bzw. den Angriffsrichtungen.

7.4.1 Blocktechniken

Bewegungsablauf der aktiven Blocktechniken

Die Blocktechniken unterscheiden sich hauptsächlich in der Lauf- und Fußarbeit bei der Annäherung an den voraussichtlichen Blockort und hinsichtlich der Landung von der Hallentechnik. Die weiteren Hauptbewegungsmerkmale sind identisch.

Aus seiner Ausgangsstellung am Netz, ca. einen Meter vom Netz entfernt, beobachtet der Blockspieler den Angriffsaufbau der gegnerischen Mannschaft. Bei einem guten Zuspiel bewegt er sich schnell an den voraussichtlichen Absprungort. In jedem Fall erfolgt die Bewegung des Blockspielers zum Netz *sehr spät*, d. h. kurz vor dem Absprung (Foto 50a-d).

Die Ausgangsstellung vor dem Sprung wird wie im Hallenspiel eingenommen; bei den meisten Profispielern ist eine tiefe bis sehr tiefe Absenkung des Körperschwerpunkts durch die Beugung der Beine zu beobachten (zw. 60°- und 90°-Winkel im Kniegelenk, s. Foto 51). Auf eine rasche Tief-Hoch-Bewegung (counter-movement) zur besseren Ausschöpfung der Muskelvorspannung verzichten die meisten Spieler.

Der Absprung und die Arm-/Handführung sind mit der Hallentechnik identisch, auf sofortiges Übergreifen muß geachtet werden (Foto 52).

BLOCK- UND FELDABWEHRSITUATION

Foto 50a-d: Bewegung des Netzspielers zum Block (Brent Frohoff)

Die Finger sind gespreizt, die Hände werden so weit auseinandergeführt, daß der Ball nicht durch sie hindurch geschlagen werden kann. Der Spieler versucht, den Ball mit den Händen zu *überdachen*.

Die Handflächen werden nach dem Prinzip „Einfallswinkel=Ausfallswinkel" so zum Ball gestellt, daß dieser in das gegnerische Feld zurückprallt.

Schon *vor* der Landung dreht sich der Spieler in der Luft in Richtung der eigenen Feldhälfte (Foto 53). Schlägt der Angreifer rechts an ihm vorbei, landet der Blockspieler in *Schrittstellung*, der rechte Fuß ist dabei nach hinten versetzt und leitet den ersten Schritt in die beabsichtigte Laufrichtung ein. Fliegt der geschlagene Ball links am Blockspieler vorbei, so befindet sich der linke Fuß hinten, um schnell starten zu können. (Foto 53).

Foto 51: Tiefes Absenken des KSP

Foto 52: Sofort übergreifen! (Randy Stoklos)

Foto 53: Sofortige Spielbereitschaft! (Owen Mc Kibbin)

Überdies wird der Block, insbesondere wenn der Blockspieler nicht mehr mit beiden Händen in die Ballflugrichtung gelangt, **einhändig** durchgeführt. Dies ist vor allem dann der Fall, wenn der Sprung den Spieler nicht weit genug in die Nähe der Ballflugrichtung gebracht hat oder der Spieler beim Absprung Balanceschwierigkeiten hatte. Hier gilt der Grundsatz: „Ein einhändiger Block ist besser als gar keiner!" (Foto 54).

Foto 54: Einhandblock

Foto 55: Wischender Block

Der **wischende** Block wird ein- oder beidhändig angewendet. Der Spieler folgt dabei mit seinen Armen der antizipierten Schlagrichtung des Angreifers. Er versucht so, Änderungen der Schlagrichtung zu kompensieren und greift so weit wie möglich über (Foto 55).

Bei der *gleichzeitigen* Ballberührung des Angreifers und Blockspielers über der Netzkante (**Sprungball** oder „Joust") wird mit der geöffneten Hand gegen den Ball bzw. den Gegendruck des Gegners *gedrückt*. Im Gegensatz zur Angriffsfinte im einhändigen oberen Zuspiel erlauben die Regeln in diesem Fall die Ballberührung mit geöffneter Hand.

Eine spezielle Beachvolleyball-Blocktechnik ist der sogenannte **Spread oder Split Block**. Der Spieler springt dabei mit *weit geöffneten* Armen (Foto 56). Dadurch läßt er den Angreifer lange über die beabsichtigte Blockart und -richtung im unklaren. Die Hände werden entweder im letzten Moment in die antizipierte Schlagrichtung gebracht und *geschlossen*, oder der Spieler beschränkt sich darauf, zwei schmale Spielfeldbereiche mit jeweils einer Hand abzudecken.

Foto 56: Spread/Split Block (José Loiola)

Bewegungsablauf der passiven Blocktechniken

Die **passiven Blockarten und -variationen** unterscheiden sich nur in der Armführung und Handstellung von den aktiven Blocktechniken.

Die Arme werden nicht über die Netzkante hinweggeschoben, sondern *senkrecht* nach oben geführt. Der Abstand zwischen Armen und Netzkante wird dabei so gering wie möglich gehalten.

Die Hände decken wiederum einen möglichst großen Bereich ab, werden aber im Moment der Ballberührung *nicht* abgeklappt. Körperlich unterlegene Blockspieler klappen die Hände leicht nach *hinten*, um einen möglicherweise abprallenden Ball im Spiel halten zu können.

Der **passive einhändige Block** kommt ebenso zum Einsatz wie die **passive wischende** Variante. Besonders der **passive Spread/Split Block** wird von vielen Spitzenspielern angewendet.

Eine spezielle Beachvolleyballvariante des passiven Blocks ist das **Blockieren von taktischen Schlägen und Finten**, die bereits *vor* dem Absprung vom Blockspieler antizipiert wurden.

In diesem Fall ändern sich der Zeitpunkt des Absprungs, die Armstellung und der Handeinsatz. Der Blockspieler „timt" seinen Sprung so, daß er *später* springt, als es beim „normalen" Blockieren üblich ist.

Die Arme werden senkrecht nach oben gestreckt, um die in einem hohen Bogen geschlagenen Bälle abzufangen (Foto 57). Gelingt es dem Blockspieler, eine oder beide Hände hinter den Ball zu führen, schlägt er den Ball mit Handgelenkeinsatz *aktiv* in die hintere Feldhälfte des Gegners.

Foto 57: Block gegen taktische Schläge (Axel Hager)

Handlungs- und Bewegungsablauf des angetäuschten Blocks

Der Blockspieler beobachtet, wie schon erwähnt, die Qualität des Zuspiels:
- Bei einem guten, netznahen Zuspiel blockiert er.
- Bei einem schlechten, netzfernen Zuspiel blockiert er passiv oder täuscht einen Blocksprung an und weicht zur Feldabwehr zurück (Fake Block).

Der Fake Block wird bis zur Einnahme der Absprungposition wie eine „normale" Blockaktion durchgeführt.

Nach dem Zuspiel, bzw. im Moment des Absprungs des Angreifers weicht der Blockspieler blitzschnell zur Feldabwehr zurück.

Er dreht sich *in seine Laufrichtung*, um möglichst schnell antreten zu können, behält aber *Blickkontakt* zum Angreifer (Foto 58). Die Körperdrehung erfolgt immer zur Spielfeldmitte hin, nie in Richtung der Seitenlinie. Es wird stets vorwärts gelaufen, da ein Rückwärts- oder Seitwärtslauf zu langsam wäre.

Die Laufrichtung hängt von seiner Spielposition (rechts oder links), von der augenblicklichen Blockposition und von individuellen, taktischen Absprachen ab (vgl. Kap. 7.2). Die Hände bleiben während des Laufens *mindestens über Hüfthöhe*, um gegebenenfalls Schmetterschläge oder hohe taktische Schläge abwehren zu können.

Foto 58: Fake Block

7.5 Individualtaktik des Feldverteidigers

Der Beachvolleyballer als Feldverteidiger agiert auf **nationalem Spitzenniveau folgendermaßen**:

- Abwehrhandlungen machen mit ca. 10% den geringsten Anteil in der Häufigkeitsverteilung aus. Hierbei hat die Feldabwehr mit ca. 9% eindeutig den größten Anteil, wohingegen der Anteil der Angriffssicherung bei nur 1% und der der Blocksicherung nur bei 0,2% liegt.

Foto 59

- Fast 26% aller Aktionen finden auf den netznahen Positionen II, III und IV statt. Hinsichtlich der Spielfeldtiefe werden die meisten Abwehrhandlungen mit einem Anteil von ca. 64% auf dem mittleren Drittel gespielt. Der geringste Anteil (10%) der Abwehraktionen wird auf dem hinteren Spielfelddrittel ausgeführt. Bezüglich der Spielfeldbreite konnten die meisten Abwehrhandlungen (ca. 43%) auf dem mittleren Drittel beobachtet werden (vgl. Abb. 5 in Kap. 3.2.1).
- Die weitaus meisten Abwehrhandlungen (63%) werden im nationalen Bereich als Abwehrbagger gespielt, gefolgt von der einhändigen Abwehr mit einem Anteil von 28%. Die speziellen Beachvolleyballtechniken, der Beach-Dig und die Tomahawk-Abwehr, finden lediglich zu 6% bzw. 3% Anwendung.
- Die Profispieler wehren zu rund 74% mit dem Abwehrbagger ab, ca. 20% der Feldverteidigungsaktionen werden einhändig gespielt. Tomahawk und Beach-Dig haben hier einen Anteil von rund 6%.
- Bei allen Abwehrhandlungen überwiegen mit rund 41% die Aktionen in der Bewegung. Ein relativ großer Anteil entfällt auch auf Handlungen im Fallen (ca. 34%), wohingegen Abwehrhandlungen im Stand nur zu 25% Anwendung finden. Bei den meisten Abwehraktionen wird der Ball seitlich vom Körper gespielt (über 62%). Mit frontaler Stellung zum Ball wird lediglich zu 38% in der Feldabwehr gespielt (vgl. Tab. 11).

seitlich	frontal	im Stand	im Fallen	in der Bewegung
62%	38%	25%	34%	41%

Tab. 11: Feldverteidigung

- Auf nationalem Niveau können fast 60% der Angriffe so abgewehrt werden, daß ein Zuspiel und Angriff im Sprung noch folgen können. Zu den abzuwehrenden Angriffen zählen hier jedoch auch 'Danke-Bälle'. Ca. 26% der Abwehrversuche sind erfolglos. Nach 14% der Abwehrhandlungen kann der Ball nur noch zum Gegner 'gerettet' werden.

Die Wahl des richtigen Abwehrbereichs ist die wichtigste Voraussetzung für eine erfolgreiche Abwehrhandlung. Der Feldverteidiger hat als Ausgangsposition die Spielfeldmitte in mittlerer Bereitschaftsstellung, ca. 5 - 6 m vom Netz entfernt. Der Feldverteidiger läßt die Gegenspieler aus folgenden Gründen lange im unklaren darüber, in welchem Feldbereich er abwehren wird,
- um dem gegnerischen zuspielenden Spieler nicht zu ermöglichen, seinem Angreifer frühzeitig eine konkrete Handlungsanweisung zuzurufen,
- um selbst die Information des gegnerischen Zuspielers in seine Entscheidung, welchen Feldbereich er vorrangig abzudecken gedenkt, einbeziehen zu können,
- um den gegnerischen Angreifer zu verunsichern.

Täuschende Bewegungen des Abwehrspielers sollen vor allem den zuspielenden Gegenspieler dazu verleiten, die Information an den Angreifer früher - und möglicherweise fehlerhaft - zu geben. Hierdurch wird ebenso die Antizipation seiner Handlung durch den gegnerischen Angreifer erschwert. Täuschungen, wie z.B. das Antäuschen einer Laufrichtung, müssen daher bei **jeder** Abwehrhandlung durchgeführt werden.

Dies zwingt wiederum den zuspielenden Gegenspieler dazu, die Information an seinen Angreifer bezüglich des nicht abgedeckten Bereichs so spät wie möglich zu geben.
 Erfolgt der Zuruf für den gegnerischen Angreifer zu früh, so hat er die Möglichkeit, diese Information für seine Abwehr zu berücksichtigen.

BLOCK- UND FELDABWEHRSITUATION

Aus der Ausgangsposition hat er unter Berücksichtigung der zu erwartenden Angriffshandlung folgende Optionen für die Wahl des Abwehrbereichs:
- Der Feldverteidiger entscheidet sich gewöhnlich nach dem Zuspiel, gegebenenfalls nach dem Absprung des Angreifers, für einen Feldbereich.
- Antizipiert er einen harten Angriffsschlag in die vom Block nicht abgedeckte Zone, so orientiert er sich kurz vor dem Angriffsschlag in den freien Feldbereich.
- Vermutet er einen taktischen Schlag in die vom Block gedeckte Zone oder in nicht vom Block gedeckte und von ihm weit entfernte Bereiche, bewegt er sich im Moment des Angriffsschlages oder nach dem Angriffsschlag und versucht, diesen zu erlaufen.
- Antizipiert er, daß der Blockspieler einen Block antäuscht, sich aber zurückzieht, so bewegt er sich zu der vom Blockspieler/Feldverteidiger nicht abgedeckten Zone.

Für die Individualtaktik des Feldverteidigers ist das Wissen um die Qualität der eigenen Abwehrtechniken, der physischen und vor allem der psychischen Fähigkeiten sehr wichtig. Die richtige Selbsteinschätzung und die geistige Willenskraft sind der Schlüssel zu jeder erfolgreichen Abwehrhandlung. Angst und mangelndes Selbstvertrauen sind Garanten des Mißerfolgs.

Der Beachvolleyballer als Feldverteidiger kann nur erfolgreich sein, wenn er unter vollem Einsatz von Willenskraft, Konzentration und Konzentrationsausdauer unter besonderer Beachtung des Leistungswillens handelt. Ihn muß insbesondere eine hohe Frustrationstoleranz auszeichnen, da er in den meisten Fällen als einziger Feldverteidiger ohne Chance ist. Deshalb muß er in der Lage sein, jeden erfolglosen Einsatz psychisch zu verarbeiten, um den nächsten genauso kämpferisch anzugehen. Die Beachvolleyballer als Blockspieler und Feldverteidiger sollen auf jeden Fall jegliche Schuldzuweisung unterlassen. Gegenseitige Aufmunterung und nur positive Hinweise hinsichtlich des Verhaltens des Mitspielers und der Änderung der Strategie sind die Voraussetzungen für ein erfolgreiches Zusammenwirken eines Beachteams. Den Beachvolleyballer als Feldverteidiger kennzeichnen demnach folgende Fähigkeiten:

> Hervorragende Antizipationsfähigkeit und **langjährige Beachvolleyballerfahrung**, spielgerechte Anwendung insbesondere der Beachabwehrtechniken, sehr gute Umstellungsfähigkeit von der Feldverteidigung zum Angriff, sehr ausgeprägte Schnelligkeit, sowohl über kurze, mittlere und lange Distanz und **der Wille, keinen einzigen Ball verloren zu geben** (Foto 60a+b).

Foto 60a: Hoher kämpferischer Einsatz! (Emanuel Scheffer)

Foto 60b: Keinen Ball verloren geben! (Dan Vrebalovich)

7.5.1 Abwehrtechniken

Der Einsatz der situativ richtigen Abwehrtechnik wird durch die Art des Angriffsschlags, indirekt durch die Regeln, beeinflußt. Die Spielregeln erlauben die Abwehr mit geöffneten Händen (sog. **Beach-Dig**), wenn es sich um einen harten Schmetterball handelt. Diese Art der Abwehr kommt vorwiegend über Kopfhöhe zum Einsatz (Foto 61).

Bis zur Erlaubnis des übergreifenden Blocks im Jahre 1986 wurde diese Art der Abwehr aufgrund des häufig fehlenden Blocks an Stelle des Abwehrbaggers angewendet, um kurz geschlagene Bälle zu verteidigen. Heute wird die Abwehr von flachen Bällen mit geöffneten Händen nur selten durchgeführt.

Bei Driveschlägen und Angriffsfinten ist die Abwehr mit geöffneten Händen nicht erlaubt!

Der weiche Satanuntergrund gibt dem Verteidiger die Möglichkeit, akrobatisch abzuwehren. Dabei wird so agiert, wie es die Situation gerade erfordert, d.h es gibt keine starren Bewegungsmuster oder Technikvorschriften.

Bewegungsablauf des Abwehrbaggers

Der Bewegungsablauf des Abwehrbaggers entspricht der im Hallenspiel gebräuchlichen Technik bzw. dem vorab beschriebenen Bewegungsablauf des Annahmebaggers. Folgende Unterschiede hinsichtlich der Spielstellung, Armhaltung und des Armeinsatzes müssen jedoch berücksichtigt werden: Aufgrund seiner Ausgangsstellung (vgl. Kap. 5.3.1) hat der Spieler weniger Zeit zum Absenken des Körpers in eine tiefe Spielstellung und zum Fixieren der Arme als der Feldverteidiger im Hallenvolleyball.

Foto 61: Beach-Dig (Kent Steffes)

Bei den Profis läßt sich daher beobachten, daß die Hände *nicht* ineinandergelegt bzw. fixiert werden. Es lassen sich zwei Varianten beobachten:
- Die Unterarme werden, wie schon bei der Beschreibung des Annahmebaggers erwähnt, *parallel aneinandergelegt*.
- Die Arme werden lediglich parallel zueinander gehalten. Sie werden in ca. 10-20 cm *Abstand* zueinander geführt und bilden dadurch eine noch größere Trefffläche.

Diese Variationen der Arm-/Handhaltung erfordern ein hohes technisches Niveau und sollten daher erst auf nationalem/internationalem Spitzenniveau angewendet bzw. trainiert werden.

Hinsichtlich des Arm- und Körpereinsatzes sind, im Gegensatz zum Annahmebagger, nachfolgende Punkte zu beachten:
- Bei hart anfliegenden Bällen ist der Arm- und Körpereinsatz gering. Bei sehr harten Bällen wird die Wucht des Balles dadurch abgefangen, daß die Arme

unter dem Ball „*hindurchgeschoben*" werden, um ihm eine Rückwärtsrotation zu verleihen. Ebenso kann der Ball durch *Nachgeben* abgefangen werden, Arm- oder Körpereinsatz entfallen dann völlig.
- Bei flach anfliegenden Bällen bzw. bei Bällen, die vor dem Spieler „einschlagen" würden, ist die Spielstellung sehr *tief*.

Neben den vom Annahmebagger bekannten Variationen wird der Abwehrbagger im Fallen, in der Bewegung und im Sprung durchgeführt. Diese Varianten werden aufgrund der Möglichkeit des „weichen" Abfangens im Sand in situationsabhängig unterschiedlichen, akrobatischen Ausprägungen durchgeführt.

Bewegungsablauf der einhändigen Abwehr

Die einhändige Abwehr mit geschlossener Hand wird seitlich vom Körper oder über Kopfhöhe angewendet. Sie kommt *nur* dann zum Einsatz, wenn dem Spieler nicht genug Zeit zur Verfügung steht, beide Arme hinter bzw. unter den Ball zu führen. Insbesondere bei den Techniken im Fallen und in der Bewegung überwiegt die einhändige Durchführung.

Foto 62: Einhändige Abwehr (Randy Stoklos)

BLOCK- UND FELDABWEHRSITUATION   209

Bei der **einhändigen Abwehr seitlich** (Foto 62) **und über Kopfhöhe im Stand** wird wie beim seitlichen Annahme- bzw. Abwehrbagger agiert.

Der leicht gebeugte Arm wird seitlich neben den Körper geführt. Bei hoch anfliegenden Bällen wird er nach oben gestreckt. Dem Spieler ist es dadurch möglich, rechts und links unterhalb, neben und über dem Körper anfliegende Bälle im Spiel zu halten. Der Ball wird mit dem Unterarm, der Handgelenksbeuge oder der Innenseite der zur Faust geschlossenen Hand gespielt.

Wird der Spieler durch Driveschläge überspielt oder fliegt ein Ball auf die durch den Feldverteidiger nicht abgedeckte Spielfeldseite, so wird die **einhändige Abwehr im Fallen**, d.h. im Hechtbagger bzw. **in der Bewegung** angewendet (Foto 63).

Foto 63:
Überspielt!

BLOCK- UND FELDABWEHRSITUATION

Im Beachvolleyball wird in der Feldverteidigung eine einhändige Abwehr mit seitlichem Abrollen vermieden. Statt dessen wird bei der Abwehr seitlich vom Körper der Hechtbagger eingesetzt. Durch die einhändige Spielweise ist der Spieler in der Lage, auch weit entfernte Bälle zu erreichen. Begünstigt wird dies obendrein durch den weichen Untergrund, der *akrobatische* Hechtsprünge zuläßt (Foto 64a).

Bei den einarmigen Techniken im Fallen und in der Bewegung wird der Ball ebenfalls mit der Handgelenksbeuge gespielt, seltener wird, wie im Hallenspiel üblich, der Handrücken benutzt.

Foto 64b: Die Hand unter den Ball schieben! (Karch Kiraly)

Foto 64a: Akrobatische Hechtsprünge

Da die Hand flach über den Boden oder gegebenenfalls sogar „durch den Sandboden hindurch" geschoben werden kann, ist ein Erretten der Bälle kurz vor der Bodenberührung noch möglich (Foto 64b). Das in dieser Hinsicht aus dem Hallenvolleyball bekannte „Auflegen" der Hand auf den Boden, bei dem der Ball von der Hand abprallt, wird aufgrund des nachgebenden Untergrundes nicht angewendet.

Bei hoch anfliegenden Bällen wird gelegentlich die **einhändige Abwehr im Sprung** eingesetzt. Insbesondere bei der Abwehr von langen Driveschlägen versucht der Abwehrspieler, mit einem Sprung aus der Grundstellung den Ball zu erreichen. Mit gestrecktem Arm wird der Ball im Kulminationspunkt des Sprunges, nach einer kurzen Phase des „Hängens", mit der Handgelenksbeuge oder, wie beim Poke Shot, mit den Fingermittelgelenken gespielt.

Bewegungsablauf der Abwehr mit geöffneten Händen (Beach-Dig)

Bei der Abwehr über Schulterhöhe ähnelt die Bewegung sehr dem oberen Zuspiel, wobei beim Beach-Dig auch das Spielen des Balles neben dem Kopf, vor oder neben dem Körper bzw. auf Brusthöhe möglich ist. Der Beach-Dig wird bei allen harten Schmetterschlägen angewendet, die
- in oder über Kopfhöhe anfliegen,
- auf Schulter- oder Brusthöhe anfliegen,
- sich vor oder in Reichweite über/neben dem Körper befinden.

Der Feldverteidiger agiert beim Beach-Dig aus der Grundstellung heraus. Der Blockspieler wendet den Beach-Dig beim Fake Block an und muß daher gegebenenfalls **in der Bewegung agieren**. Anzustreben ist jedoch stets eine Handlung aus dem sicheren Stand heraus.

Der Spieler führt seine Hände in die Ballflugbahn. Die Hände werden *wie beim Pritschen* geöffnet (Foto 61). Die Trefffläche, in diesem Fall die schalenförmig gehaltenen Handflächen, wird so angewinkelt, daß der Ball hoch in die Mitte des Spielfeldes oder zum Partner abgewehrt wird.

Im Moment des Ballkontakts fangen die Finger den Ball elastisch ab, mit einer Armstreckung wird der Ball *aktiv* wieder abgespielt. Wenn möglich, erfolgt eine Streckung im Knie,- Hüft- und Ellbogengelenk. Der Ball wird möglichst lange von den Händen *begleitet*.

Der Ball kann durch Drehungen im Handgelenk in die Abspielrichtung gelenkt werden. Ein neben oder vor dem Körper abzuwehrender Ball wird beispielsweise durch ein Drehen der geöffneten Handflächen nach oben in die gewünschte Richtung gelenkt.

Situationsabhängig kommt der Beach-Dig auch **im Fallen** und **im Sprung** sowie **einhändig** über Brust- bzw. Kopfhöhe zur Anwendung.

Bewegungsablauf des Beach-Dig gegen kurz geschlagene Bälle

Das Grundmuster der Bewegung ähnelt dem Abwehrbagger. Folgende Unterschiede lassen sich beschreiben:

Der Spieler nimmt eine *sehr tiefe*, breitbeinig ausbalancierte Spielstellung ein. Die Arme sind leicht gebeugt. Die Unterarme befinden sich neben/über den Oberschenkeln, die Hände etwa über den Knien.

Die schalenförmig *geöffneten* Handflächen zeigen nach oben (Foto 65a). Der Ball wird mit den Handflächen gespielt. Er prallt nicht ab, wie beim Abwehrbagger, sondern ihm wird durch die elastisch nachgebenden Finger die Geschwindigkeit genommen.

Der Ball wird *aktiv* abgespielt: Die Unterarme werden dabei durch Vorschieben der Schultern und Beugen der Arme nach vorn/oben geschoben, die Hände sind im Handgelenk *fixiert* und unterstützen die Bewegung (Foto 65b). Die Technik wird größtenteils frontal, gelegentlich seitlich im Stand ausgeführt. Des weiteren kann ein „tiefer" Beach-Dig **einhändig** durchgeführt werden. Die Bewegung ist bis auf die Trefffläche identisch mit den Variationen der einhändigen Abwehr. Beim einhändigen Beach-Dig wird der Ball nicht mit der Handgelenksbeuge gespielt. Vielmehr läßt der Spieler den Ball bei starker Muskelspannung in den Fingern von der *Handfläche* abprallen.

Foto 65a+b: Tiefer Beach-Dig (Karch Kiraly, Tim Hovland)

Bewegungsablauf der Tomahawk-Abwehr

Bei Driveschlägen und Angriffsfinten (Shots), die über Schulter- bzw. Kopfhöhe des Feldverteidigers anfliegen, verbieten die Spielregeln die Anwendung einer Abwehrtechnik mit geöffneten Händen. Angriffe dieser Art werden mit *geschlossenen* Händen abgewehrt. Diese Art der Abwehr wird „Tomahawk" genannt. Die Tomahawk-Technik ermöglicht eine Präzision des Abspiels, die der des oberen Zuspiels nahekommt. Die Tomahawk-Technik wird in folgenden Situationen angewendet:
- Bei schnell anfliegenden Aufschlägen, die den Annahmespieler überspielen;
- wenn der Blockspieler bei der Durchführung eines Fake Block im Zurücklaufen von einem Shot überspielt wird;
- wenn der schon in Netznähe gelaufene Angreifer durch ein sehr schlechtes Zuspiel zum Zurücklaufen gezwungen wird und den Ball in der Bewegung über Kopfhöhe zum Gegner spielen muß.
- Als Alternative zum Zuspielbagger, wenn ein sehr hoher 1. Paß bei Windverhältnissen, die ein oberes Zuspiel unmöglich machen, zugespielt werden muß.

Aus der Grundstellung werden die Hände in die Ballflugbahn, über die Stirn, geführt. Die Arme sind gebeugt. Die Hände werden geschlossen ineinandergelegt, die Fingerspitzen zeigen nach oben. Wie beim Baggern ist die Position bzw. Fixierung der Hände unterschiedlich und von individuellen Vorlieben der Spieler abhängig. Von der Handhaltung hängt letztlich die Trefffläche ab. Bei allen Varianten wird eine *große, ebene Trefffläche* geschaffen. Empfohlen wird folgende Möglichkeit:

- Bei der gebräuchlichsten Variante werden die Hände schalenförmig in- (Foto 66a) oder aneinandergelegt (Foto 66b), die Daumen hinter den Handrücken überkreuzt. Bei dieser Variante wird der Ball mit den *Handflächen* gespielt.

 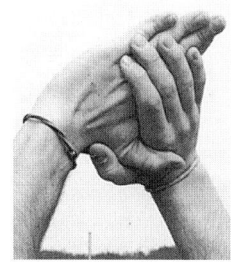

Foto 66a+b: Verschiedene Handstellungen bei der Tomahawk-Abwehr

Im Moment des Abspiels werden die Hände nach *hinten* gekippt, die Arme *gestreckt*. Der Ball wird aktiv abgespielt (Foto 67), wobei die *Intensität des Armeinsatzes* von der Geschwindigkeit des anfliegenden Balles abhängt:
- Die Flugkurve wird um so höher, je stärker die Hände durch die Beugung im Handgelenk nach hinten gekippt werden.
- Die Flugkurve wird um so länger, je stärker die Arme im Ellbogengelenk gestreckt werden.
- Durch ein Drehen der Handgelenke kann die Trefffläche nach dem Prinzip „Einfallswinkel=Ausfallswinkel" in die richtige Abspielrichtung gebracht werden.

Wie bei den verschiedenen Variationen des Annahme- und Abwehrbaggers werden die Hände unmittelbar nach dem Ballkontakt auseinandergeführt.

Wird der Angreifer von einem schlecht zugespielten Ball überspielt und muß deshalb den Ball im Zurücklaufen über das Netz spielen, wird folgende Handstellung angewendet:
- Die Finger sind in allen Gelenken gebeugt, die Daumen überkreuzt. Bis auf den Daumen fassen alle Finger einer Hand über die Finger der anderen Hand. Die Finger der „übergreifenden" Hand reichen bis zu den Fingergrundgelenken der unteren Hand (Die Handstellung entspricht in etwa dem Fassen einer Axt mit beiden Händen.). Die Trefffläche bilden wiederum die Handkanten (Foto 68).

Foto 67: Tomahawk-Abwehr (Mike Dodd)

Bei dieser *offensiven* Tomahawk-Variation werden die Hände im Gegensatz zu den anderen Varianten im Moment des Ballkontakts nicht nach hinten, sondern nach *vorn* gekippt.

Die Varianten der Tomahawk-Technik können, im Gegensatz beispielsweise zum oberen Zuspiel, auch **seitlich neben** dem Kopf oder den Schultern angewendet werden. Unterschiede in der Ausführung bestehen nicht: In allen Positionen der Hände, sei es über, vor oder neben dem Kopf, wird die Abspielrichtung über die Stellung der Trefffläche gesteuert.

Foto 68: „Offensiver" Tomahawk (Bruk Vandeweghe)

Gator-Dig und Chicken Wing-Abwehr

Gegen harte Schmetterschläge, aber auch gegen Driveschläge sind insbesondere in Zeitnot weitere Technikvariationen möglich. So wird der sog. **Gator-Dig** eingesetzt, um Bälle abzuwehren, die auf oder neben den Körper in Brusthöhe zufliegen (Foto 69), aber auch um sehr hohe 1. Pässe zum Partner zu stellen!

Das Dreieck, das seitlich vom Körper von Unter- und Oberarm sowie Brust gebildet wird, kann im gleichen Sinne bei nur kurzen Reaktionszeiten zur Abwehr eingesetzt werden (sog. **Chicken Wing**-Abwehr).

Der Beachvolleyballer soll lernen, die Abwehrmöglichkeiten, die ihm durch die Regeln gegeben werden, voll auszuschöpfen. Bei der Abwehr von harten Schmetterschlägen aus kurzer Entfernung, bei denen **ein Abwehrbagger nicht mehr möglich ist**, gilt daher:

Foto 69: Gator-Dig (Bruk Vandeweghe)

Nicht an starre Technikvorschriften halten, sondern einfach eine **große Trefffläche** (Hände und/oder Arme und/oder Oberkörper) **hinter den Ball bringen!**

7.5.2 Einführung der speziellen Beachabwehrtechniken

Die methodischen Reihen zur Einführung der Abwehrtechniken sollen anhand der Ein- und Weiterführung der Tomahawk-Technik beispielhaft erläutert werden. Diese Abwehrtechnik wird vor allem gegen taktische Schläge über Schulterhöhe angewendet. Hier werden fast ausschließlich Übungen mit zugeworfenen und zugeschlagenen Bällen angeboten.

Übungen
1. (Partnerübung) Spieler A steht in der Mitte des Netzes und Spieler B 5 – 6 m vor ihm im Feld. A wirft den Ball nur leicht über Kopfhöhe zu B, so daß dieser zunächst die beidarmige Abwehr über Kopfhöhe anwendet.

Bei dieser und bei den darauffolgenden Variationen soll der abwehrende Spieler den Ball in seinem unmittelbaren Bereich abwehren und fangen. Dies dient vor allem dem **Erlernen der Ballkontrolle** und bewußt **nicht** der zielgenauen Abwehr.

Handlungshinweise

- Kippe deine Hände im Moment der Ballberührung nach hinten ab!
- Halte den Ball in deinem Bereich!

Variationen
(1) Spieler A wirft den Ball leicht in Richtung auf die linke, später die rechte Schulter von Spieler B.
(2) Partner A variiert das Zuwerfen zu B durch eine leichte Körperdrehung in die Richtung, in die er den Ball werfen wird.
(3) Wie (2), jedoch ohne vorher die Wurfrichtung anzuzeigen.

2. Die Übung 1 und ihre Variationen, jedoch schlägt der Netzspieler den Ball als Driveschlag oder taktischen Schlag, d.h. im Bogen. Weiterhin gilt der Grund-

satz, daß der Ball in den unmittelbaren Abwehrbereich gespielt und danach gefangen werden soll. Das heißt, die Kontrolle des Balles ist weiterhin das entscheidende Lernziel.

3. Die Übungen 1 und 2 mit den Variationen, jedoch ist die Zielgenauigkeit neben der Ballkontrolle das Übungsziel. Um den Ball zielgenau über eine mittlere Distanz abzuwehren/abzuspielen, muß der Spieler den Ball mit einer Armstreckung aktiv abspielen.

Handlungshinweise

- Bedenke, daß die Ballkontrolle weiterhin beachtet werden muß!
- Setze bei leicht anfliegenden Bällen neben der Arm- auch die Beinstreckung ein!

4. Die Übungen 1-3, allerdings wirft/schlägt der Netzspieler die Bälle aus einer diagonalen Richtung und größeren Distanzen als 6 m.

5. Die Übung 4, allerdings sollen die abzuwehrenden Bälle den Feldverteidiger zu Ortsveränderungen über kurze bis mittlere Distanz zwingen.

Eine zielgenaue Abwehr oder ein präzises Abspiel setzen eine gut ausbalancierte Stellung voraus. Schwierige bzw. in der Bewegung zu spielende Bälle sollen im Sinne der Ballkontrolle gespielt werden, d.h. als Abwehr hoch im eigenen Abwehrbereich oder halbhoch in die Spielfeldmitte. Hier gilt: **Ballkontrolle vor Zielgenauigkeit!** (Foto 70)

Foto 70: Tomahawk-Abwehr (Mike Dodd)

6. Die Bälle sollen so geschlagen werden, daß entweder der Tomahawk oder eine einhändige Abwehr seitlich, weg vom Körper bzw. seitlich und hoch, erzwungen wird.

Beidarmige Abwehrhandlungen sind den einarmigen vorzuziehen!

Handlungshinweise

- Versuche, die Anwendungsbereiche der unterschiedlichen Abwehrtechniken herauszufinden!
- Spiele immer aus einer mittleren Verteidigungsstellung und halte deine Arme in gebeugter Haltung mit den Unterarmen annähernd parallel zu den Oberschenkeln!

7. Die Übung 6, allerdings agiert der Partner als Angreifer mit selbst angeworfenem Ball von der anderen Seite des Netzes aus.

8. Wie Übung 6, jedoch werden nach und nach alle Abwehrtechniken mit einbezogen. Der Partner am Netz schlägt die Bälle unterschiedlich in Richtung, Höhe und Härte, so daß der Abwehrspieler lernt, die Techniken situations- und spielgerecht einzusetzen.

Die **Körper- und Armausgangshaltung des Feldverteidigers ist stets die gleiche**, um auf kürzestem Weg alle beid- und einarmigen Abwehrtechniken, körperfern und körpernah, gegen tief, mitteltief, hoch und sehr hoch anfliegende Bälle einsetzen zu können.

Variation
(1) **Wie Übung 8**, jedoch agiert der Gegenspieler als Angreifer von der Gegenseite.

Kontrollübung für den Tomahawk:
Zehnmal zu zweit den Ball ohne Fehler zielgenau mit der Tomahawk-Technik hin und her spielen.

Spielformen
1. Spiel '1 mit 1' auf 4,5 x 9 m-Spielfeld.
Der Ball wird mit einem Drivesсhlag anstatt mit dem Aufschlag ins Spiel gebracht. Spieler A schlägt einen gezielten Driveschlag über Schulterhöhe, so

daß der Partner B mit der Tomahawk-Technik abwehren muß. Der Spieler soll die Technik so einsetzen, daß er sich den Ball selbst hochspielt, danach stellt und seinerseits einen gezielten Driveschlag über das Netz spielen kann.

Handlungshinweis

- Stelle die Trefffläche deiner Hände so zum Ball, daß du eine optimale Ballkontrolle hast, dem anfliegenden Ball die Geschwindigkeit nimmst und ihn über dir hochspielst!

2. Spiel '2 mit 2' auf 4,5 x 9 m, später auf dem Volleyballspielfeld.
Es soll **so** mit Driveschlägen angegriffen werden, daß die Spieler mit der Tomahawk-Technik ohne Block abwehren müssen. Ein Spieler jeder Mannschaft agiert nur als Feldverteidiger, der andere als Zuspieler.

Handlungshinweis

- Spiele den Ball in der Abwehr gezielt und aktiv zu deinem Partner!

Variation
(1) Wie die Spielform **2**, jedoch nun auf dem Volleyballfeld mit je zwei Feldverteidigern. Es sollen gezielte, taktische Schläge in den Abwehrbereich der Spieler geschlagen werden.

3. '2 gegen 2' nach Beachspielregeln.
Sonderregel: Erlaubt sind nur taktische Schläge ins Mittel- und Hinterfeld, keine Schmetterschläge und Angriffsfinten.

Variationen
(1) Wie **3**, die taktischen Schläge nun ins gesamte Feld.
(2) Alle Angriffsschläge bis auf Angriffsfinten, aber in den unmittelbaren Bereich der Feldverteidiger.

Handlungshinweis

- Nimm die optimale Ausgangsstellung ein, damit du alle Techniken blitzschnell und situationsgerecht anwenden kannst!

(3) Wie die Variation (2), jedoch darf nun in das gesamte Feld angegriffen werden.

Handlungshinweise

- Schätze dein Können richtig ein und spiele schwierig abzuwehrende Bälle halbhoch bis hoch in die Spielfeldmitte!
- Wehre niemals so ab, daß der Ball zum Gegner fliegt oder dein Partner überspielt wird!

Abschließend wird erneut darauf hingewiesen, daß aus Umfangsgründen bewußt nicht zu allen speziellen Abwehrtechniken methodische Reihen angeboten werden können. Die oben aufgeführte Übungsreihe kann entsprechend, mit veränderten Grundsätzen und Handlungshinweisen zu der jeweiligen Technik, die dem Kapitel 7.5.1 entnommen werden können, übernommen werden.

7.6 Ausgewählte Trainingsformen

Ausgehend von der gängigen Trainingssituation im Beachvolleyball, werden zunächst Übungs- und Spielformen mit nur zwei Spielern angeboten. Diese dienen in erster Linie der Verbesserung der Block- und Feldabwehrtechniken und nur bedingt der individualtaktischen Schulung. Anschließend werden Spiel- und Trainingsformen mit drei Spielern angeboten, um vorrangig die Individualtaktik und den Angriffsaufbau aus der Abwehr zu trainieren. Die Trainingsformen mit vier Spielern beinhalten neben der Individual- und Mannschaftstaktik die Abwehrstrategien.

Die Trainingsformen mit fünf und mehr Spielern berücksichtigen einerseits die Abwehrstrategien des Sportspiels '2 gegen 2' und trainieren andererseits die Sonderformen des Beachvolleyballspiels '3 gegen 3' und '4 gegen 4'.

ÜBUNGS- UND SPIELFORMEN MIT ZWEI SPIELERN FÜR DEN BLOCKSPIELER
Übungs- und Spielformen
1. Angreifer gegen Blockspieler:
   Der Angreifer wirft sich den Ball halbhoch an und schmettert zunächst von beliebigen Angriffsorten am Netz in seine Anlaufrichtung longline, später in seine Anlaufrichtung diagonal. Der Blockspieler versucht stets, die für den Angreifer vorgeschriebene Richtung zu blockieren.

Handlungshinweise

- Blockiere nicht gegenüber dem Angreifer, sondern in Verlängerung seiner Anlaufrichtung!
- Greife sofort über!
- Lenke den Ball durch deine Handstellung zur Feldmitte!
- Springe stets später als in der Halle ab!

Variationen

(1) Der Angreifer wirft sich den Ball bezüglich der Entfernung zum Netz bewußt ungenau an.

Handlungshinweis

- Blockiere bei dicht angeworfenen Bällen den Ball, bei weiter vom Netz angeworfenen Bällen die Anlaufrichtung!

(2) Der Angreifer variiert seine Anlauf- und damit seine Schlagrichtung.

Handlungshinweis

- Verändere deinen Blockort frühzeitig und springe aus einer optimalen Balance!

(3) Der Angreifer schmettert hart und nicht nur in Verlängerung seiner Anlaufrichtung.

Handlungshinweis

- Blockiere den Angreifer in Abhängigkeit von seiner Schlagbewegung und Stellung zum Ball!

2. Die Übung 1 und die Variationen, allerdings steht der Blockspieler 1 m vom Netz entfernt.

Handlungshinweis

- Leite deinen Blocksprung mit einem Schritt zum Netz ein und springe aus einer mitteltiefen Körperstellung!

3. Spiel '1 gegen 1' auf Spielfeld 3 x 9 m (Abb. 35a).
Sonderregel: Der Angreifer schmettert nur hart. Für die Blockabpraller gilt das gesamte gegnerische Feld (9 x 9 m). Der Angreifer greift zehnmal an, anschließend werden die Funktionen gewechselt. Sieger ist der Spieler mit den meisten erfolgreichen Handlungen.

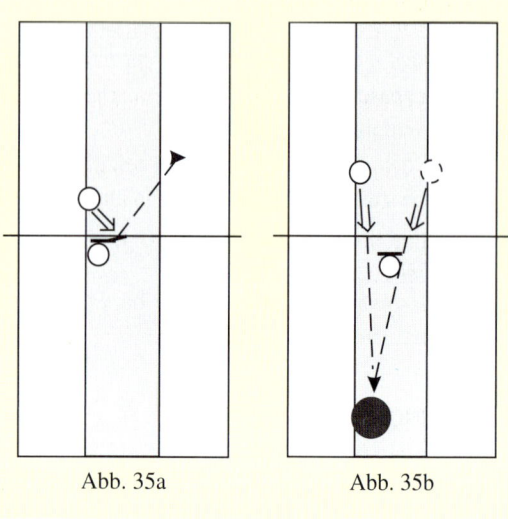

Abb. 35a   Abb. 35b

Handlungshinweise

- Versuche, ein seitliches Anschlagen des Blocks zu vermeiden, indem du die äußere Schulter weiter nach vorne schiebst oder indem du die Arme im letzten Moment wegziehst!
- Blockiere weiterhin mit einer Ausgangsstellung 1 m vom Netz entfernt!

Variationen
(1) Der Angreifer darf auch die Angriffsfinte in den unmittelbaren Bereich des Blockspielers spielen. Der Blockspieler ist dann erfolgreich, wenn er im Sinne der Eigensicherung den Ball hochspielt.

Handlungshinweise

- Beobachte die Schlagbewegung des Angreifers, um die Angriffsfinte frühzeitig zu erkennen!
- Erkennst du die Angriffsfinte nach dem Sprung zum Block, so versuche, die Blockhandlung durch eine Körperdrehung zur Eigensicherung abzubrechen!
- Versuche, jede Angriffsfinte zu erspielen!

(2) Die Spielform **3** und die Variation (1) auf 4,5 x 9 m.

BLOCK- UND FELDABWEHRSITUATION

4. Die Spielform **3** und ihre Variationen mit Angriffsschlag auf festgelegte Zonen (Abb. 35b).

ÜBUNGS-UND SPIELFORMEN FÜR DEN FELDVERTEIDIGER

1. Angreifer gegen Verteidiger:
   Der Angreifer wirft sich den Ball halbhoch an und führt taktische Schläge in eine vorgeschriebene Zone aus (Abb. 36a+b). Der Feldverteidiger agiert in dieser Zone, versucht den Ball abzuwehren und anschließend zu fangen. Der Angreifer schlägt zunächst von einem bestimmten Angriffsort, später beliebig. Organisation und Durchführung (Zählweise) wie bei Spielform **3** für den Blockspieler.

Variationen
(1) Wie **1**, auf 4,5 x 9 m, ohne Angriffsfinte.
(2) Der Feldverteidiger hat seine für Beachvolleyball übliche Ausgangsposition im Mittelfeld und agiert als Verteidiger gegen taktische Schläge auf der diagonal zum Angreifer befindlichen Spielfeldseite (Abb. 36c).

Handlungshinweise

- Bewege dich stets erst nach dem Anwurf aus deiner Position im Mittelfeld in die Abwehrzone!

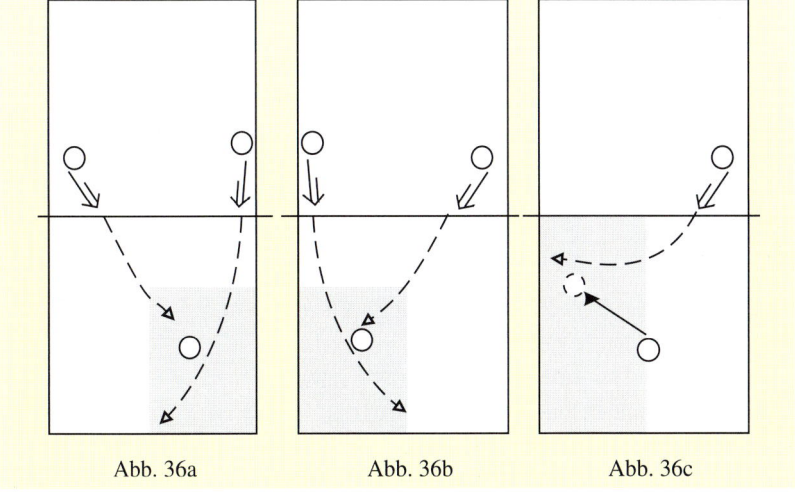

Abb. 36a   Abb. 36b   Abb. 36c

- Beobachte die Stellung des Angreifers zum angeworfenen Ball, um die Richtung von taktischen Schlägen zu antizipieren!
- Wende die richtige Abwehrtechnik an, um den abgewehrten Ball in die eigene Spielfeldmitte spielen zu können!

(3) Das gleiche, aber er verteidigt stets die frontal zum Angreifer gelegene Spielfeldhälfte.

Handlungshinweis

- Bewege dich bei taktischen Schlägen schnell zum voraussichtlichen Auftreffort!

2. Wie oben, jedoch schmettert der Angreifer nun hart in die vorgegebene Zone. Hierbei darf der Ball nicht näher als 1 m vom Netz angeworfen werden.

Handlungshinweis

- Wähle deinen Abwehrort stets 5 - 6 m vom Netz, um hart vor und seitlich tief vor dich geschmetterte Bälle im Abwehrbagger, hart auf und über dich geschmetterte Bälle mit beid- oder einhändigen Beachtechniken spielen zu können!

Variation

(1) Die Variationen der Spielform 1, jedoch nur mit harten Angriffsschlägen.

3. Der Angreifer schmettert hart in den Feldbereich C und mit taktischen Schlägen in die Feldbereiche D (Abb. 37a).

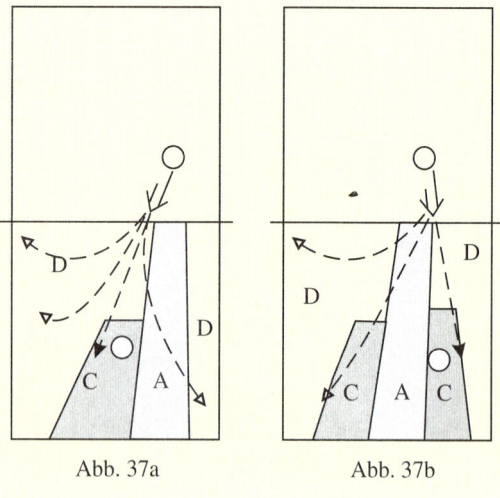

Abb. 37a   Abb. 37b

Variationen

(1) Wie 3, es wird von der Pos. II/ III angegriffen.
(2) Wie die Spielform und die Variation, jedoch soll der Angreifer nun hart in die Longline-Zone C und taktisch in die Zone D schmettern (Abb. 37b).

Handlungshinweise

- Spiele sehr schwierig abzuwehrende Bälle nur hoch, schwierige hoch zur Spielfeldmitte und leichtere so kontrolliert, daß du diese selbst fangen kannst!
- Beachte, daß du stets aus einer mittelhohen Verteidigungsstellung agierst!
- Beachte, daß du immer aus einer offenen Armhaltung heraus die ein- und beidarmige Abwehr ausführst!

(3) Wie die Spielformen und ihre Variationen, jedoch läuft der Angreifer nach seinem Angriff unter dem Netz hindurch, um gegebenenfalls den abgewehrten Ball zu stellen und dem Feldverteidiger den Übergang zum Angriff zu ermöglichen.

TRAININGSFORMEN MIT DREI SPIELERN

Bei den folgenden Trainingsformen spielt immer ein angreifender Spieler gegen eine Beachvolleyballmannschaft in der Abwehr. Grundsätzlich kann bei einer vorgegebenen Zahl von Angriffen nach Punkten gespielt werden. Ausgehend von der Beachpraxis, sollte die üblicherweise zusammenspielende Beachvolleyballmannschaft stets in der Abwehr agieren und der Angreifer Hilfsfunktionen übernehmen. Es ist selbstverständlich, daß die abwehrenden Spieler ihre Funktionen als Blockspieler und Feldverteidiger wechseln. Der Angreifer soll, wenn nicht anders vorgeschrieben, unterschiedliche Angriffsorte wählen.

Fortgeschrittene und Anfänger sollten zunächst das Spiel '1 gegen 2' auf den Spielfeldern 4,5 x 9 m, 9 x 6 m, 6 x 9 m und zuletzt auf dem Normalspielfeld durchführen. Sowohl Fortgeschrittene als auch Leistungsspieler können die unten aufgeführten Trainingsformen auch als Spiele miteinander vorschalten. Dabei wird eher die Technik und weniger die Individual- und Mannschaftstaktik trainiert. Bei den Spielen miteinander, die sehr lange Ballwechsel ermöglichen, sollen die Unterbrechungen gezielt länger gestaltet werden.

1. Angreifer gegen eine Beachvolleyballmannschaft (Abb. 38a):
   Der Angreifer wirft sich den Ball hoch und kennt zunächst die Abwehrstrategie der verteidigenden Mannschaft. Der Netzspieler blockiert zunächst nur die

Linie, der Feldverteidiger agiert in der Diagonalen. Der Angreifer führt nur harte Angriffsschläge durch.

Durchführung und Organisation

- Die abwehrende Mannschaft erhält **einen** Punkt bei einem erfolgreichen Block und wenn der Gegenangriff vom ursprünglich angreifenden und nun verteidigenden Spieler gefangen/abgewehrt werden kann.

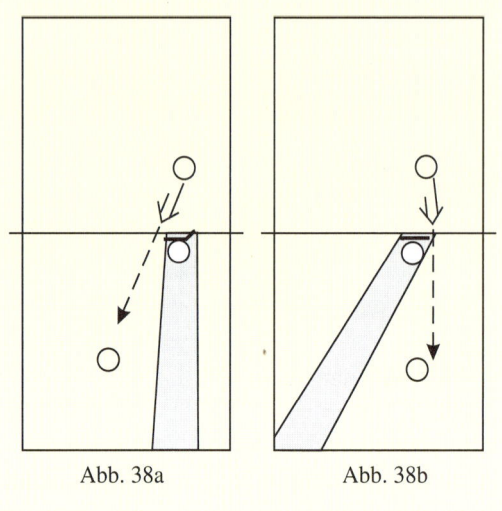

Abb. 38a   Abb. 38b

- Die abwehrende Mannschaft erhält **zwei** Punkte, wenn der Angriffsaufbau aus der Abwehr mit einem taktischen Schlag abgeschlossen wird, der vom Angreifer/Feldverteidiger nicht berührt werden kann.
- Die abwehrende Mannschaft erhält **drei** Punkte, wenn der Gegenangriff durch einen Angriff im Sprung und in Netznähe vom Angreifer/Feldverteidiger nicht erreicht werden kann.

Handlungshinweis

- Alle bisher gegebenen Handlungshinweise gelten selbstverständlich auch hier und müssen weiterhin beachtet werden!

Variationen
(1) Der Blockspieler blockiert stets die Diagonale, der Abwehrspieler übernimmt die andere Spielfeldseite (Abb. 38b).

Handlungshinweise

- Sei als **Blockspieler** bereit, nach der Blockhandlung die zweite Ballberührung als Zuspielhandlung auszuführen!

- Versuche schon vor der Landung, den Blickkontakt zum Mitspieler und Ball aufzunehmen!
- Leite durch eine Körperdrehung vor der Landung und durch eine Landung in Schrittstellung deine Bereitschaft zur zweiten Ballberührung ein!

(2) Der Angreifer schmettert hart in Verlängerung seiner Anlaufrichtung. Der Blockspieler blockiert die Hauptschlagrichtung, und der Feldverteidiger agiert außerhalb des Blockschattens.

Handlungshinweis

- **Feldverteidiger:** Sei bereit, nach deiner Abwehrhandlung als Angreifer eingesetzt zu werden!

(3) Der Angreifer schmettert hart oder führt eine Angriffsfinte aus.
(4) Der Angreifer führt nur taktische Schläge oder Angriffsfinten aus.

Handlungshinweis

- Sei **als Blockspieler** bereit, Angriffsfinten in deinem unmittelbaren Bereich selbst abzuwehren!

(5) Der Angreifer schmettert hart oder führt einen taktischen Schlag aus.

Handlungshinweise

- Sei **als Blockspieler** stets bereit, wenn du den Angriffsschlag durch den Block abgeschwächt hast, mit einem kurzen Anlauf über den 1. Paß anzugreifen!
- Führe **als Abwehrspieler** in Abhängigkeit von einem vom Block abgefälschten Ball eine Zuspielhandlung zum Angreifer/Blockspieler oder eine Ballrettung in seinem Bereich aus!

(6) Der Angreifer kann beliebig handeln.

Handlungshinweise

- **Blockspieler:** Informiere deinen Mitspieler durch Zeichen über deinen Zonenblock!

- Informiere deinen Mitspieler frühzeitig, gegebenenfalls aber auch kurz vor dem Angriffsschlag darüber, daß du den Block nur antäuschen willst!
- Vergewissere dich stets, ob deine Information vom Feldverteidiger erkannt wurde!
- Bestätige als **Feldverteidiger**, ob du die Zeichen verstanden hast!
- Versuche bei jeder Abwehrhandlung, den Angreifer durch täuschende Bewegungen zu irritieren!

2. Der Angreifer wirft sich zwischendurch den Ball bewußt ungenau an, um Danke-Ball-ähnliche Situationen zu schaffen. Die Angriffsorte variieren von Netznähe bis hin zu 5 m Netzentfernung. Der Blockspieler soll sich hierbei in die Feldverteidigung zurückziehen (Abb. 39).

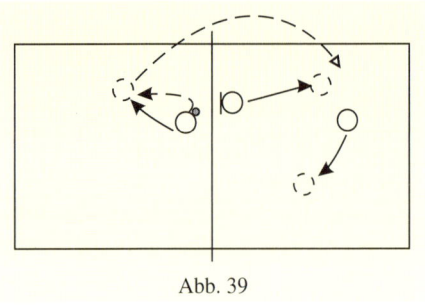

Abb. 39

Handlungshinweise

- Beachte als **Netzspieler** bei deutlichen Danke-Bällen, daß du schnell deine Spielfeldseite als Annehmer und Angreifer übernimmst!
- **Feldverteidiger**, beachte bei deutlichen Danke-Ball-Situationen, daß du für deine Spielfeldseite als Annahmespieler und Angreifer verantwortlich bist (vgl. Abb. 39)!
- Bewege dich bei nicht sehr deutlichen Danke-Ball-Situationen, die du als Netzspieler spät erkennst, sehr schnell gradlinig nach hinten und bleibe in der Spielfeldseite, in der du dich befindest!

TRAININGSFORMEN MIT VIER SPIELERN

1. Spiel '1 gegen 2' mit einem Spieler in Hilfsfunktionen:
   Alle Formen mit drei Spielern können hier angewendet werden. Der vierte Spieler mit einem Ball in den Händen soll nach erfolgloser Abwehr durch die Beachmannschaft einen Ball in den augenblicklichen Abwehrbereich des Feld-

verteidigers werfen oder schlagen, um der abwehrenden Mannschaft möglichst oft den Angriffsaufbau aus der Abwehr zu ermöglichen. Später sollen ebenso Bälle im Sinne der Angriffsfinte im Bereich des Blockspielers zugeworfen werden.

2. Spiel '2 gegen 2' nach Spielregeln:
Sonderregel: Der Ball wird von der abwehrenden Mannschaft als Danke-Ball der angreifenden Mannschaft zugespielt, um anschließend zu verteidigen. Zunächst soll der Danke-Ball auf den gleichen Spieler gespielt werden, später beliebig und zuletzt ein schwer abzuwehrender Ball. Am Anfang sollen von der angreifenden Mannschaft nur Driveschläge und Angriffsfinten, später alle Arten des Angriffs angewendet werden.

Handlungshinweis

- Sei als **Feldverteidiger** und **Netzspieler** bereit, Stellerfinten abzuwehren!

3. Die angreifende Mannschaft greift zunächst nach eigenem Anspiel, einem optimalen 1. Paß und optimalen Zuspiel an.

Variation
(1) Der Angreifer greift indirekt, d.h. nach einem Anspiel/Schlag des Zuspielers und seiner daraufolgenden Abwehrhandlung an.

Handlungshinweise

- **Blockspieler:** Spielst du gegen den Wind, ist das Blockieren häufiger notwendig!
- Verhalte dich als Beachvolleyballer stets positiv und motivierend gegenüber deinem Mitspieler!

4. '2 gegen 2' als Trainingsspiel nach Spielregeln:
Sonderregel: Jede Mannschaft führt ohne Rotation zunächst fünf Aufschläge aus. Anschließend erhält die andere Mannschaft das Aufgaberecht.

Variation
(1) Spiel nach Beachregeln.

TRAININGSFORMEN MIT FÜNF UND MEHR SPIELERN

1. Die Trainingsformen 1-4 mit vier Spielern können hier uneingeschränkt Anwendung finden. Der fünfte Spieler führt zunächst als Aufschläger nur Hilfsfunktionen aus.

2. '2 gegen 2' nach Beach-Regeln als Powerspiel:
Der fünfte Spieler bringt von außerhalb des Spielfeldes Danke-Bälle ins Spiel. Zunächst soll die gleiche Mannschaft hintereinander 3-5 Danke-Bälle erhalten; später bekommt die Mannschaft den Danke-Ball, die den Fehler begangen hat und zuletzt immer die Mannschaft, die erfolgreich den Ballwechsel abgeschlossen hat.
Sonderregel: Bei drei Danke-Bällen bekommt die Mannschaft, die zwei oder drei Punkte gemacht hat, einen Big Point, später die Mannschaft, die zwei Ballwechsel hintereinander für sich entschieden hat und zuletzt die Mannschaft, die drei Punkte hintereinander erzielte.
Beim Power-Spiel sollen die Pausen zwischen den Ballwechseln zunächst länger als 20-30 s sein, später sollen ohne Pausen bis zu 5/8/11 Big Points gespielt werden.

Handlungshinweise

- Versuche, trotz Überforderung, alle deine Handlungen jederzeit spielgerecht und vor allem zielgenau auszuführen!
- Sei mental auf eine Überbelastung eingestellt und versuche, deinen kämpferischen Einsatz bis zum Ende gleich hoch zu halten!

3. Die Trainingsformen 1 und 2 mit sechs Spielern:
Zwei Spieler führen die Hilfsfunktionen aus: zunächst als Aufschläger auf der gleichen Spielfeldhälfte, später je einer auf jeder Hälfte. Zuletzt können die Power-Spiele Anwendung finden, wobei jeder Hilfsspieler den Danke-Ball nur auf die eine Mannschaft schlägt.

4. '2 gegen 2' in drei Beachmannschaften (Abb. 40):
Je ein Spieler der nicht auf dem Spielfeld stehenden Mannschaft (A) befindet sich mit Bällen hinter jeder Grundlinie. Der Aufschlag (3) wird stets von dem Aufschläger (A) ausgeführt, der auf der Seite der ausscheidenden, d.h. den Ballwechsel verlierenden Mannschaft (hier: Mannschaft B) steht. Sobald der

andere Aufschläger (A')
erkennt, daß die ihm gegenüber
spielende Mannschaft
einen Fehler begangen
hat, läßt er seinen
Ball fallen, läuft unter
dem Netz durch (2) und
agiert als Blockspieler
(A").

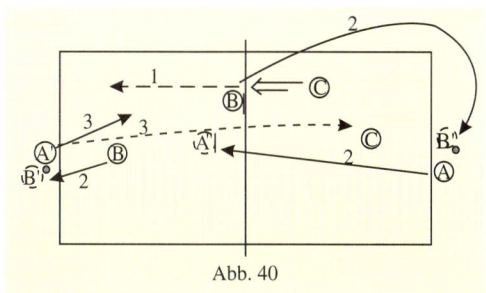

Abb. 40

Er versucht, sich trotzdem schnell mit seinem Aufschläger/Feldverteidiger zu verständigen. Die Spieler der Mannschaft, die den Ballwechsel verloren hat, gehen sofort (2) mit einem Ball hinter die Grundlinien und sind bereit, den nächsten Aufschlag auszuführen (B'). Sieger ist die Mannschaft, die 15 Punkte erspielt. Als Punkt zählen zwei hintereinander gewonnene Ballwechsel.

Variation
(1) Jede Mannschaft agiert bei bis zu zehn Ballwechseln in erster Linie als annehmende und angreifende, anschließend als aufschlagende und zuletzt als abwehrende Mannschaft.

5. '3 gegen 3' als Sonderform des Beachvolleyballspiels mit einem Netzspieler als Block- und Zuspieler sowie zwei Feldverteidigern/Angreifern.
Um sich nicht von der Struktur des Beachvolleyballspiels '2 gegen 2' zu entfernen, soll die Ballberührung durch den Block als erste Ballberührung gelten und der Aufschlag aus jedem Bereich hinter der Grundlinie ausgeführt werden.

Variationen
(1) Spiel '3 gegen 3' nach den französischen Beachregeln (vgl. Kap. 3.5.1).
(2) '3 gegen 3' mit **sieben** Spielern, wobei der siebte Spieler nach dem ersten Ballwechsel mit Aufschlag je einen Danke-Ball zu jeder Mannschaft schlägt.

6. Spiel '4 gegen 4' nach den Regeln der American Beach Volleyball League (vgl. Kap. 3.5.2).
Zunächst mit einem Blockspieler und drei Feldverteidigern, später mit zwei Netzspielern und zwei Feldverteidigern, wobei alle aus dem Vorderfeld angreifen dürfen.

Variation

(1) Dieses Spiel kann auch mit drei Netzspielern und einem Hinterspieler gespielt werden, um dem einen bzw. den höchstens zwei Feldverteidigern Beachvolleyballtypische Feldverteidigungsfunktionen zu geben.

Foto 71: „Gator" Beach-dig

7.7 Spezielle Trainingsformen

Organisation und Durchführung der Trainingsformen zu den **koordinativen Fähigkeiten** des Blockspielers und des Feldverteidigers entsprechen dem Kapitel 6.5.1.

Beachvolleyballer in der Funktion des Blockspielers

- Block ⇨Zuspiel ⇨Block,
- Block ⇨Eigensicherung ⇨Block,
- Angetäuschter Block ⇨Feldverteidigung ⇨Angriff,
- Angetäuschter Block ⇨Feldverteidigung ⇨Zuspiel,
- Aufschlag ⇨Block ⇨Angriff,
- Aufschlag ⇨angetäuschter Block ⇨Feldverteidigung,
- Aufschlag ⇨Unterbrechen des Laufs zum Block ⇨Feldverteidigung ⇨Angriff,
- Block ⇨Ballrettung ⇨Block,
- Aufschlag ⇨Block ⇨Zuspiel,
- Block ⇨Eigensicherung ⇨Zuspiel,
- Zuspiel ⇨Block ⇨Erlaufen eines taktischen Schlages,
- Erlaufen einer Zuspielfinte ⇨Angriff ⇨Block,
- Block ⇨angetäuschter Block ⇨Block,
- Angetäuschter Block ⇨Block,
- Block ⇨Feldzuspiel ⇨Block.

Beachvolleyballer in der Funktion des Feldverteidigers

- Aufschlag ⇨Abwehren eines Angriffsschlages ⇨Angriff,
- Aufschlag ⇨Erlaufen eines taktischen Schlages ⇨Angriff,
- Feldverteidigung ⇨Angriff ⇨Feldverteidigung,
- Feldzuspiel ⇨Block ⇨Eigensicherung,
- Erlaufen einer Stellerfinte ⇨Angriff ⇨Block,
- Ballrettung ⇨Angriff ⇨Ballrettung,
- Feldverteidigung ⇨Feldzuspiel ⇨Ballrettung,
- Angriff ⇨Feldverteidigung ⇨Angriff,
- Angriff ⇨Erlaufen eines taktischen Schlages ⇨Angriff,
- Aufschlag ⇨Ballrettung ⇨Angriff,

- Zuspiel zum Angriff über den 1. Paß ⇨Ballrettung ⇨Zuspiel,
- Fernsicherung ⇨Angriff ⇨Block,
- Erlaufen einer Angriffsfinte ⇨Angriff ⇨Block,
- Erlaufen einer Stellerfinte ⇨Angriff ⇨Ballrettung,
- Feldverteidigung gegen fünf Angriffsschläge hintereinander mit jeweiliger Einnahme der Ausgangsposition,
- drei Ballrettungen hintereinander mit jeweiliger Einnahme der -/Rückkehr zur Ausgangsposition,
- Erlaufen von drei taktischen Schlägen mit jeweiliger Einnahme der -/Rückkehr zur Ausgangsposition,
- fünfmal Abwehr mit Beachtechniken bei harten Schmetterschlägen auf den Körper,
- Abwehr/Zuspielhandlung von drei touchierten Bällen hintereinander,
- drei Ballrettungsaktionen als dritte Ballberührung zum Gegner,
- dreimal einen Danke-Ball annehmen und angreifen.

Foto 72

8 Abwehr- und Angriffsstrategien

Im folgenden sollen sehr praxisnahe Strategien und Gegenstrategien dargestellt und begründet werden, die stets auf einer systematischen Spiel- und Spielerbeobachtung basieren sollten (vgl. Kap. 9). Die Kunst des Spielers/Trainers liegt darin, aus den zahlreichen Maßnahmen zu einem bestimmten Beobachtungsmerkmal diejenige Maßnahme auszuwählen, die die größte Wirksamkeit hat und deren Umsetzung gesichert ist.

8.1 Aufschlagstrategien

Für die Erstellung einer Aufschlagstrategie sind, unter Berücksichtigung der Ausführungen zur Problematik der Spezialisierung (vgl. Kap. 3.3) und denen zur Individualtaktik des Aufschlägers (vgl. Kap. 5.4), folgende Beobachtungsaspekte wichtig:

Da im Beachvolleyball jeder Spieler Annahmespieler ist, müssen die **Annahmeschwächen und -stärken** dieser Spieler sehr detailliert mit folgenden Schwerpunktsetzungen (vgl. Kap. 9, Spielbeobachtung) erfaßt werden:

a) Erfassung der Annahmeleistung auf der guten/schlechten Seite (vgl. Kap. 5.4) in Abhängigkeit von den Wetterbedingungen.
b) Annahmequalität des Spielers nach Bewegung.
c) Annahmequalität des Spielers in Abhängigkeit von seiner Angriffshandlung, insbesondere seiner Schnelligkeit und koordinativer Fähigkeiten.
d) Erfassung der Stärken und Schwächen bei der Annahme im psychischen Bereich.
e) Erfassung eines möglicherweise wechselseitigen Zusammenhangs zwischen der Annahme- und Angriffsleistung. Hierbei soll gezielt untersucht werden, inwieweit sich z.B. nach einem Eigenfehler im Angriff Folgefehler in der Annahme ergeben. Der Vergleich der Annahme- mit der Angriffsleistung und umgekehrt soll durch die Erstellung der Handlungskette erfolgen.
f) Erfassung des Zusammenwirkens der Spieler untereinander in der Annahme, insbesondere bei Aufschlägen in deren Überschneidungszonen.

Die Wahl der Aufschlagtechnik und ihrer Ausführungsvarianten sowie der Aufschlagposition und des Aufschlagziels ist von enormer Bedeutung. Die Ausführung der Aufschläge und besonders der Ballflug werden durch die äußeren Be-

dingungen stark beeinflußt. Grundsätzlich kann festgehalten werden, daß folgende Faktoren einen Einfluß auf die individual- und mannschaftstaktischen Entscheidungen der aufschlagenden Mannschaft haben:
- Die äußeren Bedingungen, insbesondere die Windrichtung und -stärke, die Lichtverhältnisse und die Bodenbeschaffenheit in Verbindung mit den eigenen Aufschlagstärken bzw. -schwächen;
- die äußeren Bedingungen in Verbindung mit den Stärken und Schwächen der gegnerischen Spieler, nicht nur in der Annahme, sondern auch im Zuspiel und Angriff;
- die eigene und die gegnerische körperliche Belastung. Dies ist im Beachvolleyballspiel von entscheidender Bedeutung, wenn man bedenkt, daß die Spieler möglicherweise am ersten der zwei Turniertage mehr als vier Spiele absolvieren und bis zum Finale noch bis zu sechs Spiele vor sich haben;
- die eigene und die gegnerische psychische Verfassung;
- der Spielstand und, für den amerikanischen Profibereich, die verbleibende Spielzeit.

Bei der individualtaktischen Entscheidung sollten unterschiedliche Zielsetzungen für unterschiedliche Aufschlagarten in Abhängigkeit von den Wetterbedingungen berücksichtigt werden:
1. Die **Wahl des Aufschlagortes** ist einerseits abhängig von den äußeren Bedingungen und andererseits von der Intention, den Ballflug so kurz wie möglich zu gestalten.

Darum ist ein Aufschlag von der Pos. I auf die gegnerische Pos. I weniger sinnvoll, weil der Annahmespieler aufgrund der längeren Flugphase des Balles diesen besser antizipieren und erlaufen kann. Sinnvoller ist hier, die Aufschlagposition V auszuwählen, um den Ball auf dem kürzesten Weg auf die lange Pos. I zu spielen. Grundsätzlich aber sollte der Beachvolleyballer von jeder Aufschlagposition aus in jeden Bereich des gegnerischen Feldes aufschlagen können.

2. Bei der **Wahl der Aufschlagtechnik, der Aufschlagrichtung und des Aufschlagortes** ist das **eigene Können** der **entscheidende** Faktor. Der Spieler versucht grundsätzlich, seinen „stärksten" Aufschlag anzuwenden. Erst in zweiter Linie bezieht er den Gegner, die herrschenden Windverhältnisse und alle genannten Faktoren in seine Überlegungen mit ein und variiert „seine" Technik entsprechend oder wechselt den Aufschlagort bzw. die Aufschlagrichtung.

ABWEHR- UND ANGRIFFSSTRATEGIEN

Der **Gegner**, d.h. die Stärken und Schwächen der gegnerischen Spieler, ist ein bedeutender Faktor bei den individual- und mannschaftstaktischen Entscheidungen der aufschlagenden Mannschaft. Meist wird so aufgeschlagen, daß ein Spieler die Mehrzahl der Aufschläge annehmen muß und dadurch einer höheren psycho-physischen Belastung ausgesetzt ist. Folgende Überlegungen spielen dabei eine Rolle:
- Es soll versucht werden, momentane Schwächen eines gegnerischen Spielers in der Annahme zu erkennen und auszunutzen, d.h. es sollte stets in seinen Bereich geschlagen werden!
- Es soll versucht werden, momentane Schwächen eines gegnerischen Spielers im Angriff zu erkennen und auszunutzen, indem auf ihn aufgeschlagen wird! Dabei muß bedacht werden, daß die Einschätzung der Angriffsleistung des gegnerischen Spielers auch davon abhängt, welcher Angreifer der Block- und Feldverteidigung der aufschlagenden Mannschaft momentan „am besten liegt".
- Es soll versucht werden, denjenigen Spieler, der infolge seiner eigenen Aufschlag- und Abwehrtaktik ohnehin schon die meisten Sprunghandlungen durchführt, dadurch noch weiter zu ermüden, daß er den überwiegenden Teil der Aufschläge annehmen muß. Dies ist möglich,
   a) wenn man die Anzahl der bereits absolvierten Spiele dieser Mannschaft kennt,
   b) wenn man die Abwehrtaktik dieser Mannschaft kennt.
- Es soll versucht werden, den Spieler, der schon längere Zeit nicht annehmen mußte, mit einem Aufschlag zu „überraschen".
- Es soll versucht werden, momentane Schwächen eines gegnerischen Spielers im Zuspiel zu erkennen und auszunutzen, indem man ihn nicht anspielt!

Bei der individualtaktischen Entscheidung über Aufschlagtechnik, -richtung und -ort berücksichtigt der Spieler die herrschenden **Windverhältnisse**.
Dabei wird im Beachvolleyball zwischen einer „**guten**" und einer „**schlechten**" Spielfeldseite unterschieden. Die in den Wind aufschlagende Mannschaft spielt auf der sog. guten Seite, da ihr bei der Wahl der Aufschlagtechnik die gefährlicheren Variationen zur Verfügung stehen.

Die Flugkurven von Aufschlägen bei **Gegenwind** sind in der Regel für die Annahmespieler schwer zu berechnen, da sich alle Aufschläge plötzlich in das Spielfeld senken können. Sie sind daher gefährlicher als Aufschläge bei Rückenwind. Wind von **schräg/vorn** ist in diesem Zusammenhang ebenfalls als ein Vorteil für die aufschlagende Mannschaft anzusehen. Die grundsätzliche Empfehlung lautet daher:

> Bei der Seitenwahl vor einem Spiel immer die „gute" Seite wählen, d.h. immer die Gegenwindspielfeldhälfte! Nur bei Windstille den Aufschlag wählen!

Im folgenden werden Empfehlungen zu Aufschlagorten, -techniken und -richtungen für Aufschläge bei **Gegenwind** gegeben:

- Bei Gegenwind wird **grundsätzlich** mit mehr Risiko aufgeschlagen.
- Der „beste" Aufschlag ist in der Regel der harte Aufschlag lang in die Mitte, zwischen die beiden Annahmespieler (Abb. 41a), um die gegnerischen Spieler zu Mißverständnissen zu verleiten. Dieser Aufschlag ist gefährlich und das Risiko eines Aufschlagfehlers ist relativ gering.
- Flatter- und Sprungaufschläge kurz und lang variieren! Der Gegner soll dadurch zur Einnahme einer falschen Ausgangsposition in der Annahme verleitet werden.
- Den zu weit vorn postierten Annahmespieler (A) mit einem langen Sprungaufschlag überspielen! (Abb. 41b).
- Den zu weit hinten postierten Annahmespieler (B) mit einem sehr kurzen Sprungaufschlag (mit starkem Top Spin) überraschen (Abb. 41c)!
- Sprungaufschläge mit starkem Top Spin kurz in die Diagonale schlagen (Abb. 41d)!
- Durch lange Flatteraufschläge den gegnerischen Annahmespieler zur Bewegung vor oder während der Annahme zwingen (Abb. 41e)!
- Lange Sprung- und Flatteraufschläge schlagen, um den Gegner zu einem langen Lauf bis zum Angriffsort zu zwingen (Abb. 41b+e)!
- Kurze (taktische) Flatteraufschläge schlagen, wenn ein gegnerischer Spieler deutliche Anzeichen der Ermüdung offenbart (Abb. 41f)! Das

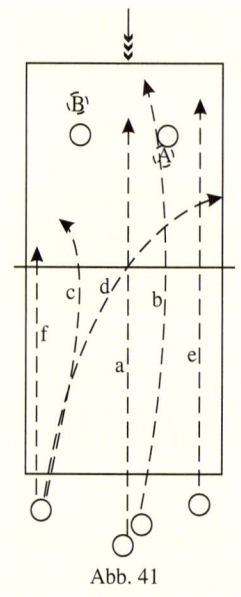

Abb. 41

Einnehmen der tiefen Spielstellung bei der Annahme des kurzen Aufschlags mit schnellem Wechsel der exzentrischen und konzentrischen Muskelkontraktion soll den Annahmespieler ermüden und zu Fehlern beim darauffolgenden Angriff zwingen.
- Bei der Wahl der Ausgangsposition hinter der Grundlinie immer die Windrichtung berücksichtigen!
- Bei schwachem oder normalem bis mittelstarkem Gegenwind sollten lange Aufschläge überwiegen oder mindestens genauso häufig wie kurze Aufschläge geschlagen werden!
- Erst bei starkem bis sehr starkem Gegenwind dazu übergehen, häufiger kurze, hart geschlagene Aufschläge durchzuführen!

Bei **Wind von schräg/vorn** oder **Seitenwind** sind folgende Empfehlungen zu geben:

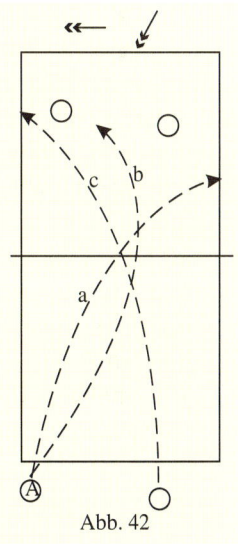

Abb. 42

- Den Aufschlagort (A) grundsätzlich so wählen, daß **in den Wind** aufgeschlagen werden kann (Abb. 42a, b)!
- Der „beste" Aufschlag ist der Sprungaufschlag mit Seiteneffet in die „kurze Diagonale" (Abb. 42a)!
- Sprungaufschläge möglichst mit Seiteneffet schlagen: So aufschlagen, daß der Ball eine starke Änderung der Flugbahn erfährt. Dadurch, daß der Ball zunächst auf einen Annahmespieler zufliegt und dann in einer Kurve zur Seitenlinie (Abb. 42c) oder in die Spielfeldmitte bzw. zum anderen Spieler abdreht (Abb. 42b), soll die annehmende Mannschaft zu Mißverständnissen gezwungen werden.
- Wenn der Sprungaufschlag mit Seiteneffet nicht beherrscht wird (mittleres und unteres Leistungsniveau), ist der Tennisaufschlag mit Vorwärts- oder Seiteneffet eine gute Alternative!
- Flatteraufschläge nur bei leichtem Seitenwind schlagen!

Auf der sog. schlechten Seite befindet sich die aufschlagende Mannschaft, wenn sie mit **Rückenwind** oder Wind von **schräg/hinten** aufschlagen muß. Die Flugbahn des Balles ist für die annehmende Mannschaft berechenbarer. Dies ist insbesondere bei Flatteraufschlägen der Fall. Überdies senken sich die Aufschläge mit Vorwärts- oder Seiteneffet nicht so unvermittelt, wie dies bei Gegenwind der Fall ist. Ebenso verändert sich die Flugrichtung nicht so stark wie bei Aufschlägen mit Seitenwind. Die Überlegungen beim Schlagen eines Aufschlags mit Rückenwind konzentrieren sich daher eher auf die Schwächen des Gegners als auf das Ausnutzen der Windverhältnisse:

- Der „beste" Aufschlag ist der Aufschlag zwischen die gegnerischen Spieler, um sie zu Mißverständnissen zu zwingen! Der Rückenwind erlaubt sonst nur wenige „gefährliche" Variationen.
- Solange die Windverhältnisse es zulassen, Sprungaufschläge schlagen!
- Zur körperlichen Schonung, bzw. bei schon eingetretener Ermüdung, Flatteraufschläge anwenden!
- Sobald der Wind zu stark wird oder es sich aufgrund anderer Faktoren anbietet, lange Flatteraufschläge zwischen die gegnerischen Spieler schlagen (Abb. 43a)!
- Alle Aufschläge lang schlagen! Der Gegner soll einen möglichst langen Anlauf zum Angriffsort haben und aus dem üblichen Rhythmus gebracht werden (Abb. 43a-c).
- Lange, „schwebende" Flatteraufschläge auf die Annahmespieler schlagen, um sie dadurch zu überraschen, daß sich der Ball nicht senkt! Der Annahmespieler kann in diesem Fall dem Ball nicht mehr seitlich ausweichen bzw. nicht zurückweichen (Abb. 43c).
- Longline aufschlagen, um dem Gegner wenig Reaktionszeit zu lassen (Abb. 43a)!
- Insbesondere bei leichtem Rückenwind **Skyballs** und alle Risikoaufschläge mit hoher, langer Flugkurve anwenden! Die Wind- und Lichtverhältnisse, die instabile Flugbahn und die steigende Fallgeschwindigkeit des Balles erschweren die Annahme und können zu Folgefehlern beim Angriff führen.
- Skyballs immer lang schlagen, damit der Annahmespieler zu einer Bewegung nach hinten (und nicht nach vorn) gezwungen wird!

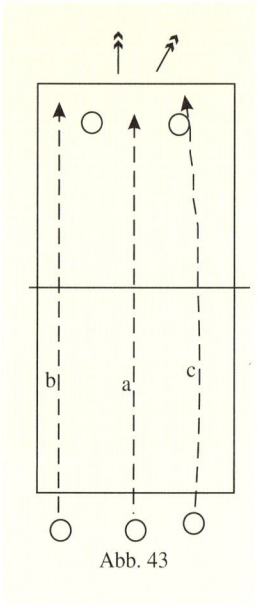

Abb. 43

Es ist leicht, die Schwächen bzw. Stärken der Spieler in der Annahme zu erfassen, da jeder Spieler jederzeit in der Annahme agiert und somit viele Annahmehandlungen ausführt.

Da bis auf die Situation des Angriffs über den 1. Paß der annehmende Spieler stets die Angriffshandlung ausführt, sind die Aufschlagstrategien immer im Zusammenhang mit der Angriffsleistung des Spielers zu sehen. Die Angriffsleistung eines Spielers – und nicht seine Annahmeleistung – kann oft sogar der ausschlaggebende Faktor für die Aufschlagstrategie sein, d.h. es kann sehr sinnvoll sein, den annahmestarken, aber angriffsschwächeren Spieler anzuspielen, um die eigene Block- und Feldabwehr zu stärken (s.o).

Grundsätzlich soll bei jeder Aufschlagstrategie die eigene gute/schlechte Seite in Abhängigkeit von den Windverhältnissen berücksichtigt werden (s.o.). Davon weniger beeinflußt ist der Grundsatz, daß jeder Spieler stets bestrebt oder bemüht sein soll, seine effektivste Aufschlagart einzusetzen.

Darüber hinaus kann empfohlen werden, den Sprungaufschlag als wirksamstes Angriffsmittel im Aufschlagbereich einzusetzen, insbesondere,
a) weil die Verständigungszeit der Spieler verkürzt wird, hier besonders beim Aufschlag zwischen die Spieler;
b) weil dieser aufgrund seiner kürzeren Anflugzeit und seiner Härte schwieriger anzunehmen ist;
c) weil der annehmende Spieler weit ins Hinterfeld getrieben werden kann und somit zu einem längeren Laufweg zum Angriffsort gezwungen wird;
d) als Sprungaufschlag ins Vorderfeld, besonders wenn die Annahmeausgangsstellung der Spieler weit hinten ist, um einen hohen Überraschungseffekt zu erzielen;
e) als Risiko-Sprungaufschlag ins Vorderfeld, vor allem in die kurze Diagonale.

Der nahezu ebenso effektive taktische Aufschlag empfiehlt sich insbesondere,
a) um die Annahmeschwächen eines Spielers auszunutzen, z.B. bei Bewegungen vor der Annahme, zur schwächeren Annahmeseite hin, usw.;
b) um den annehmenden Spieler mit Aufschlägen ins Hinterfeld zu zwingen und dadurch den Übergang zum Angriff zu erschweren;
c) um den technisch oder psychisch schwächeren Spieler durch Aufschlagsserien unter Druck zu setzen, vor allem um psychisch labilere Spieler durch einen bewußt ausgedehnten Blickkontakt zu verunsichern;

d) um einen physisch schwächeren Spieler durch Aufschlag- und Angriffsserien unter Druck zu setzen und weiter zu belasten/zu ermüden. Kurze Aufschläge, die mit langen Annahmewegen verbunden sind und einen erneuten Anlauf zum Angriff erzwingen, sind hierzu besonders geeignet;

e) um bei einer Mannschaft, die während des gesamten Turniers mit Spezialisten im Block- und Feldabwehrbereich agiert, den Blockspieler durch Aufschlag- und somit Angriffsserien zur Ermüdung, bzw. Erschöpfung zu bringen. Hier ist die freie oder besser gebundene Erfassung der Sprunghandlungen in den vorausgegangenen Spielen des Turniers von besonderer Wichtigkeit;

f) um Einfluß auf den Angriffsort und Angreifer zu nehmen;

g) um den im Zuspiel schwächer agierenden Spieler zu bestimmen;

h) um durch Aufschläge in die Überschneidungszone Mißverständnisse unter den Spielern zu erzwingen;

i) um durch kurze/lange Aufschläge den/die Spieler zu überraschen, zu längeren Laufwegen zu zwingen und zu falschen Ausgangspositionen in der Annahme zu verleiten;

j) um einen Spieler, der über längere Zeit keine Annahme hatte und möglicherweise aus dem Spielrhythmus Annahme-Angriff herausgehalten wurde, zu überraschen.

Der Skyball als taktische Variante kann vor allem deshalb eine hohe Effektivität aufweisen, weil er

a) **bei Rückenwind ein druckvoller Aufschlag ist;**
b) den Annahmespieler durch die zunehmende Fallgeschwindigkeit des Balles vor Probleme stellt;
c) eine andere Annahmetechnik erforderlich macht;
d) den Gegner unter psychischen Druck setzt bzw. bei einem Annahmefehler „lächerlich" macht;
e) den üblichen Rhythmus des Gegners beim Übergang von der Annahme zum Angriff stört;
f) den annehmenden Angreifer zwingt, lange nach oben in die Sonne zu blicken, anstatt das Spielgeschehen ständig im Blickfeld zu haben.

Flatteraufschläge, im Beachvolleyball aus einer Entfernung von bis zu 4 m hinter der Grundlinie geschlagen, sind dann sinnvoll, wenn ein Gegenspieler Schwächen in der Annahme dieser Aufschläge hat und wenn die taktischen Aufschläge keine hohe Effektivität aufweisen. Diese Aufschläge erhöhen auf Kosten der Zielgenauigkeit den Flattereffekt und somit die Schwierigkeit in der Annahme.

USA: Unter Ausnutzung der Regeln der US-Profis empfiehlt sich:
1. Daß bewußt der im Aufschlag effektivere Spieler zwei oder mehrere Male hintereinander das Aufschlagrecht wahrnimmt, bis dies durch den Gegner/ Schiedsrichter erkannt und korrigiert wird.
2. Die Ausführung eines Skyballs, um die verbleibende Spielzeit für den Gegner kürzer zu gestalten und ihn in Zeitnot zu bringen. Hier können wenige Sekunden die Entscheidung herbeiführen. Diese Maßnahme empfiehlt sich bei deutlicher Führung und unmittelbar vor Ablauf der effektiven Spielzeit.
3. Dementgegen soll die unter Zeitdruck stehende Mannschaft Risikoaufschläge ausführen, um noch rechtzeitig einen Punktegleichstand zu erzwingen. In dieser Situation muß der Aufschläger insbesondere bei weniger als 3 s verbleibender effektiver Spielzeit den Ball sehr kurz anwerfen und sehr aggressiv, d.h. sehr risikoreich, aufschlagen, um durch einen direkten Punktgewinn den Gleichstand herzustellen.

Aufschlagstrategien im Tie-Break

Im **Tie-Break** können folgende Empfehlungen zur Aufschlagstrategie gegeben werden:
1. Grundsätzlich soll sich die Aufschlagstrategie von der in den vorausgegangenen Sätzen nicht unterscheiden, insbesondere wenn wenige direkte Aufschlagfehler gemacht worden sind.
2. Sind dagegen sehr viele Aufschläge verschlagen worden und ist die Effektivität in bezug auf direkte Punktgewinne sehr gering, muß die Aufschlagstrategie durch eine geringfügige Reduzierung der Risikobereitschaft geändert werden, um direkte Aufschlagfehler zu vermeiden. Dies kann dazu führen, daß möglicherweise jeder Spieler, unabhängig von der Aufschlagstrategie, seinen „Hauptaufschlag" unter Beibehaltung der Risikobereitschaft schlägt.
3. Aufschläge auf Sicherheit sind abzulehnen, da sie psychisch eher den Gegner aufbauen.
4. Bei einem Satzstand von 14:12 und besser soll der Aufschläger risikoreich, mit dem Ziel aufschlagen, einen direkten Punkt zu erzielen.

USA: Für den Bereich der US-Profis und die Situation des „Sudden Death", d.h. bei Gleichstand, entscheidet der nächste Punkt über den Spielausgang:
Hier sollen weder die Aufschlagstrategie noch die Risikobereitschaft verändert werden.

8.1.1 Allgemeine Maßnahmen zur Aufschlagstrategie

Allgemeingültige Maßnahmen, die auch individualtaktische Aspekte ansprechen, sollen hier dargelegt werden und die bisherigen Ausführungen ergänzen:
- Der Satz-, Spiel- und gegebenenfalls Zeitstand, die psychische Verfassung der gegnerischen und der eigenen Mannschaft, eine vorausgegangene Fehlentscheidung des Schiedsrichters und ähnliche Situationen können zu einer Änderung der Aufschlagstrategie führen; beispielsweise kann der Aufschlag auf den Spieler ausgeführt werden, der momentan sehr erregt ist.
- Hat eine Mannschaft Schwächen in der Block- und Feldverteidigung, **muß sie risikoreicher aufschlagen!**
- Ist eine Mannschaft im Bereich der Annahme, des Angriffsaufbaus und des Angriffs deutlich überlegen, aber auch in der Block- und Feldabwehr deutlich unterlegen, **muß sie risikoreich aufschlagen!**
- Das Aufschlagrisiko sollte hingegen nach folgenden Situationen geringer gehalten werden:
    a) der Auszeit,
    b) hart erkämpftem Aufschlagrecht,
    c) Aufschlagfehler des Mitspielers,
    d) vorausgegangenem eigenen Aufschlagfehler,
    e) eigener spektakulärer Angriffs- oder Blockhandlung,
    f) mehreren Punktgewinnen der eigenen Mannschaft hintereinander.

Aufschlagstrategien, die auf einer systematischen Gegnerbeobachtung beruhen und nicht sofort Effektivität zeigen, sollten nicht voreilig aufgegeben werden. Die Aufschlagstrategie beginnt nicht erst mit Spielbeginn, sondern bereits mit Aufschlägen vor und am Ende der Einspielzeit. Dies dient dazu, sich an die Wind-, Boden- und Lichtverhältnisse zu gewöhnen.
- Immer dann, wenn nicht der Partner annimmt, sollen die Spieler in der Einspielzeit druckvoller als im Spiel aufschlagen, um den Gegner zu beeindrucken – ohne sich jedoch durch zu viele Aufschlagfehler zu verunsichern.
- Wenn auf den Partner aufgeschlagen wird, sollen zunächst leichte, später wettkampfgemäße Aufschläge geschlagen werden, um dem Mitspieler Gelegenheit zu geben, sich einzugewöhnen.
- Überdies muß die eigene körperliche Verfassung immer berücksichtigt werden, d.h. in Kenntnis der möglicherweise bereits eingetretenen Ermüdung sollte beim Einschlagen auf Sprungaufschläge verzichtet werden.

Abschließend muß betont werden, daß nur in sehr wenigen Spielen eine Aufschlagstrategie von allen Spielern, unabhängig von individuellen Fähigkeiten, eingesetzt werden kann. Die Strategie muß deshalb die individuellen Fähigkeiten des Aufschlägers und die konkrete Annahmesituation berücksichtigen und für jeden Aufschläger gesondert entwickelt werden.

Zusammenfassend soll hervorgehoben werden, daß in einer Beachvolleyballmannschaft mindestens ein Spieler den Sprungaufschlag als seine Hauptaufschlagart beherrschen muß. Weiterhin soll auch hier darauf hingewiesen werden, daß der Aufschlagort sehr von der Zielsetzung abhängig ist, d.h., daß der Aufschläger fast immer die kürzeste Entfernung zum anvisierten Ziel wählt. Davon **ausgenommen** sind Aufschläge, die die Windverhältnisse ausnutzen.

8.2 Annahmestrategien

Wie die Aufschlagstrategien den Angriffsstrategien zuzuordnen sind, so sind die Annahmestrategien den Abwehrstrategien zuzuordnen. Die Annahmestrategien können auch als Gegenstrategien bezeichnet werden, weil sie Gegenmaßnahmen zu den Aufschlagstrategien darstellen bzw. auf diese reagieren müssen.

Für die Erstellung einer Gegenstrategie in der Annahme sind folgende Beobachtungsaspekte wesentlich:
1. Art der Aufschläge:
- Es soll festgehalten werden, welcher Spieler Sprungaufschläge und welcher Spieler taktische Aufschläge ausführt. Dies ist im Zusammenhang mit den Witterungsverhältnissen zu erfassen.
2. Aufschlagort:
- Hier soll erfaßt werden, ob der/die Spieler einen oder mehrere Aufschlagorte bevorzugen. Dies soll in Abhängigkeit von den Witterungsverhältnissen, d.h. zur guten/schlechten Aufschlagseite erfaßt werden.
3. Gegnerische Aufschlagstrategie:
- Schlagen die einzelnen Spieler unabhängig vom Gegner gleich auf oder ist zu erkennen, daß sie gegnerabhängig unterschiedlich aufschlagen?
- Schlägt der Gegner risikovoll, ohne oder mit taktischer Absicht auf?
- Verfolgt jeder Spieler die gleiche Aufschlagstrategie?

- Verändert der Gegner generell während des Spiels oder nur in kritischen Situationen die Aufschlagstrategie?
- Ist feststellbar, daß der Aufschläger nach Unterbrechung, z. B. Sand-Auszeit oder Auszeit, sicherere Aufschläge ausführt oder sogar Fehler macht?

Jede erfolgversprechende Aufschlagstrategie beruht auf einer detaillierten Beobachtung und Analyse der eigenen Annahmeleistung! Diese Erkenntnis soll bei der Wahl der Annahmespielfeldseite berücksichtigt werden, um einerseits die Stärken der Spieler in der Annahme hervorzuheben und andererseits die Schwächen zu verbergen.

Die systematische Analyse der Spieler in der Annahmesituation hat die Zielsetzung, das Annahmetraining zu optimieren und vorhandene Schwächen zu beheben (vgl. hierzu auch Kap. 5.3, 8.1 und 9).

Die Aufdeckung von Schwächen/Eigenheiten der eigenen Spieler in der Annahme **durch den Gegner** kann sich für die eigene Mannschaft sehr nachteilig auswirken, so ist z.B. häufig zu beobachten, daß ein Spieler beim Sprungaufschlag häufiger Schwierigkeiten als der andere hat oder nach eigener Annahme im Hinterfeld mehr Probleme beim Übergang zum Angriff.

Folgende Beispiele sollen die **Gegenstrategien** in der Annahme verdeutlichen, wobei klar hervorzuheben ist, daß die Angriffsstrategie der Annahmestrategie grundsätzlich untergeordnet werden soll:

1. Bei starkem **Rückenwind** verlagern die Spieler ihre ca. 7 m vom Netz entfernte Ausgangsposition geringfügig nach vorne (vgl. Abb. 13a+b in Kap. 5.2). Eine größere Vorverlagerung ist abzulehnen, weil ein Überspielen durch den Aufschlag erleichtert würde. Umgekehrt, bei starkem Wind von vorne, soll die Ausgangsposition bis auf 8 m zurückverlagert werden. Dies ist taktisch sinnvoll, weil ein kurzer Aufschlag mit flacher Flugkurve und hoher Geschwindigkeit schwer auszuführen ist.
2. Schon bei leichtem **Gegenwind** verlagern die Spieler ihre Ausgangsposition ca. 1 m vor die Grundlinie, um eine Bewegung nach hinten bei der Annahme des Aufschlags zu vermeiden (vgl. Abb. 13c+d in Kap. 5.2). Kurze Aufschläge sind hier nur mit geringer Geschwindigkeit zu erwarten und können daher leicht erlaufen werden.
3. Bei Ausführung der Aufschläge mit starkem **seitlichen Wind** verlagern die Spieler ihre Ausgangsposition hinsichtlich der Entfernung zu den Seitenlinien geringfügig zur windabgewandten Seite (vgl. Abb. 13e+f in Kap. 5.2).

4. Bei geringen Windstärken, unabhängig aus welcher Richtung, sollen die Ausgangspositionen nicht verändert werden.
5. Bei Skyballs kann die Annahmetaktik wie folgt umgestellt werden (Abb. 44):
   - Bei einem in der Annahme von Skyballs stärkeren Spieler (A) kann unmittelbar nach dem Aufschlag (1) der 1er-Riegel Anwendung finden. Das heißt, daß der stärkere Spieler das gesamte Spielfeld allein übernimmt (2).
   - Bei zwei gleich guten Spielern in der Annahme von Skyballs soll hauptsächlich der annehmen, der im Angriff effektiver ist. Ausnahme: Ist der Auftreffort des Skyballs in der Nähe des Netzes und auf der Seite des aus der Annahme herausgelösten Spielers, so soll er hier selbst annehmen, um den Übergang zum Angriffsaufbau im Zusammenhang mit der angriffsstärkeren bzw. angriffsschwächeren Seite zu erleichtern.

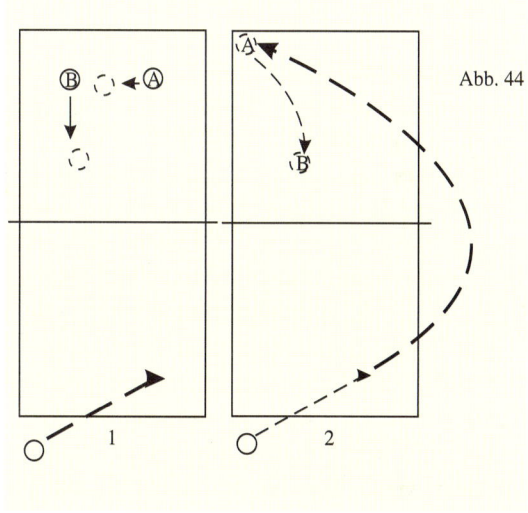

Abb. 44

6. Führt der Gegner Sprungaufschläge aus, was im Beachvolleyball viel häufiger als im Hallensportspiel der Fall ist, muß die Annahme dieser Aufschläge im Training intensiviert bzw. verbessert, d.h. perfektioniert werden. Je risikoreicher und härter der Sprungaufschlag ausgeführt wird, desto mehr müssen Eigen- und/oder Folgefehler vermieden werden, indem ein guter, aber nicht optimaler 1. Paß angestrebt wird.
7. Werden die Aufschläge nicht von der Mitte der Grundlinie, sondern von der rechten oder linken Seite ausgeführt, so ist es sinnvoll, den 2er-Riegel so zu verschieben bzw. die Verständigung so zu verändern, daß der diagonal zum Aufschläger annehmende Spieler den Überschneidungsbereich abdeckt, um den frontal zum Aufschläger agierenden Spieler zu entlasten (Abb. 45).
8. Agiert der Gegner mit Aufschlägen aus der Mitte der Grundlinie in die Überschneidungszone, um Mißverständnisse zu erzwingen bzw. den Angriffsaufbau

zu erschweren, so soll der augenblicklich stärkere Annahmespieler oder der Spieler mit der stärkeren Annahmeseite zur Überschneidungszone annehmen (vgl. Abb. 45).

9. Agiert der Gegner mit taktischen Aufschlägen, um die annahmeschwächere Seite eines Spielers auszunutzen, so sollte die Annahmeformation so verändert werden, daß dieser Spieler mehr Raum auf seiner annahmestarken Seite abdeckt oder bewußt eine Ausgangsposition einnimmt, die nur Bewegungen zur annahmestärkeren Seite erlauben (vgl. Abb. 45).

10. Agiert der Gegner mit taktischen Aufschlägen oder Sprungaufschlägen, um den Übergang zum Angriff eines Spielers zu erschweren, so kann die Aufteilung des Feldes so vorgenommen werden, daß der durch eine Aufschlagserie angespielte Spieler weniger Raum abzudecken hat, z.B. 2/5 bis zu 1/3. Der Aufschläger soll dadurch gezwungen werden, entweder in den kleineren Annahmebereich des Spielers zu schlagen oder seine Aufschlagstrategie zu verändern (vgl. Abb. 45).

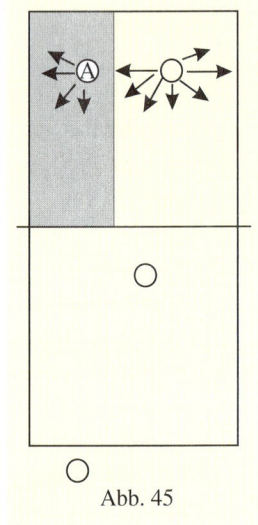
Abb. 45

11. Ist die Aufschlagstrategie des Gegners darauf gerichtet, einen der Spieler psychisch unter Druck zu setzen, so ist die unter 9. aufgeführte Maßnahme anzuwenden. Insbesondere aber müssen sich beide Spieler frühzeitig auch mental auf diese Aufschlagstrategie vorbereiten.

12. Agiert der Aufschläger stets mit Aufschlägen ins Hinterfeld, so soll die Ausgangsstellung der Spieler geringfügig nach hinten verlagert werden, um Bewegungen nach hinten oder ein Überspieltwerden durch den Aufschlag zu vermeiden.

13. Haben die Gegenspieler im Aufschlag eine sehr hohe Effektivität oder sind sie im Bereich der Block- und Feldabwehr schwächer, so sollen die Spieler die Annahme mittlerer Qualität bevorzugen, um direkte Annahmefehler bzw. Folgefehler zu vermeiden.

14. Agieren die Spieler nach einem Feldzuspiel sehr erfolgreich, so ist der 1. Paß risikoärmer zu spielen, d.h. bei gefährlichen Aufschlägen sollte die Annahme mittlerer Qualität bevorzugt werden.

USA: Bei Wettkämpfen entsprechend den AVP-Regeln müssen die Annahmespieler insbesondere folgendes beachten:
1. Je deutlicher sie in Führung liegen, desto eher sollen sie durch eine hohe Annahme und ein hohes Zuspiel den Ballwechsel bewußt länger, aber nicht auf Kosten der Effektivität, gestalten.
2. Befinden sie sich hingegen im Rückstand, sollen sie umgekehrt durch einen möglichst schnellen 1. Paß und ein flacheres Zuspiel den Ballwechsel bewußt, aber nicht auf Kosten der Effektivität, kürzer gestalten.
3. Insbesondere bei nur noch wenigen Sekunden verbleibender effektiver Spielzeit sollte der Spieler versuchen, gegebenenfalls den 1. Paß oder das Zuspiel erfolgreich ins Gegenfeld zu spielen.

Diese Verzögerungs- bzw. Beschleunigungstaktiken sollen frühestens bei einer verbleibenden effektiven Spielzeit von unter einer Minute eingesetzt werden.

Im **Tie-Break** sowie in der Endphase der Spiele nach effektiver Spielzeit soll die Annahmestrategie nicht geändert werden, wenn im bisherigen Spielverlauf kaum direkte Annahmefehler gemacht wurden.

Sind dagegen viele direkte Annahmefehler unterlaufen, sollte sich die Annahmestrategie vom für Beachvolleyball optimalen Paß weg – hin zum guten 1. Paß – verändern.

Sicherheitsannahmen können vor allem dann gespielt werden, wenn der annehmende Spieler besonders effektiv angreift.

8.2.1 Allgemeine Maßnahmen zur Annahmestrategie

Die folgenden Ausführungen stellen allgemeine Maßnahmen dar, ergänzen die bisherigen und sprechen teilweise individualtaktische Aspekte an:
1. Bezüglich der Individualtaktik des Annahmespielers sollen die eigene psychisch-physische Verfassung, die des Mitspielers sowie der Satz-, Spiel- und gegebenenfalls der Zeitstand berücksichtigt werden.
2. Die Risikobereitschaft in der Annahme könnte bewußt verringert werden,
    - nach Eigenfehlern,
    - nach Fehlern des Mitspielers,
    - nach einer Auszeit/ „Sandpausen",
    - bei sehr effektiven/gefährlichen Aufschlägen,
    - bei Folgefehlern im Angriff.

3. Individualtaktische Verhaltensweisen, die den annehmenden und aufschlagenden Spieler **allein** betreffen, können sich als sehr wirkungsvoll erweisen:
    - Fühlt sich ein Spieler auch psychisch sehr stark, bietet er dem Aufschläger durch seine Positionierung, Blickverbindung oder Zeichen eine Lücke an, um diesen zu verunsichern, von seiner ursprünglichen Strategie abzubringen oder zu Fehlern zu verleiten.
    - Der annehmende Spieler soll vor und nach der Annahme, insbesondere nach guten Annahmen, dem Gegner die eigene Stärke zeigen und nach Fehlern Gelassenheit bzw. Unberührtheit demonstrieren.
4. Der Annahmespieler muß in jeder Situation mit Täuschungen des Aufschlägers rechnen, beispielsweise mit einer Veränderung der Aufschlaglänge und/oder -richtung durch einen nicht wahrzunehmenden Handgelenkeinsatz.
5. Ein in der Annahme sehr guter Spieler muß vor allem bei bisher wenigen Annahmehandlungen ständig mit einem Wechsel der Aufschlagstrategie, d.h. mit einem Überraschungsaufschlag auf ihn rechnen.
6. Die Annahmestrategie beginnt nicht mit Spielbeginn, sondern bereits vor der Einspielzeit. Die Spieler sollten sich schon früh an die äußeren Bedingungen auf dem entsprechenden Spielfeld gewöhnen.

Zusammenfassend muß hervorgehoben werden, daß es nicht viele Annahmestrategien gibt und diese meist individualtaktischen Charakter haben. Überdies besteht eine starke Verknüpfung der Annahme- mit der Angriffsstrategie. Alle o.g. Ausführungen sind in direktem Zusammenhang zur Aufschlagstrategie und zu den Erläuterungen in Kap. 5, Annahme- und Aufschlagsituation, zu sehen.

8.3 Zuspiel- und Angriffsstrategien

Die Zuspielstrategien sind den Angriffsstrategien zuzuordnen und bilden mit diesen eine Einheit. Diese Aussage ist für Beachvolleyballer eine der entscheidenden, wenn man bedenkt, daß der Zuspieler nicht nur die Zuspielhandlung ausführt, sondern auch durch Zurufe die Handlung des Angreifers sehr stark beeinflussen und nicht selten bestimmen kann bzw. darf. Eine Zuspielstrategie **existiert letztlich nicht**, da der Zuspieler die Aufgabe hat, den für jede Situation optimalen Paß entsprechend den Fähigkeiten seines Angreifers zu spielen. Deshalb sind für diesen Komplex die Ausführungen des Kapitels 6 weitestgehend maßgeblich. Trotz-

dem erfolgen hier weitere Überlegungen, da die Zuspielhandlung die wichtigste Voraussetzung für die Umsetzung der Angriffsstrategien darstellt. Die Analyse der eigenen Mannschaft umfaßt hinsichtlich der Angriffstaktik folgende Beobachtungsschwerpunkte:
1. Individualtaktische Fähigkeiten des Zuspielers, hier unter dem Aspekt der technischen Fähigkeiten,
2. individualtaktische Fähigkeiten des Angreifers,
3. mannschaftstaktische Fähigkeiten in allen Möglichkeiten des Angriffsaufbaus.

Die Gegneranalyse umfaßt insbesondere (vgl. hierzu auch die Ausführungen zur Spielerbeobachtung, Kap. 9):
1. Die Individualtaktik der Spieler als Blockspieler und Feldverteidiger,
2. die mögliche Spezialisierung in der Block- und Feldabwehrsituation,
3. die Analyse der Handlungen der abwehrenden Mannschaft vor und während der Zuspiel- und Angriffshandlung,
4. die detaillierte Analyse des gegnerischen Netzspielers als Blockspieler im Hinblick auf:

(1) Das Strategiekonzept:
- ob bei Zuspielen guter bis mittlerer Qualität stets ein Block gestellt wird,
- ob der angetäuschte Block auch nach gutem Zuspiel angewendet wird,
- ob die Blockstrategie in bezug auf den Zonenblock oft oder selten geändert wird.

(2) Die Technikausführung:
- ob sofort übergegriffen wird oder auch passiv blockiert wird,
- ob der Blockspieler mehr den Ball als die Richtung blockiert,
- ob der Blockspieler den Spread Block häufig anwendet,
- ob der Blockspieler verhältnismäßig sehr spät abspringt,
- ob und welche technischen Mängel die Gegner haben, insbesondere bzgl. der Arm- und Handhaltung.

(3) Die athletischen Fähigkeiten, besonderes hinsichtlich der Umstellungsfähigkeit, z.B.:
- vom Block auf die Eigensicherung,
- vom Block auf das Zuspiel,
- vom touchierten Ball zum Angriff,
- die anthropometrischen Voraussetzungen.
  – Hervorzuheben ist hier das Herausfinden von früh eintretender **Ermüdung**.

(4) Das psychische Verhalten, besonders nach Erfolgs- bzw. Mißerfolgshandlungen oder Folgehandlungen:
- verändert z.B. der Blockspieler sein Verhalten, wenn der Angreifer ihn häufig passiert?

Für die **Individualtaktik des Zuspielers** sind weitere Faktoren/Eigenschaften von Bedeutung:
1. Die Kenntnis des eigenen Mitspielers hinsichtlich seiner Stärken, Schwächen und Eigenheiten im Angriffsverhalten.
2. Die Kenntnis der eigenen technischen Fähigkeiten, um entsprechend der Zuspielsituation das für den Mitspieler optimale Zuspiel anzuwenden.
3. Die Fähigkeit des Zuspielenden, unmittelbar nach seiner Zuspielhandlung und kurz vor der Ausführung der Angriffshandlung, das Verhalten des Gegenspielers in der Feldverteidigung zu beobachten, die richtige Angriffshandlung vorwegzunehmen und diese unmittelbar vor Schlagausführung durch Zuruf dem Mitspieler weiterzugeben.
4. Die Fähigkeit, die Zuspiel- und Angriffshandlung schnell zu analysieren und zu interpretieren, d.h. zu erkennen, inwieweit z.B. eine effektive Angriffshandlung auf seinen Zuruf zum Angreifer zurückzuführen war oder ob ein Gegner einen technischen/taktischen Fehler begangen hat.
5. Die Fähigkeit, erfolgreiche Zuspielhandlungen unterschiedlichen Spielsituationen zuzuordnen, um auf diese in ähnlichen Situationen zurückgreifen zu können.
6. Die Kenntnis der Fähigkeiten des Mitspielers hinsichtlich seiner Schnelligkeit und seiner koordinativen Fähigkeiten, insbesondere für den Übergang von der Annahme zum Angriff bzw. von der Abwehr zum Angriff.
7. Die Fähigkeit, während des 1. Passes und vor der Zuspielhandlung die Ausgangsstellung der Abwehrspieler peripher wahrzunehmen und diese durch eine Zuspielerfinte auszunutzen.

Die Kunst und das Können des Zuspielenden beruht darauf, aus mehreren Beobachtungen bzw. Einflußgrößen diejenige auszuwählen und umzusetzen, die in der konkreten Situation den größten Erfolg verspricht.

Für die **Individualtaktik des Angreifers** ist neben allem Ausgeführten vor allem die Kenntnis über die technischen, taktischen und athletischen Fähigkeiten des Blockspielers und Feldverteidigers wichtig.

1. Ist der Blockspieler wenig athletisch, sollte mit netznahem Zuspiel an ihm vorbei oder über ihn hinweg geschlagen werden.
2. Hat der Blockspieler technisch-taktische Mängel, wie z.B. zu spätes Übergreifen, Hand/Armbewegungen während des Sprungs („wischen"), oder der Landeort ist weit weg vom Absprungort („fliegen") usw., so soll er entweder sehr schnell oder sehr spät schmettern.
3. Hinsichtlich des Feldverteidigers soll der Angreifer unmittelbar vor und immer nach der Angriffshandlung dessen Verhalten analysieren, um diese Beobachtungen bei ähnlichen Zuspiel-/Angriffssituationen berücksichtigen zu können.

Folgende Beispiele sollen Zuspiel- und Angriffsstrategien verdeutlichen:
1. Agiert der Blockspieler sehr deutlich mit einem aggressiven Zonenblock, soll der Angreifer versuchen, hart vorbeizuschlagen oder mit taktischen Schlägen, insbesondere mit Angriffsfinten, zu agieren (Abb. 46a).
2. Wendet der Blockspieler den Fake Block an, greift der Spieler hart und kurz vor den Bereich des Blockspielers an, im Bogen lang über ihn oder in den Bereich zwischen die beiden Verteidiger (Abb. 46b).
3. Hat der Feldverteidiger eine abwehrschwächere Seite, sollen Schmetterschläge bevorzugt in diesen Bereich geschlagen werden.
4. Agiert der Netzspieler mit passivem Block, soll das seitliche Anschlagen des Blocks bevorzugt werden (Abb. 46c).

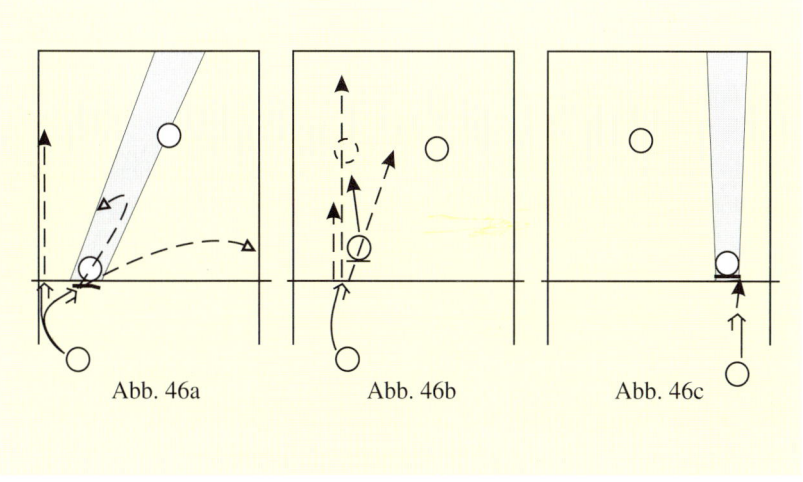

Abb. 46a Abb. 46b Abb. 46c

Allgemein können folgende Hinweise für das individualtaktische Handeln des Angreifers gegeben werden:
1. Eine erfolgreiche Angriffstaktik bzw. ein erfolgreicher Schlag soll nur dann verändert werden, wenn der Blockspieler und der Feldverteidiger sich von Situation zu Situation besser darauf einstellen und dadurch ihre Abwehrchancen vergrößern.
2. Am Anfang des Spiels können sehr harte Schmetterschläge zur Demonstration von Überlegenheit bzw. Stärke geschlagen werden.
3. In kritischen Situationen ist eine gut beherrschte, aber bewußt selten eingesetzte Schlagvariante zu empfehlen.

In letzter Zeit ist häufig zu beobachten, daß die angreifende Mannschaft über Beobachter, besser „Spione", hinter der gegnerischen Mannschaft verfügt. Diese „Spione" haben die Aufgabe, die Zeichen des Blockspielers zu seinem Feldverteidiger vor allem dem Angreifer auf der Gegenseite zu zeigen bzw. zu verraten. Da diese Maßnahme letztlich unfair, aber wirkungsvoll ist, sollte jede Mannschaft sowohl gezielt nach solchen Spionen Ausschau halten als auch die Zeichen von Spiel zu Spiel verändern oder besser vor jedem Aufschlag die Strategie kurz, im Rahmen des Regelwerks, besprechen.

Alle Ausführungen zur Zuspiel- und Angriffsstrategie stehen in **mittelbarem** Zusammenhang mit den darauffolgenden Block- und Feldabwehrstrategien und bedingen sich gegenseitig.

8.4 Abwehrstrategien

Die Abwehrstrategien betreffen die Block- und Feldabwehrmaßnahmen und sind, um erfolgreich zu sein, stets als eine mannschaftstaktische Handlung anzusehen und zu trainieren. Für eine erfolgreiche Feldverteidigung ist die Kenntnis des Zuspieler- und Angreiferverhaltens von entscheidender Bedeutung. Die ständige wechselseitige Kommunikation zwischen Blockspieler und Feldverteidiger ist die unabdingbare Voraussetzung für eine erfolgreiche Abwehr. Jede Block- und Feldabwehrstrategie baut zunächst auf eigene Stärken auf, allerdings unter besonderer Berücksichtigung der Stärken und Schwächen des Gegners im Zuspiel und Angriff.

Im Beachvolleyball bedingt die Aufschlagstrategie letztlich die Block- und Abwehrtaktik, da hier der Angreifer fast immer durch den Aufschlag bestimmt werden kann. Deshalb ist die individuelle Spielerbeobachtung in Annahme, Zuspiel und Angriff wesentlich für die Erarbeitung der eigenen Block- und Feldabwehrstrategie. Hinsichtlich der Analyse der eigenen Mannschaft müssen folgende Beobachtungsschwerpunkte beachtet werden:
- Die technisch-taktischen und physisch-psychischen Eigenschaften der zwei Spieler. Bereits diese Beobachtung kann dazu führen, daß bei sehr unterschiedlichen Qualitäten im Block- und Abwehrbereich in der Abwehr spezialisiert werden muß.
- Detaillierte Analyse der Spieler im Block und in der Verteidigung.

Die Analyse des Gegners bezieht sich auf folgende Hauptbeobachtungsaspekte (vgl. hierzu auch Kap. 9 zur Spielerbeobachtung und Kap. 8.1 zu den Aufschlagstrategien):
1. Stärken und Schwächen der Annahmespieler, auch hinsichtlich deren Qualitäten im Übergang zum Angriff (vgl. hierzu Kap. 9.2).
2. Analyse des Zuspielerverhaltens (vgl. Kap. 8.3).
3. Detaillierte Erfassung der Häufigkeiten und der Effektivität der Spieler als Angreifer, einschließlich der Angriffsrichtungen (vgl. hierzu Kap. 9.2).
4. Zusammenwirken beider Spieler in der Annahme- und Angriffssituation.

Im allgemeinen können die Mannschaften bzw. die Spieler entsprechend ihrer Angriffsarten in drei Kategorien eingeordnet werden:
1. Spieler / Mannschaften, die bevorzugt mit taktischen Angriffsschlägen operieren. Hierbei soll der Feldverteidiger in mitteltiefer bis hoher Ausgangsstellung aus der Spielfeldmitte heraus verteidigen (Abb. 47a).
2. Spieler / Mannschaften, die mehr mit harten Schmetterschlägen agieren. Gegen diese Spie-

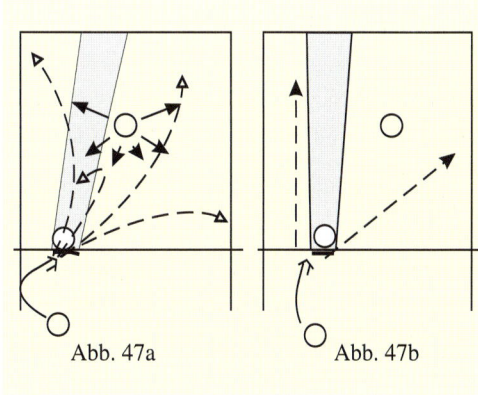

Abb. 47a Abb. 47b

ler/Mannschaften muß der Blockspieler die Hauptschlagrichtung abdecken und der Feldverteidiger den größeren, blockfreien Bereich in mitteltiefer bis tiefer Verteidigungsstellung decken (Abb. 47b).
3. Spieler/Mannschaften, die beide Schlagarten zu etwa gleichen Anteilen anwenden. Hier ist als Gegenstrategie eine Mischung bzw. ein Wechsel der Maßnahmen im o.g. Sinn anzuraten.

Für den **Feldverteidiger** gelten vor allem folgende Faktoren im Hinblick auf seine individualtaktische Entscheidung:
1. Die jeweils abgesprochene **Blockstrategie**,
2. die **Kenntnis** der bevorzugten Angriffsrichtungen und Eigenheiten des annehmenden Angreifers,
3. die Qualität der **Zuspielhandlung** in bezug auf das Verhältnis Ball/Angreifer sowie Ball/Netz,
4. seine **Antizipationsfähigkeit**, insbesondere in Verbindung mit der Aushol- und Schlagbewegung des Angreifers,
5. seine Fähigkeit, Veränderungen in der Angriffstaktik des Gegners im voraus zu **erahnen**,
6. seine **Reaktions- und Aktionsschnelligkeit** in Verbindung mit der **situations- und spielgerechten Anwendung der Abwehrtechniken**.

Die folgenden Maßnahmen berücksichtigen konkret, aber vereinfacht, die Häufigkeiten der Angriffsorte in Verbindung mit den Schlagrichtungen anhand von ausgewählten, praxisbezogenen Beispielen.

Hier wird erneut darauf hingewiesen, daß vor jedem Aufschlag und vor jeder Abwehrsituation eine Verständigung des Netzspielers mit seinem Grundspieler erfolgt:
1. Der Spieler A greift oft lang über den Block in dessen Blockschatten an (Abb. 48a):
    - Der Blockspieler soll so spät wie möglich springen.
    - Der Blockspieler soll den Fake Block anwenden und sich schnell in die Feldverteidigung zurückziehen.
    - Der Feldverteidiger täuscht eine Abwehr in den blockfreien Raum an, verteidigt aber in der Bewegung im Blockschatten.
2. Der Spieler B greift hart und in Verlängerung seiner Anlaufrichtung an (Abb. 48b):

- Der Blockspieler deckt unmittelbar vor der Ballberührung durch den Angreifer die Hauptschlagrichtung und der Feldverteidiger den größeren, blockfreien Raum.
3. Der Spieler A greift überwiegend hart und diagonal an (Abb. 48c):
   - Der Blockspieler deckt im letzten Moment die Diagonale.
   - Der Feldverteidiger übernimmt die Frontale.

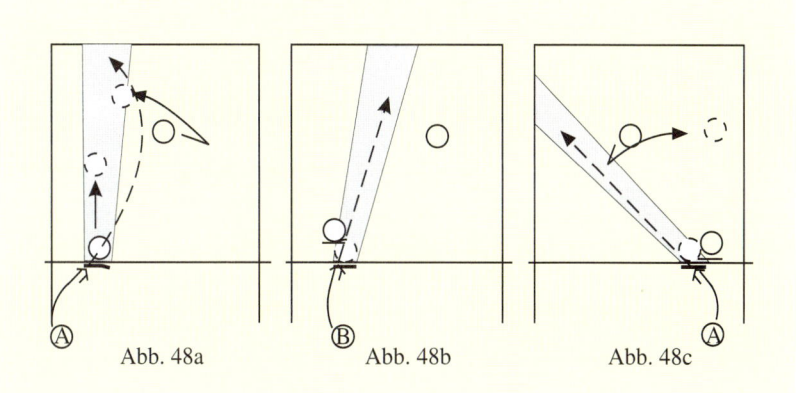

Abb. 48a   Abb. 48b   Abb. 48c

4. Der Spieler B schmettert hauptsächlich longline (Abb. 49a):
   Der Blockspieler gibt dem Angreifer zu erkennen, daß er entweder die Diagonale abdeckt, vor Schlagausführung dann aber die Frontale blockiert (1) oder
   - der Blockspieler wendet den Fake Block an (2).
   - Der Feldverteidiger übernimmt den blockfreien Raum.
5. Der Spieler A schmettert überwiegend mit taktischen Schlägen gegen seine Anlaufrichtung (Abb. 49b):
   - Der Blockspieler springt sehr spät, und der Feldverteidiger agiert mit dem Zuruf durch den Zuspieler im entgegengesetzt zur Anlaufrichtung befindlichen Abwehrbereich.
6. Bei nah zugespielten Bällen und dem dabei häufigeren Angriff mit Handgelenkschlag in die Extremdiagonale verteidigen beide Spieler die Diagonale (Abb. 49c).
7. Der Spieler A greift aus schwierigen Annahmesituationen und unter Zeitdruck ausschließlich sehr hart in seine Anlaufrichtung an (Abb. 50a):
   - Der Feldverteidiger agiert in der Diagonalen und
   - der Blockspieler mit Fake Block ebenso in der Feldverteidigung.

258 ABWEHR- UND ANGRIFFSSTRATEGIEN

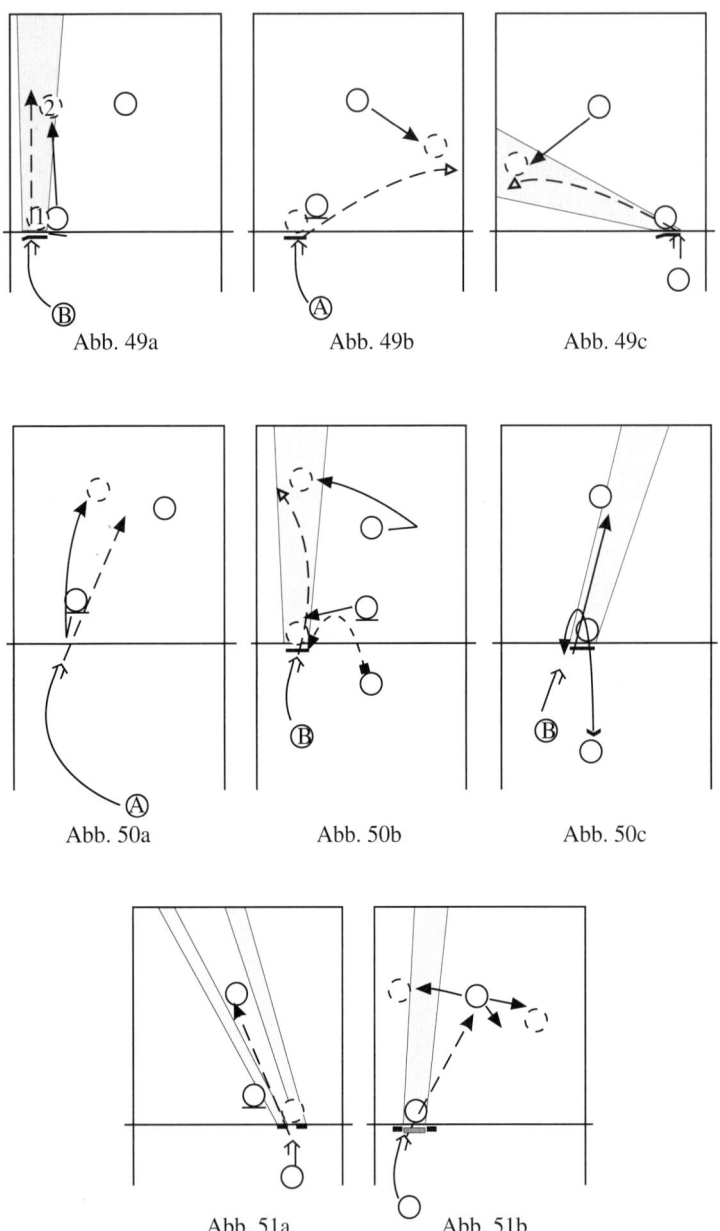

Abb. 49a Abb. 49b Abb. 49c

Abb. 50a Abb. 50b Abb. 50c

Abb. 51a Abb. 51b

8. Spieler B greift bei guten Zuspielhandlungen eher mit taktischen (Abb. 50b) und bei schlechteren mit harten Schmetterschlägen an (Abb. 50c):
    - Im ersten Fall soll der Blockspieler sehr spät zum Block ansetzen, und der Feldverteidiger soll nach Täuschung den hinteren Blockschatten oder die Extremdiagonale übernehmen (Abb. 50b).
    - Im zweiten Fall soll der Blockspieler die Hauptschlagrichtung nehmen, der Feldspieler am Rande des Blockschattens ebenso agieren (Abb. 50c).
9. Ein Angreifer schlägt immer hart am Block vorbei (Abb. 51a):
    - Der Blockspieler wendet unmittelbar vor Schlagausführung den Spread Block an.
    - Der Feldverteidiger verteidigt in der Spielfeldmitte hinter ihm.
10. Der Angreifer agiert sehr variabel und meist am Block vorbei (Abb. 51b):
    - Der Blockspieler soll den Spread Block antäuschen und vor Schlagausführung auf einen aggressiven Zonenblock umstellen.
    - Der Feldverteidiger entscheidet sich für die größere oder kleinere, nicht vom Block abgedeckte Zone.
11. Ein Spieler wendet in kritischen Spielsituationen die Angriffsfinte an:
    - Der Blockspieler soll bewußt früher springen, um in der Eigensicherung eine größere Abwehrchance zu haben, oder
    - sehr spät, um eine nicht optimal ausgeführte Finte noch in der Blockhandlung zurückschlagen zu können.

Im folgenden werden allgemeingültige Aspekte stichwortartig angesprochen, die vor allem von individualtaktischen Überlegungen geprägt sind:
- Sowohl der Blockspieler als auch der Feldverteidiger müssen im Spiel vor allem die individualtaktischen Eigenheiten der Angreifer erkennen und analysieren, um hieraus neue bzw. veränderte Strategien zu entwickeln.
- Gleiches gilt für die Beobachtung hinsichtlich der psychisch-physischen Verfassung der Gegenspieler.
- Ein bewußtes zu frühes oder zu spätes Springen zum Block kann möglicherweise den Angreifer verunsichern, gleiches gilt für den Fake Block.
- Während der Landung soll der Ball beobachtet werden und die Landung selbst eine Bereitschaftsstellung für die nächste Handlung ermöglichen.
- Bei der Anwendung des Fake Blocks soll der Netzspieler **Angreifer und Ball stets im Blick behalten**.
- Der Feldverteidiger agiert vor der Angriffshandlung niemals zurückgezogen, sondern eher vorgezogen und ist bereit, harte Schmetterschläge ab Schulterhöhe abzuwehren.

- Ein Festhalten an einer Abwehrstrategie erleichtert dem Gegner dessen Angriffsstrategie. Deshalb sind Variationen der Strategie notwendig und taktisch sinnvoll.
- Nach längeren Ballwechseln und in kritischen Spielsituationen ist festzustellen, daß die Angreifer ihren normalerweise erfolgreichsten Schmetterschlag ausführen.
- Nach erfolgreicher Blockhandlung ist vom abgeblockten Angreifer eine andere Angriffsrichtung bzw. -handlung zu erwarten.
- Bei Ungenauigkeiten im Zuspiel soll die abgesprochene Blockstrategie geändert werden:
  - bei dicht ans Netz gestelltem Ball muß der Netzspieler den Ball blockieren,
  - bei weit vom Netz entferntem Zuspiel in die Feldverteidigung zurückweichen.
- Schlägt ein Angreifer nicht sehr hart, aber sehr häufig den Block an, so empfiehlt sich das Zurückziehen der Arme fast bei Schlagausführung oder das Abdecken der Diagonale und das Übernehmen der Frontalen durch den Feldverteidiger.
- Ein Einarmblock ist nur dann sinnvoll, wenn der Blockspieler z. B. wegen des Fake Blocks zu spät kommt, das Zuspiel aber dicht am Netz ist.
- Schlägt ein Angreifer einmal Richtung Linie ins 'Aus', sollte der Blockspieler beim darauffolgenden Angriff die Diagonale abdecken.
- Bei Durchführung des Fake Blocks soll, wenn möglich, die Diagonale und die Spielfeldmitte verteidigt und der Linienbereich eher vernachlässigt werden. Diese Aufstellung in der Feldverteidigung gilt um so mehr bei weiter als 2 m vom Netz gestellten Bällen, die aber nicht einer Danke-Ball-Situation entsprechen.
- Nach gegnerischer Auszeit ist eine neue Angriffstaktik zu erwarten.
- Der Feldverteidiger bewegt sich bei einer schlechten Annahme bzw. bei Danke-Ball-Situationen in seinen Annahme- und Angriffsbereich.
- Bei häufigen und effektiven Zuspielerfinten kann sich der Feldverteidiger während des 1. Passes geringfügig näher zum gefährdeten Abwehrbereich orientieren, um mit dem Zuspiel schnell wieder seine Ausgangsposition in der Feldmitte einzunehmen.
- Je größer die Handlungshöhe des gegnerischen Angreifers ist, desto weiter vorgezogen ist die Position des Feldverteidigers.
- Ist der Angriffsort außerhalb der Antenne, so orientiert sich der Feldverteidiger in die Extremdiagonale, während der Blockspieler an der Netzantenne zur Grundlinie hin und nicht zum Ball blockt.

- Nach lange umkämpftem Ballwechsel, insbesondere wenn dieser verloren wurde, soll unter Ausnutzung der Regeln versucht werden, eine Pause, auch als Sandpause „vorgetäuscht", einzulegen .
- Erkennt die abwehrende Mannschaft, daß die gegnerische Mannschaft durch „Spione" konkrete Informationen über die eigene Blockstrategie erhält, dann gibt es, wenn man die Spione nicht entfernen kann, drei Gegenstrategien, die natürlich trainiert und erprobt werden müssen:
  1. Die Verständigung erfolgt nach dem Aufschlag oder kurz vor der Blockhandlung.
  2. Die Zeichen erhalten eine andere Bedeutung, d.h ein nach unten gestreckter Finger bedeutet nicht wie gewöhnlich Zonenblock longline, sondern Blockieren der Diagonale usw.
  3. Leichter umsetzbar ist die dritte Maßnahme: Die Spieler besprechen stets kurz vor dem Aufschlag die Blockstrategie, d.h. wenn sie mit Zeichen agieren, tun sie dies nur in Komplex 2.

Die Ausführungen in Kap. 7, „Individualtaktik des Blockspielers und Feldverteidigers", sind in enger Verbindung mit den Überlegungen zu den Block- und Feldabwehrstrategien zu sehen. Insbesondere sollen die Bewegungs- und Handlungsabläufe des Blockspielers und des Feldverteidigers sowie die Handlungsabläufe zur Block- und Feldabwehr und zum Angriffsaufbau aus der Abwehr näher betrachtet werden.

Foto 73

9 Spielerbeobachtungsverfahren im Beachvolleyball

Aus Befragungen geht hervor, daß im Beachvolleyball ausschließlich auf die freie Spielerbeobachtung zurückgegriffen wird. Dies ist insbesondere im US-Profibereich unverständlich, bedenkt man, daß dort die Preisgelder schon in Dimensionen von 150.000 $ bis 250.000 $ vorgestoßen sind.

Es ist klar erkennbar, daß sich die Professionalisierung bis jetzt nur auf eine gute Trainingsplanung bezog, aber bezüglich der Einstellung auf einen Gegner **amateurhaft** geblieben ist. Ausgehend von der Entwicklung des Beachvolleyballspiels als olympischer Sportart und der mit Sicherheit zu erwartenden Hinzunahme eines Trainers/Coachs, ist in Anlehnung an die Wichtigkeit der Spielbeobachtung im Hallensportspiel davon auszugehen, daß Spielerbeobachtungsverfahren für Beachvolleyball erarbeitet und bald in die Trainings- und Wettkampfpraxis mit einbezogen werden.

Die Trainings- und Spielsteuerung kann nur dann erfolgreich sein, wenn sie jedesmal mit einer Analyse und Diskussion der Spielerbeobachtung einhergeht. Eine Optimierung des Trainings und der Wettkampfleistung kann letztlich nur durch planmäßige und systematische Beobachtung der Individual- und Mannschaftstaktik erfolgen. Jede Spieler- und Spielbeobachtung sowohl der eigenen als auch der gegnerischen Mannschaft zielt auf das Herausfiltern von Schwächen und Stärken ab.

> Eine unsystematische bzw. freie Beobachtung, die meist zu unüberprüfbaren und nur zufälligen Ergebnissen führt, wie gegenwärtig im Beachvolleyball üblich, ist für den oberen nationalen und internationalen Leistungsbereich abzulehnen.

Im mittleren und unteren Leistungsbereich sollte die Erfassung der eigenen Mannschaft Vorrang haben, um in erster Linie die eigenen Schwächen durch Training abzubauen. Das Beachvolleyballspiel eignet sich noch mehr als das Hallenvolleyballspiel für die Spieler- und Spielbeobachtung, da es fast ausschließlich aus Standardsituationen besteht und vor allem, weil nur zwei Spieler zu analysieren sind. Gründe, die erfolgversprechend für die Anwendung der Spielerbeobachtung sprechen, sind,

a) die nicht-zeitintensive Umsetzung der Spielbeobachtung,
b) die zu erwartende Professionalisierung im Umfeld eines Beachvolleyballteams, mit Coach, **Spielbeobachter**, Physiotherapeut usw.

Für eine erfolgreiche Anwendung und Umsetzung jeder Beobachtung ist das Herausfinden und Erfassen der leistungsbestimmenden Faktoren der jeweiligen Leistungsebene erforderlich. Weiterhin setzt eine Gegnerbeobachtung zwingend voraus, daß man über alternative Strategien in Angriff und Abwehr verfügt und daß der Spieler/die Mannschaft im Trainingsprozeß und in Trainingsspielen gelernt hat/haben, die Gegenstrategien effektiv umzusetzen. Hieraus läßt sich ableiten, daß folgende allgemeine Grundsätze gelten müssen:

- Es muß das geeignete Beobachtungsverfahren ausgewählt und angewendet werden.
- Eine unbedingte Voraussetzung ist die richtige Auswahl der leistungsbestimmenden Faktoren.
- Die Anzahl und Art der Beobachtungskriterien ist abhängig vom jeweiligen Leistungsbereich und vom Stellenwert des Beobachtungsmerkmals.
- Gegenstrategien müssen im Training und Spiel entwickelt, trainiert und angewendet werden.
- Jede Strategie hat die Zielsetzung, die eigenen Stärken hervorzuheben, indem man die Schwächen des Gegners ausnutzt bzw. dessen Stärken nicht zur Entfaltung kommen läßt, dadurch daß die eigenen Schwächen versteckt oder neutralisiert werden.
- Voraussetzung für die erfolgversprechende Umsetzung jeder Strategie ist die richtige Einschätzung der eigenen individual- und mannschaftstaktischen Fähigkeiten, insbesondere im psychischen und technisch-taktischen Bereich. Wenn es sich aufgrund der leichteren Umsetzung anbietet, sollte daher gegebenenfalls die zweitbeste vor der erstbesten Maßnahme angewendet werden.
- Jede Mannschaft auf internationalem Niveau, später auch auf nationalem Spitzenniveau, sollte einen Spielanalysator haben, der von beiden Spielern und vom Trainer/Coach anerkannt wird. Ist ein solcher nicht vorhanden, haben der Co-Trainer oder der Trainer selbst diese Funktion soweit wie möglich zu übernehmen.
- Die Spieler müssen systematisch und langfristig ausgebildet und dadurch befähigt werden, Handlungsanweisungen, Coachingmaßnahmen und Gegenstrategien umsetzen zu können.

- Die Mitwirkung beider Spieler bei Beobachtungen, Analysen und bei der Entwicklung von Gegenstrategien muß gefordert und gefördert werden, um eine erfolgversprechende Umsetzung der Gegenstrategien dadurch zu begünstigen, daß sich die Spieler mit von ihnen getroffenen Entscheidungen eher identifizieren können.
- Die Spieler müssen systematisch angeleitet werden, Beobachtungsergebnisse zu lesen, zu interpretieren und gegebenenfalls Videoaufzeichnungen selbständig analysieren zu können.
- Gegenstrategien können nur dann erfolgreich sein, wenn sie theoretisch verstanden, akzeptiert und – in erster Linie – im Training intensiv erarbeitet werden.
- Die Ausbildung der Spieler ist immer als ein kontinuierlicher Prozeß anzusehen. Maßnahmen, die gegen sehr leichte Gegner erprobt werden, sollten sich daher grundsätzlich auf den nächsten stärkeren Gegner beziehen.
- Die Spielbeobachtung gewinnt mit steigendem Leistungsniveau an Bedeutung.
- Die Spiel- bzw. Spielerbeobachtung ist eine unabdingbare Voraussetzung für den Coach,

1. um das Training der eigenen Mannschaft effektiver gestalten zu können,
2. um die Spielsteuerung optimieren zu können,
3. um die Trainings- und Wettkampfleistung kontrollieren und vergleichen zu können,
4. um die Möglichkeit zu haben, einem Spieler gegenüber unvoreingenommener und objektiver auftreten zu können,
5. um die eigenen Strategien auf ihre Wirksamkeit überprüfen zu können.

- Die Aussagekraft der einzelnen Beobachtung ist von den nachfolgenden Faktoren abhängig:
  a) Je mehr Spiele eines Gegners analysiert werden, desto zuverlässiger sind die Ergebnisse,
  b) je wichtiger, umkämpfter und länger ein beobachtetes Spiel ist, desto aussagekräftiger sind die gewonnenen Daten,
  c) je mehr Spiele eines Gegners analysiert wurden, um so größer ist die Wahrscheinlichkeit, dessen Strategien in allen Situationen herauszufinden, d.h. auch die erwartete Gegnerstrategie zu kennen; entsprechend präziser ist die eigene Gegenstrategie festzulegen.

SPIELERBEOBACHTUNGSVERFAHREN

Insbesondere im Beachvolleyballspiel hat, neben der systematischen Spiel- bzw. Spielerbeobachtung, das Sammeln weiterer Informationen über die gegnerischen Mannschaften, so z.B. das Verhältnis der Spieler zueinander, Abneigungen, Konkurrenzverhalten etc., einen hohen Stellenwert.

Diese Informationen können zu einfachen, aber wirksamen Gegenstrategien führen, besonders, wenn die Informationen durch die Videoanalyse bestätigt werden. Sie können über die Medien, das erweiterte Umfeld und über Gespräche der Trainer, besonders der Spieler untereinander, gewonnen werden. Dementsprechend sollten Informationen über die eigene Mannschaft nicht an andere Spieler/Trainer weitergegeben werden.

Nachfolgend werden die Erkenntnisse und die Verfahren der Spielbeobachtung des Hallensportspiels modifiziert auf das Beachvolleyballspiel übertragen. Dieses Kapitel stellt einen Ansatz in dieser Richtung dar, der bereits im Hallensportspiel angewendet und überprüft und in wenigen Beachvolleyballturnieren erfolgreich eingesetzt wurde. Bei mehr als einem Beobachter sollten die Beobachtungsaufgaben noch differenzierter wahrgenommen und Ergebnisse noch mehr in Abhängigkeit von der vorausgehenden und darauffolgenden Handlung festgehalten werden.

Die Spielerbeobachtung während des Wettkampfs soll sowohl schriftlich als auch graphisch gebunden sowie durch Videoaufzeichnungen erfolgen.

Zielsetzung einer professionellen Beachvolleyballmannschaft soll es sein, anhand von Videobeobachtungen für jeden Beachvolleyballspieler und für feststehende Beachvolleyballmannschaften, hinsichtlich seiner/ihrer Stärken und Schwächen in allen Spielsituationen, **eine Kartei zu erstellen**.

Für den einzelnen Spieler ist diese Maßnahme auch deshalb von hohem Stellenwert, weil viele Spieler keinen festen Partner haben, sondern von Turnier zu Turnier mit einem anderen Mitspieler antreten. Dies wird sich auch mittelfristig im Profibereich nicht ändern. Im Bereich der nationalen Spitze und auf internationalen Turnieren (World Series) wird jedoch in naher Zukunft das „Verbot" des Partnerwechsels innerhalb einer Saison erwartet.

Bei den Videoaufzeichnungen ist es wichtig, vorab die Tageszeit bzw. die Witterungsbedingungen festzuhalten, um die Handlungen des Spielers/der Mannschaft stets in Abhängigkeit vom Wetter interpretieren zu können.

Hat eine Mannschaft keine Spielerbeobachtungen durchgeführt, so sollten die Spieler den späteren Gegner möglichst anhand einer schriftlich gebundenen Spielerbeobachtung während des Spiels analysieren. Verfügt die Mannschaft über einen Spielbeobachter, sollte dieser den nächsten Gegner beobachten, insbesondere wenn die Spieler selbst spielen oder sich erholen müssen bzw. sich von einem Physiotherapeuten behandeln lassen wollen.

Foto 74

9.1 Erfassung des Aufschlägerverhaltens

Die Erfassung muß hier insbesondere die Witterungsbedingungen berücksichtigen, indem die Handlungen des Spielers auf der „guten" oder günstigeren Seite von denen der „ungünstigeren" oder schlechteren Seite deutlich voneinander getrennt werden. Schriftlich sollen über den Aufschläger folgende Informationen festgehalten werden:
- welchen Aufschlag er bevorzugt,
- ob er Diagonal- oder Longline-Aufschläge bevorzugt,
- ob der Skyball angewendet wird,
- ob er zwischen kurzen und langen Aufschlägen variiert,
- ob eine Aufschlagstrategie erkennbar ist, in der stets oder überwiegend auf den gleichen Spieler aufgeschlagen wird,
- ob bei kritischen Situationen eine andere Aufschlagart bevorzugt wird,
- ob er nach einem oder zwei Aufschlagfehlern die Aufschlagart ändert.

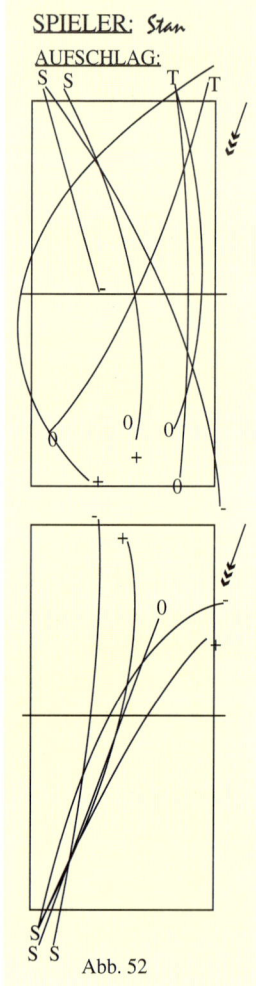

Abb. 52

Graphisch sollen der Aufschlag- und der Auftreffort mit einer durchgehenden Linie verbunden werden (Abb. 52). Am Auftreffort soll mit '+', '0' oder '-' die Effektivität des Aufschlags erfaßt werden. Um auch die Aufschlagart in der graphischen Form festzuhalten, soll der Sprungaufschlag mit einem 'S', der Flatteraufschlag mit einem 'F', der Tennisaufschlag mit einem 'T' und der Skyball durch eine bogenförmige Linie gekennzeichnet werden. Es ist notwendig, daß für jeden Spieler zwei Graphiken angefertigt werden, je eine für jede Spielfeldseite, neben der die jeweilige Windrichtung symbolisiert eingezeichnet wird (vgl. Abb. 52). Bei der Erfassung der Spielhandlungen soll der Beobachter alle Beobachtungen ab dem zehnten Punkt mit einem roten Stift hervorheben.

9.2 Erfassung der annehmenden Angreifer

Die Erfassung der Spieler in der Annahme- und Angriffssituation hat vor allen anderen Spielerbeobachtungen absoluten Vorrang.

Das heißt, bei Überforderung eines einzigen Spielbeobachters soll dieser sich nur auf diese Situation beschränken. Die Spielerbeobachtung soll hier graphisch erfolgen und schriftlich um Eigenheiten des Spielers ergänzt werden. Für den Beobachtungsbogen gelten folgende Grundsätze:
1. Es wird die Annahme seitlich, bei Bällen seitlich vor und seitlich hinter, vor und auf den Spieler festgehalten. Die Annahmebereiche werden, wie in Abb. 53 gezeigt, festgelegt. Die Trennungslinien gehören nicht in den Beobachtungsbogen, sie dienen hier lediglich der Verdeutlichung. Zone A ist vor dem Spieler, B seitlich vorne rechts, C seitlich hinten rechts, D hinter/auf ihm, E seitlich hinten links, F seitlich vorne links. Die Annahme in den Zonen soll hier ebenso durch eine dreistufige Qualitätsskala mit '+', '0', und '-' erfaßt werden. Die Zuordnung zu den Zonen erfolgt im Moment der Annahme, d.h. wenn der Spieler sich nach vorne bewegt und den Ball 3 m vor seiner Ausgangsposition annimmt, erfolgt die Bewertung an diesem Ort als Annahme vor ihm.
Schriftlich sollen die Eigenheiten festgehalten werden, z.B. ob ein Annahmespieler bei einem bestimmten Sprungaufschlag mehr oder weniger wirkungsvoll ist oder ob er nach einer Annahme im hinteren Feldbereich mit langem Anlaufweg Schwächen im Angriff zeigt.
Der Abb. 53 ist zu entnehmen, daß der Spieler 'Stan' seine annahmestärkere Seite rechts hat und daß er bei Bällen links seitlich hinten die meisten Schwierigkeiten zeigt. Allerdings weist er auf der „guten" Seite keine deutlichen Schwächen auf.
Weiterhin werden die Angriffsrichtungen in Verbindung mit der Effektivität der Angriffshandlung erfaßt. Die Effektivität der Handlungen wird am Auftreff- bzw. Abwehrort notiert. Gerade Linien kennzeichnen einen harten Schmetterschlag, bogenförmige Linien die Angriffsfinte und die taktischen Schläge (vgl. Abb. 53).
Aus der Abb. 53 geht z.B. hervor, daß der Spieler 'Stan' selten Angriffsfinten und harte Schmetterschläge in die Extremdiagonale ausführt, aber meistens taktische Schläge spielt. Daraus könnte für den Feldverteidiger resultieren, daß er bereit sein muß, in erster Linie weit von ihm entfernte, taktische Schläge zu erlaufen.

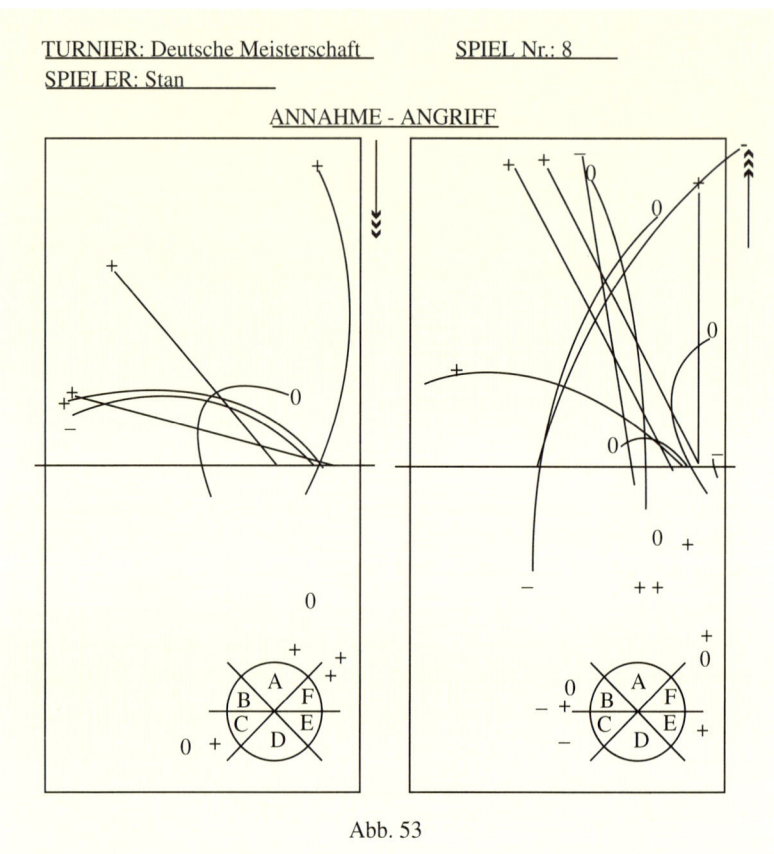

Abb. 53

2. Auf dem gleichen Bogen werden die Angriffshandlungen des annehmenden Angreifers erfaßt, allerdings ohne Aufzeichnung des Anlaufs. Die Handlungsfolge Annahme-Angriff, die im Beachvolleyball sehr entscheidende Interpretationen ermöglicht, muß der Beobachter mit Effektivitätsangaben beider Handlungen schriftlich fixieren (Abb. 54).
In der linken Spalte wird die Qualität der Annahmehandlungen festgehalten, in der mittleren Spalte die Qualität der Zuspielhandlungen und in der nächsten Spalte die Qualität der Angriffshandlungen. In der Spalte der Angriffshandlungen wird der Angriff durch die Buchstaben 'T' als taktischer Schlag, 'S' als Schmetterschlag und 'F' als Finte weiter differenziert. Ein Punkt (.) neben dem Buchstaben bedeutet, daß der Angriff ohne Block erfolgt.

Annahme Qualität	Zuspiel Qualität	Angriff Effektivität, Art		Annahme Qualität	Zuspiel Qualität	Angriff Effektivität, Art
+	+	+ S		+ 0	+	+ S
0	0	0 F		+ +	+	+ S.
0	+	+ T		0	+	+ T
+	+	+ T.		-	+	0 T
+	+	+ T		-	0	0 T
+	+	+ T		0	0	0 F
				+	+	- F
				+	+	+ S.
				+	0	- S
				-		

Abb. 54

Aus der Handlungsfolge (Abb. 54) kann möglicherweise erkannt werden,
1. ob der Spieler nach wirkungslosen Annahmen und wirkungslosen Zuspielen nur taktische Schläge ausführt,
2. ob der Angreifer nach gutem Zuspiel vorrangig hart angreift,
3. ob der Angreifer ohne Block nur harte Schmetterschläge ausführt,
4. ob der Angreifer in Streßsituationen nur harte Angriffsschläge in die Diagonale ausführt,
5. ob er die Angriffsfinte nur bei gutem Zuspiel ausführt usw.

9.3 Erfassung der Block- und Feldabwehr

Hier soll vorrangig mit einer schriftlich gebundenen Beobachtung vorgegangen werden, die die folgenden Aspekte berücksichtigt:
1. Mögliche Spezialisierung der Mannschaft in diesem Bereich.
2. Schwächen und Stärken des Blockspielers,
    - ob er stets eher aggressiv blockiert,
    - oder eher passiv,
    - ob er seine Blockrichtung überwiegend nicht ändert,
    - ob er im Moment der Schlagausführung überwiegend eine andere Richtung abdeckt,
    - ob er mit schrägem Sprung die extreme Diagonale abdeckt,
    - ob er oft den Fake Block einsetzt,
    - ob er den Spread Block oft anwendet,

- ob er sehr verzögert zum Block springt,
- ob er erfolgreich in der Eigensicherung ist,
- ob er auf dem einen oder anderen Hauptblockort seine Blockrichtung beibehält oder sehr oft ändert,
- die Qualität der Zuspielhandlung aus der Abwehr.

3. Stärken, Schwächen und Eigenheiten des Feldverteidigers,
- ob er schon durch seine Ausgangsposition seine Folgehandlung verrät,
- ob er überwiegend Täuschungen nach rechts ausführt, um sich danach nach links zu orientieren,
- welche seine stärkere Abwehrseite ist,
- ob er verhältnismäßig oft den Ball direkt ins Gegenfeld abwehrt,
- ob er bei der Anwendung einer bestimmten Technik wirkungsloser agiert,
- ob er gegen taktische oder gegen harte Schläge besser agiert,
- ob er aus langen, im Hinterfeld ausgeführten Abwehrhandlungen sehr schnell zum Angriff kommt bzw. effektiv ist,
- ob er überwiegend außerhalb des Blockschattens agiert und sich eher auf harte Schmetterschläge einstellt usw. (vgl. Abb. 55).

BLOCK: Spezialisiert
aggressiv diagonal 0
aggressiv diagonal 0
Fake 0
Fake +
Fake -
aggressiv diagonal -
aggressiv diagonal +
Spread 0, Eigensicherung +
aggressiv diagonal 0, Zuspiel -
passiv, extrem diagonal, spät 0
aggressiv diagonal -
aggressiv diagonal -
Fake -
Fake 0
Fake +
Fake 0, Zuspiel -

FELDVERTEIDIGUNG:
- nach Fake
- nach Fake
+ bei Danke-Ball, folgender Angriff +
+ nach Fake

Abb. 55

Für die Erfassung aller oben aufgeführten Beobachtungen durch einen Analysator ist die folgende Vorgehensweise zu empfehlen: Der Analysator beobachtet auf dem einen Bogen das Aufschlagverhalten sowie die Block- und Feldabwehr, indem er die Beobachtungen des Aufschlags im Kopf „festhält" und diese erst nach dem Ballwechsel und den Beobachtungen der Eigenschaften des Block- und Feldabwehrspielers aufzeichnet (Abb. 56, Beispielbogen A).

Foto 75

Bei der Annahme- und Angriffssituation auf dem nächsten Bogen geht er entsprechend vor: Er behält den Annahmeort, die Qualität der Annahme und die Qualität der Zuspielhandlung im Kopf und notiert sich zunächst die Angriffsrichtung und die Effektivität der Angriffshandlung, anschließend den Annahmeort und die Qualitäten der Handlungskette (Abb. 56, Beispielbogen B). Dies erfordert eine systematische Beobachterschulung bei mehreren Spielen, sowohl mit Videoaufzeichnungen, als auch live.

Foto 76

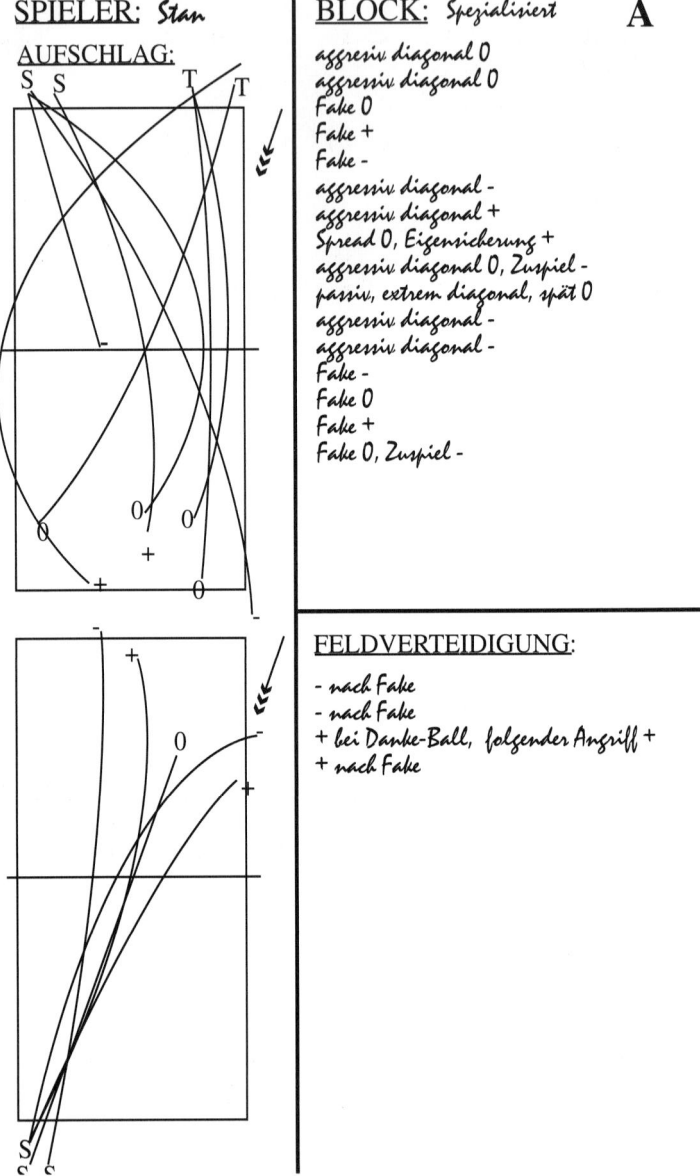

Abb. 56: Beispielbogen A

SPIELERBEOBACHTUNGSVERFAHREN 275

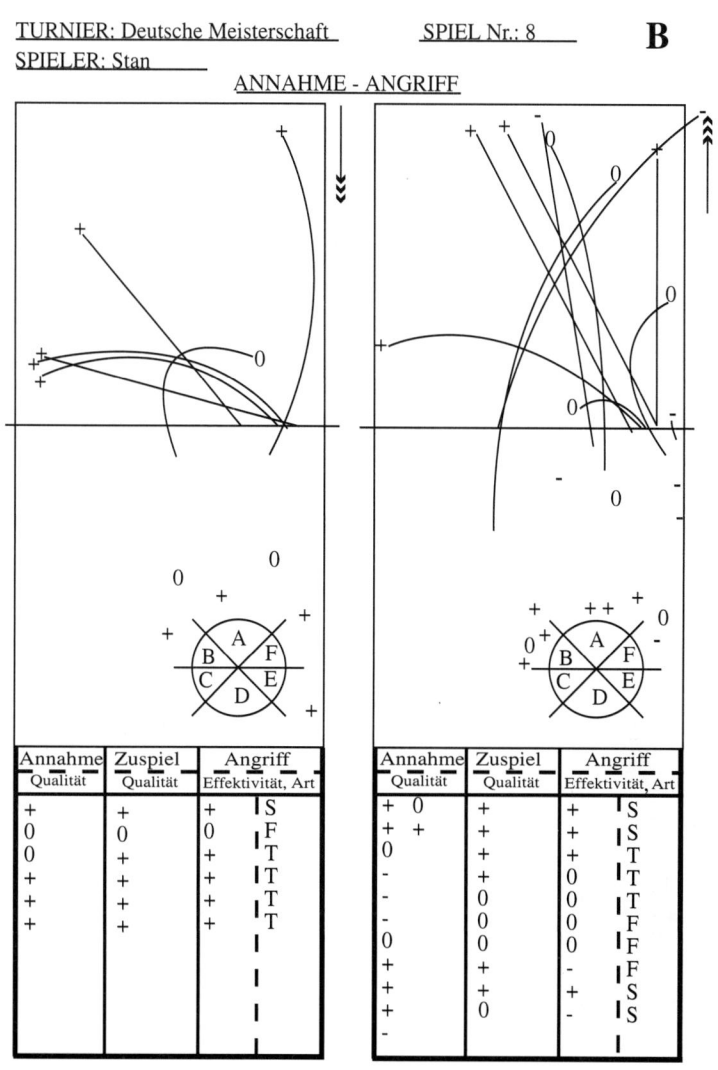

Abb. 56: Beispielbogen B

TEIL 3: SPEZIELLE ASPEKTE DER TRAININGS PLANUNG UND -GESTALTUNG

10 Auffassungen der Profispieler zur Gestaltung des Trainings

Es wurden neun US-Spitzenspieler und ein Trainer der Profis befragt.

Alle erklärten, daß sie ihr **Training systematisch planen** würden und daß sie sowohl eine Jahresplanung als auch eine Planung einzelner Saisonabschnitte bzw. eine Wochenplanung vornähmen.

LINDA CARILLO, PAT ZARTMAN und PATTY DODD betonten, daß es nur wenige „Vollzeit-Profis" unter den Frauen gäbe, der Trainingsumfang sich daher im Vergleich zu den Männern reduziere.

Foto 77: Kathy Gregory

Im zweiten Teil der Gespräche wurde nach den **Trainingsinhalten und -methoden in der Übergangs-, Vorbereitungs- und Wettkampfperiode gefragt**. Die Antworten sind in Inhalt und Umfang so unterschiedlich, daß sie nicht in einige, wenige Inhaltskategorien eingeteilt werden konnten. Sie werden daher jeweils personenbezogen wiedergegeben:

KATHY GREGORY ist seit 20 Jahren Beachvolleyballspielerin. Schon im Jahre 1974 konnte sie ihren ersten Turniersieg erringen; seit 1990 ist sie nicht mehr auf Profi-Turnieren aktiv. Seitdem kommentiert sie die Turniere im Fernsehen und ist als Trainerin der Damen-Volleyballmannschaft der Universität von Santa Barbara tätig.

Kathy Gregory meinte, daß alle in Kalifornien ansässigen Spieler in der *Übergangsperiode* in vollem Umfang weitertrainieren würden. Eine wirkliche Pause gäbe es für die Spitzenspieler nicht. Spieler, die nicht in Kalifornien ansässig seien, wären gezwungen, das Balltraining zu reduzieren. Sie erläuterte, daß alle Spielerinnen im Winter versuchten, konditionelle Grundlagen zu legen. Ein wichtiger Teil des Trainings in der *Übergangs- und Vorbereitungsperiode* sei das Krafttraining. Alle Spielerinnen würden darüber hinaus Wert auf das Training der Grundlagenausdauer legen. Die dazu verwendeten Trainingsmittel seien der Stairmaster (Trainingsgerät, mit dem sich das Treppensteigen simulieren läßt), das Jumprope (Springseil) und Dauerläufe.

Zur *Wettkampfperiode* erklärte sie, daß die meisten Spieler ihrer Kenntnis nach ein Balltraining durchführten, welches Drills (Übungsformen) und Trainingsspiele kombiniere. Ferner erklärte sie, daß die Spieler auch während der Saison mit Konditionstrainern zusammenarbeiten würden.

Foto 78: Mike Dodd

MIKE DODD ist seit dem Jahre 1983 Beachvolleyballprofi. Von kurzen Ausnahmen abgesehen, spielte er zusammen mit seinem Partner Tim Hovland. Neben Smith/Stoklos stellten sie die erfolgreichste Mannschaft der achtziger Jahre mit bis heute mehr als 60 Turniersiegen. Er gewann viermal die Beachvolleyballweltmeisterschaft und war überdies Mitglied der amerikanischen Nationalmannschaft.

Mike Dodd erläuterte, daß er direkt *nach Saisonende* im September mit einem intensiven Krafttraining beginne, wobei zunächst Methoden der wiederholten submaximalen Kontraktionen, d.h. Methoden mit vorwiegend muskelquerschnittsvergrößernder Wirkung, im Vordergrund stünden. Er betonte, daß er von Ende September bis Anfang Januar kein Volleyball spiele und sich mit Basketball und Golf fithalte. Ab Januar beginne er im Krafttraining mit Methoden der maximalen Kontraktionen, d.h. Methoden mit überwiegend intramuskulär-koordinativer Wirkung. Ferner versuche er dann, täglich 4-5 Stunden Beachvolleyball zu spielen. Dodd erläuterte, daß er *in der Saison* das Krafttraining an Gewichten durch Kräftigungsübungen wie z. B. Liegestütze etc. ersetze. Für das Sprungkrafttraining benutze er dann eine Maschine, in der man gegen den Widerstand von Gummiseilen Sprünge durchführe. Bis April bestehe sein Balltraining, wie schon in der Vorbereitungsperiode, aus 4-5 Trainingsspielen täglich. Ab April spiele er höchstens 3mal in der Woche, ab Juli reduziere er das Balltraining auf 1-2 wöchentliche Einheiten.

Foto 79: Patty Dodd

Die ehemalige kolumbianische Nationalspielerin PATTY DODD spielte für die Universität von Los Angeles und als Profi in Italien, bevor sie Beachvolleyballprofi wurde. Seit 1988 gehört sie ständig zu den erfolgreichsten sechs Spielerinnen der WPVA-Turnierserie, im Jahre 1989 stellte sie zusammen mit JACKIE SILVA die beste Mannschaft.

Patty Dodd erklärte gleichfalls, daß sie ab September zur Schaffung der konditionellen Grundlagen mit einem Kraft- und Ausdauertraining beginne. Sie führe von Oktober bis Dezember täglich ein 90minütiges Krafttraining nach Kraftausdauermethoden durch (Krafttrainingsmethoden mit überwiegender Wirkung auf die anaerobe lokale und allgemeine Muskelausdauer) und lege Wert auf das Ausdauertraining mit dem Stairmaster. Sie erläuterte, daß sie das Krafttraining im Februar zunächst beende und mit dem Balltraining beginne. In der Saison führe sie weiterhin ein Krafttraining mit leichten Gewichten durch, darüber hinaus nehme sie physiotherapeutische Behandlung in Anspruch. Ihr Balltraining bestehe ausschließlich aus Trainingsspielen.

Foto 80: Jon Stevenson

JON STEVENSON ist seit 1986 Präsident der AVP. Er ist Autor des Beachvolleyballbuchs „Hot Sand" und gehört mit 25 Turniersiegen zu den erfolgreichsten Spielern der letzten zehn Jahre.

Jon Stevenson führte aus, daß er in der *Übergangs- und Vorbereitungsperiode* sehr großen Wert auf das Krafttraining lege. Er führe wöchentlich 2mal ein Krafttraining durch, wobei er das erste Training mit Methoden der wiederholten submaximalen Kontraktionen gestalte, das zweite mit Methoden der maximalen Kontraktionen fülle. Er betonte, daß er zwar kurze Dauerläufe im weichen Sand durchführe, ein spezielles Training der Grundlagenausdauer aber für falsch halte. Stevenson er-

Foto 81: Linda Carillo

klärte zur *Wettkampfperiode*, daß er seine Erfolge auch darauf zurückführe, daß er im Balltraining Drills bevorzuge. Er betonte, daß er Spielelemente in Übungsformen übe und dann in sein Spiel einbinde. Während der Saison halte er überdies am vorab beschriebenen Krafttraining fest.

LINDA CARILLO war Mitglied der amerikanischen Nationalmannschaft bei der Olympiade 1984 und wurde drei Jahre später Beachvolleyballprofi. Sie war bis April 1993 Präsidentin der WPVA. In den Jahren 1987 und 1988 war sie die erfolgreichste Spielerin. Im Jahre 1990 gewann sie die amerikanische Meisterschaft und die Weltmeisterschaft.

Linda Carillo erklärte, daß sie die ersten sechs Wochen *nach Saisonende* als Pause nutze, in der sie lediglich Dauerläufe durchführe und ihr Gewicht kontrolliere. Nach dieser *Übergangsperiode* beginne sie an Wochenenden mit dem Balltraining. Zudem sei dann die Schaffung konditioneller Grundlagen Inhalt ihres Trainings. dreimal wöchentlich führe sie ein Konditionstraining durch, wobei ein Weight Belt (Gewichtsgürtel) ihr bevorzugtes Trainingsmittel sei. Sie betonte, daß sie versuche, durch kurze Dauerläufe ihre Ausdauerfähigkeit zu erhalten und daß sie nicht sehr zum Krafttraining tendiere. Sie glaube, daß der weiche Sanduntergrund die Sprungkraft in ausreichendem Maße fördere. Sie behalte das Training der konditionellen Grundlagen *bis zum Saisonbeginn* bei. Im März intensiviere sie das Balltraining, das bei ihr aus Übungsformen und Trainingsspielen bestehe. *In der Saison* trainiere sie dreimal wöchentlich am Ball; Umfang und Zeitpunkt des ersten Trainings der Woche hänge von ihrem Abschneiden beim zuvor gespielten Turnier ab. Ein schlechtes Abschneiden habe demnach schon am Montag ein umfangreiches Training zur Folge. Sie konzentriere sich in Trainingsspielen darauf, bestimmte Elemente ihres Spiels zu verbessern, versuche aber auch mit Drills zu trainieren.

PAT ZARTMAN ist als persönlicher Coach vieler Beachvolleyballspielerinnen in Hermosa Beach tätig. Mit seiner Hilfe haben sich die Spielerinnen erstmals systematisch auf Turniere vorbereitet. Er arbeitete u.a. mit LINDA CARILLO, JANICE OPALINSKI-HARRER und JACKIE SILVA zusammen.

Pat Zartman erläuterte das Training, das seine Trainingsgruppe (u.a. LINDA CARILLO, JANICE OPALINSKI-HARRER, JACKIE SILVA) in der *Übergangs- und Vorbereitungsperiode* durchführt:

Nach einer zweimonatigen Pause nach Saisonende, in der er keinen Einfluß auf das Training der Spielerinnen habe, beginne er mit einer dreiphasigen Vorbereitungsperiode: In der ersten, zweimonatigen Phase seien Sprints mit einer Gewichtsweste der Hauptinhalt des Trainings. Er beschrieb die Trainingsmethode, die er „on and off" nennt, folgendermaßen: Unmittelbar nach einem Sprint mit Gewichtsweste würden die Spielerinnen den gleichen Sprint ohne Gewichtsweste durchführen. Die Laufwege orientierten sich dabei an den im Spiel vorkommenden Laufstrecken. Dieses Sprinttraining beginne mit einem Umfang von einer Serie am Anfang der Vorbereitungsperiode und werde im Laufe der folgenden Wochen auf sechs Serien gesteigert. dreimal wöchentlich werde jeweils über zwei Stunden trainiert. In einer zweiten und dritten Phase werde das Balltraining mehr und mehr in den Vordergrund gerückt. In der dritten Phase sei der Umfang des beschriebenen Konditionstrainings um die Hälfte reduziert, das Balltraining bestehe zu diesem Zeitpunkt aus Drills.

Foto 82: Kent Steffes

Zartman führte aus, daß die Spielerinnen seiner Trainingsgruppe *während der Saison* versuchten, ihr konditionelles Niveau lediglich zu halten. Ein spezielles Kraft-, Ausdauer- oder Schnelligkeitstraining werde daher nur in reduziertem Maße durchgeführt. Trainiert werde dreimal wöchentlich je vier Stunden lang. Die erste Trainingshälfte sei dem speziellen Konditionstraining sowie dem Balltraining mit Drills vorbehalten. Danach werde zwei Stunden lang gespielt.

KENT STEFFES ist seit 1989 Beachvolleyballprofi. Seit 1993 ist er die Nr.1 der Spielerrangliste der AVP. Seit dem Jahre 1992 gewann er mit seinem Partner Karch Kiraly über 40 Turniere, unter anderem auch die Goldmedaille bei den Olympischen Spielen von Atlanta.

Steffes erläuterte, daß seine *Saisonvorbereitung* fünf Wochen nach Saisonende beginne und er sich in der *Übergangsperiode* mit Hilfe anderer Sportarten fithalte. Steffes berichtete, daß er im November mit einer viermonatigen *Vorbereitungsperiode* starte, die wiederum in vier Abschnitte eingeteilt sei. In allen Phasen sei das Krafttraining ein wichtiger Bestandteil des Trainings. Das Krafttraining führe er 3mal wöchentlich durch, wobei er die Übungen so auswähle, daß er nie in zwei aufeinanderfolgenden Trainingseinheiten die gleiche Übung durchzuführen habe. In einer ersten, vierwöchigen Phase beginne er mit niedrigen Intensitäten und geringen Umfängen. Die zweite vierwöchige Phase sei vor allem durch eine Steigerung des Trainingsumfangs gekennzeichnet. Die Serienzahl werde auf 8-10 gesteigert. Darüber hinaus werde die Wiederholungszahl innerhalb einer Serie durch das Training nach der Pyramidenmethode (Krafttrainings-Mischmethode mit intramuskulär-koordinativer sowie Muskelquerschnitts-vergrößender Wirkung) gesteigert. Innerhalb der nächsten zwei Trainingsphasen trainiere er mit Methoden der maximalen Kontraktionen. Steffes erklärte, daß er, sobald keine Steigerung der Maximalkraft mehr zu erzielen sei, die Trainingsmethode wieder wechsele. Die Gewichte, die er am Ende der Vorbereitungsperiode im Krafttraining bewege, würden den Intensitäten entsprechen, mit denen er während der Saison trainiere.

Steffes erklärte, daß er während der Vorbereitungsperiode zusätzlich ein intensives, kombiniertes Ausdauer- und Schnelligkeitstraining durchführe. Von Woche zu Woche steigere er dabei die Streckenlängen und die Laufgeschwindigkeit. Er jogge oder sprinte 16mal pro Training über Streckenlängen von 100 bis 400 Meter. Zum Abschluß der Vorbereitungsperiode kombiniere er die gejoggten und gesprinteten Strecken zu einem Intervalltraining oder zu einem Fahrtspiel. Das Balltraining in der Vorbereitungsperiode bestehe bei ihm vorwiegend aus Drills.

Steffes bemerkte, daß er auch *in der Saison* ein ausführliches Training der Kraft, Schnelligkeit und Ausdauer durchführe. Das Balltraining bestehe während der Saison aus Trainingsspielen. Auf die Frage, warum er in der Saison nicht in Übungsformen trainiere, antwortete er, daß es wohl unmöglich sei, Trainingspartner zu finden, die, statt zu spielen, Drills mit ihm durchführten.

STEVE TIMMONS: Der mittlerweile nicht mehr aktive Volleyball-Profi war bis zur Olympiade 1992 Stammspieler in der amerikanischen Nationalmannschaft. Er errang mit dieser Mannschaft zwei Olympiasiege und ist seit 1990 als Profi in der AVP-Turnierserie tätig.

Steve Timmons erläuterte, daß er keine spezielle *Vorbereitung* auf die Beachvolleyballsaison habe, da er im Winter in der Halle Volleyball spiele. Des weiteren gab er an, daß er aufgrund seiner Nationalmannschaftsverpflichtungen keine Zeit für eine Übergangs- bzw. Erholungsperiode habe. Seine Vorbereitung sei dementsprechend das Spiel in der Halle. In der Zeit nach der Beachvolleyballsaison habe er die Vorbereitungsperiode in seiner Hallenmannschaft zu absolvieren.

Foto 83: Steve Timmons

In der Wettkampfperiode versuche er, sein konditionelles Niveau durch leichtes Krafttraining weitgehend zu halten. Das Balltraining in der Saison bestehe weitgehend aus Trainingsspielen.

Foto 84: Bruk Vandeweghe

BRUK VANDEWEGHE wurde 1993 zum „Most improved player" (Spieler, der die größten Fortschritte gemacht hat) der AVP-Turnierserie gewählt. Seine besten Plazierungen waren bisher der zweite Platz beim prestigeträchtigen Manhattan Beach-Turnier (1993) und ein Turniersieg in San Antonio, ebenfalls 1993.

Er meinte, daß seine Übergangsperiode vier Wochen lang sei. Er spiele in dieser Zeit höchstens ein wenig Basketball oder Football, gelegentlich fahre er Mountainbike. Es sei wichtig, auch beim Betreiben dieser Ausgleichssportarten Wettkämpfe austragen zu können.

Ab November bereite er sich dann systematisch auf die Saison vor, wobei er die vier höchstdotierten Turniere als Saisonhöhepunkte berücksichtige. Der November und Dezember werde mit einer lockeren Gewöhnung an das Krafttraining, kurzen Läufen (< 3 km) im tiefen Sand, Koordinationsübungen und anderen Sportarten sowie 1-2 Beachvolleyballspielen pro Woche gefüllt.

Ab Januar beginne die spez. Vorbereitungsperiode mit 3-7maligem Balltraining, fünf Krafttrainingseinheiten und weiteren Koordinations- und Schnelligkeitstrainingseinheiten pro Woche. Im Krafttraining trainiert Vandeweghe im Januar und Februar an zwei Wochentagen den Oberkörper und an drei Wochentagen die Sprungkraft mit einem umfangreichen Übungsprogramm, meist mit Methoden wiederholter submaximaler Kontraktionen und mit Mischmethoden (s.o.). Ab März konzentriert er sich auf die Entwicklung der Sprungkraft mit Hilfe der Methoden der wiederholten maximalen Kontraktionen.

Zu jeder Trainingseinheit, sei es nun Kraft- oder Balltraining, gehöre bei ihm überdies ein umfangreiches Programm zur Entwicklung der Rumpfmuskulatur sowie ein abschließendes 20minütiges Stretching.

Vandeweghe erläuterte, daß er ab Februar sein Balltraining täglich durchführe und Umfang sowie Intensität im Krafttraining beibehalte. Im März, d.h. in der Zeit kurz vor dem ersten Turnier, erreichten Umfang und Intensität des Krafttrainings ihren Höhepunkt.

In der Wettkampfperiode seien der Dienstag und Donnerstag seine Krafttrainingstage, er trainiere dann mit geringeren Reizhöhen und gesteigerten Wiederholungszahlen innerhalb einer Serie.

Der Montag sei Ruhetag und der Mittwoch (hoher Umfang) und Donnerstag dem Balltraining gewidmet. Der Freitag werde als Reisetag kaum zum Training genutzt.

Zusammenfassend kann gesagt werden, daß Bruk Vandeweghes Trainingsschwerpunkte das Training mit Ball sowie das Krafttraining sind. Er betonte, daß er wenig Wert auf das Ausdauertraining lege. Wichtig sei zudem eine gesunde Ernährung, ausreichende Flüssigkeitsaufnahme vor und während des Wettkampfs und die Zielsetzung, auch im Training alle Spiel- und Übungsformen mit Spaß, aber zugleich als Wettkampf durchzuführen.

Foto 85

11 Empfehlungen zur Trainingsplanung und zum Training der Athletik

In diesem Abschnitt soll versucht werden, Erkenntnisse aus der Trainingslehre auf die Vorbereitung eines Beachvolleyballers zu übertragen. Die Entwicklung des Spiels wird sicherlich eine Jahrestrainingsplanung erfordern. Dies trifft ebenso auf alle athletischen Eigenschaften zu, da auch hier, wie aus dem vorausgegangenen Kapitel ersichtlich, mehr emotional und weniger nach wissenschaftlichen Grundsätzen vorgegangen wird. Hier werden Empfehlungen zu allen Aspekten des Trainings von athletischen Eigenschaften gegeben, wobei grundlegende Kenntnisse vorausgesetzt werden.

11.1 Jahresperiodisierung

Aufgrund der augenblicklichen Situation und Weiterentwicklung des Sportspiels Beachvolleyball werden hier drei sehr praxisbezogene Jahrespläne erläutert und diskutiert.
1. Für den/die Profivolleyballer/-in des nordamerikanischen Kontinents.
2. Für den europäischen Spieler, der sich ausschließlich auf Beachvolleyball konzentriert.
3. Für den Hallenvolleyballspieler, der im Sommer Beachvolleyball als zweite Volleyballsportart betreibt.

Im folgenden werden für diese drei Zielgruppen die Trainingsperioden und deren Trainingsziele, -inhalte und -methoden im Rahmen der Jahresperiodisierung besprochen.

11.1.1 US-Profi-Volleyballer

Die AVP-**Wettkampfperiode (WP)** erstreckt sich über ca. sechs Monate von Mitte März bis Mitte September. Die Hallenbeachturniere im Februar werden bewußt in der **Vorbereitungsperiode (VP)** berücksichtigt, die von Ende Oktober bis Mitte März dauert. Die besten Mannschaften der AVP nehmen gegebenenfalls an World Series-Turnieren des Weltverbandes teil, welche außerhalb der AVP-Wettkampfperiode stattfinden (Abb. 57). Aufgrund der gezielten Vorbereitung auf die US-Turniere werden die World Series-Turniere ebenfalls ohne spezielle Vorbereitung in den Vorbereitungsphasen absolviert. Die **Übergangsperiode (ÜP)** umfaßt 4-5 Wochen von Mitte September bis Mitte/Ende Oktober (Abb. 57).

Abb. 57

Die Jahresperiodisierung wird wie im Tennissport auch im Beachvolleyballsport von mehreren Faktoren, wie z.B. der Rangliste und der unterschiedlichen Höhe der Preisgelder, sehr stark beeinflußt. Dies bedingt, daß mit Ausnahme der wenigen weltbesten Spieler keiner der Aktiven Saisonhöhepunkte vorab bestimmen kann. Deshalb entspricht die Saison einer „**Dauergipfligkeit**", d.h., daß unter Priorisierung der höchstdotierten Turniere **fast jedes Spiel** und **fast jedes Turnier** als ein Saisonhöhepunkt betrachtet wird.

Die besten 16 Mannschaften der US-Profis können in dieser sechsmonatigen **Wettkampfperiode** bis zu 25 Wochenendturniere mit jeweils zehn möglichen Spielen absolvieren. Das heißt, daß die beste Beachmannschaft in der Wettkampfperiode mehr als 180 Spiele bestreitet. Die in der Rangliste zwischen Platz 17 und 32 spielenden Mannschaften können bei 20 Turnieren teilnehmen, bei sehr gutem Erfolg also höchstens 150 Spiele absolvieren. Schneidet eine dieser Mannschaften am Anfang der Saison hervorragend ab, kann sie sich für drei der fünf Einladungsturniere der Besten qualifizieren und somit noch mehr Wettkämpfe bestreiten.

Mannschaften, die in der Rangliste auf Platz 33 und tiefer plaziert sind, müssen Qualifikationsturniere mit mindestens drei Begegnungen absolvieren, um in das Hauptfeld zu kommen. Dies bedeutet, daß auch die Qualifikanten, wenn sie sich zwischendurch für die Hauptrunde qualifizieren, mehr als 120 Wettkämpfe in der Wettkampfperiode spielen.

Aus den o.a. Gründen wird deutlich, daß ein Mikrozyklus für **die besten 32 Spieler** identisch ist, wobei die Hauptwettkampftage überwiegend der Samstag und Sonntag sind.

Der Wochentrainingsplan der Qualifikanten unterscheidet sich sehr von den beiden anderen, da hier der erste Wettkampftag und möglicherweise der Hauptwettkampftag der Mittwoch oder der Donnerstag ist. Zeitliche Zwänge bestimmen hauptsächlich den Wochentrainingsplan. Der **zeitliche Rahmen eines Mikrozyklus** eines der besten Spieler könnte wie folgt aussehen:
- Sonntag nachmittag: Endspiel in Hermosa Beach, am gleichen Abend Rückreise nach Hause (bis zu zwei Stunden).
- Der Montag, Dienstag, Mittwoch und eventuell Donnerstag könnten für das Training am Wohnort genutzt werden.
- Der Donnerstag oder Freitag sind die Anreisetage für das nächste Turnier in Cincinnati.
- Nach dem Wettkampf am Sonntag: Rückflug nach Los Angeles.

Der zeitliche Rahmen für einen **Qualifikanten** sieht folgendermaßen aus:
- Ausscheiden am Mittwoch/Donnerstag bei der Qualifikation. Rückreise bis zu zwei Stunden zum Wohnort.
- Freitag, Samstag, Sonntag und Montag stehen als Trainingstage am Wohnort zur Verfügung.
- Dienstag oder Mittwoch ist der Anreisetag zum Qualifikationsturnier.
- Mittwoch oder Donnerstag: 1-4 Spiele.
- Freitag: keine Wettkämpfe.
- Samstag/Sonntag, bei erfolgreicher Qualifikation: Turnier.

Übergangsperiode

Die **Übergangsperiode**, die sich über vier bis fünf Wochen erstreckt, spielt für die Jahresperiodisierung eine sehr entscheidende Rolle:
- Unabhängig vom Erfolg soll ein Abstand zum Beachvolleyball angestrebt werden, der sich letztlich psychisch und physisch positiv auf den Spieler auswirkt.
- In dieser Periode soll der Spieler ihm sehr angenehme und freudvolle Sportarten betreiben. Dies könnten alle Sportarten vom Golfspiel bis zum Basketball oder vom Baseball bis hin zur Leichtathletik sein. Sehr wichtig ist, daß sich der Spieler **mindestens jeden 2. Tag über zwei Stunden** körperlich betätigt.

- Die Trainingszeiten sollen dem Tagesrhythmus des einzelnen angepaßt werden.
- Bei der Ausübung von Individualsportarten sollte bewußt die Intensität im mittleren Bereich gehalten werden.
- Zu empfehlen ist einmal pro Woche die Wahl einer Sportspielart.
- Diese Phase soll vorrangig zum Auskurieren von Verletzungen genutzt werden, auch wenn sich dieses zuungunsten der konditionellen Fähigkeiten auswirkt.
- Grundsätzlich soll diese Periode Erholung und physisch-psychische Regeneration als Hauptziel verfolgen.

Vorbereitungsperiode

Die **Vorbereitungsperiode** kann für alle Profis, wie auch für die Qualifikanten, gleich gestaltet werden. Die Monate November und Dezember werden hier als **allgemeine** (allg. VP) und die Monate Januar bis Mitte März als **spezielle VP** (spez. VP) betrachtet. Alle Ausführungen bezüglich der Anzahl von Turnieren und Wettkämpfen bestimmen sowohl die Ziele als auch Inhalte und Methoden der VP.

Ausgehend von der Struktur des Spiels und der Tatsache, daß das Gehen im Sand nicht als Erholung, sondern als Belastung angesehen wird, ist ein zielgerichtetes **Ausdauertraining** erforderlich (vgl. Kap. 11.4, Ausdauertraining).
 In der allg. VP soll die Grundlagenausdauer 3mal wöchentlich trainiert werden.
 In der spez. VP kann das Ausdauertraining auf 2mal wöchentlich reduziert und Beachvolleyball-spezifischer gestaltet werden.

Sprung- und Laufhandlungen auf Sandboden erfordern eine sehr gute Schnellkraft auf der Basis eines hohen Explosiv- und Maximalkraftniveaus. Gleiches gilt für die Entwicklung der Schlagkraft, da hier mit einem schwereren Ball und häufig hart gegen den Wind geschmettert werden muß (vgl. Kap. 11.5, Krafttraining).
 Das **Krafttraining** soll, wie das Ausdauertraining, bis auf die ÜP ganzjährig erfolgen.
 In der allg. VP soll das Krafttraining als Zielsetzung zunächst die Vergrößerung des Muskelquerschnitts haben.
 In der spez. VP soll das Training fast ausschließlich unter dem Aspekt der Verbesserung der **intramuskulären Koordination (IK)** betrieben werden.
 Nach neuesten Erkenntnissen sollte das Hypertrophietraining, insbesondere bei austrainierten Leistungsbeachvolleyballern, die bereits über mehrere Jahre ein

Krafttraining betrieben haben, nicht länger als vier Wochen durchgeführt werden, weil dieser Zeitraum ausreicht, um das ursprüngliche Muskelquerschnittsniveau wieder zu erreichen.

In der allg. VP sollte 4mal wöchentlich, in der spez. VP 3mal wöchentlich ein Krafttraining durchgeführt werden.

Die Notwendigkeit des **Schnelligkeitstrainings** und somit auch des Trainings der Beachvolleyball-spezifischen Schnelligkeit wird aus der Strukturanalyse deutlich und ist unbestritten.

In der allg. VP soll die Grundschnelligkeit, in der spez. VP die Reaktionsschnelligkeit und die azyklische Schnelligkeit im Rahmen der Bewegungs- und Handlungsabläufe, in Verbindung mit dem Techniktraining, trainiert werden. In der spez. VP soll allmählich, und nach vier Wochen ausschließlich, die spielspezifische Schnelligkeit trainiert werden (vgl. hierzu Kap. 11.3, Schnelligkeitstraining).

In der allg. VP wird die Schnelligkeit 2mal, in der spez. VP bis zu 3mal wöchentlich trainiert.

Im Gegensatz zu allen anderen Sportspielern benötigt der Beachvolleyballer noch **besser entwickelte koordinative Fähigkeiten**, da er auf einem unebenen und zugleich nachgebenden Boden unter stets veränderten äußeren Bedingungen spielen muß.

Das Training der koordinativen Fähigkeiten wird wie das Schnelligkeitstraining in der allg. VP 2mal und in der spez. VP höchstens 3mal absolviert. In der spez. VP sollten die Beach-spezifischen Fähigkeiten mit Ball mehr Raum einnehmen und grundsätzlich mit dem Schnelligkeitstraining verbunden werden.

In der allg. VP soll das **Techniktraining** 2mal wöchentlich erfolgen, um Defizite aufzuarbeiten. Diese Defizite sollen aufgrund der Beobachtung und Analyse der eigenen Spielleistung erfolgen. Hat z.B. jemand im Zuspielbereich Schwierigkeiten oder ist er mit der Effektivität seines Sprungaufschlags nicht zufrieden, soll er unter Anleitung eines Mitspielers/Coachs seine Technik verbessern.
- In der allg. VP sollen nicht mehr als zwei wöchentliche Trainingsspiele durchgeführt werden, um die allg. Vorbereitung nicht durch wettkampfspezifische Belastung negativ zu beeinflussen.
- Die Individual- und Mannschaftstaktik sind in der spez. VP mit dem Techniktraining zu verbinden.

- In der spez. VP soll mindestens einmal täglich mit Ball trainiert und zunächst der Samstag mit 3-5 Trainingsspielen gefüllt werden. Vier Wochen vor Saisonbeginn soll der Sonntag als „Turniertag" mit weiteren Trainingsspielen hinzugenommen werden.

Bei den unten skizzierten **Mikrozyklen** wird davon ausgegangen, daß der Profi seinen **Tagesrhythmus dem Training unterordnet**, d.h., daß er bis zu 3mal am Tag und zu sehr unterschiedlichen Tageszeiten trainiert.

- Dies trifft nur auf sehr wenige Profispieler zu. Seit der Saison 1995/96 zeichnet sich bei den besten 6-8 Mannschaften eine Professionalisierung ab, also die Berücksichtigung der Erkenntnisse der Trainingslehre, **auch im Bereich der Trainingsplanung, -durchführung und -analyse**.

Die Mikrozyklen müssen bewußt – ohne Veränderung der Reihenfolge der Inhalte – so verschoben werden, daß das Training mit Ball zu den unterschiedlichsten Tageszeiten und **bei unterschiedlichsten Witterungsbedingungen** durchgeführt werden kann (vgl. hierzu Kap. 12, Trainingsprinzipien). Bei diesen Beispielen wird vom Wochenendrhythmus der Turniere ausgegangen. Der Montag wird als Regenerationstag bzw. als Ruhetag festgelegt. Bei Spielern, die bereits am Samstag aus dem Turnier ausscheiden, ist der Sonntag der Regenerationstag bzw. der trainingsfreie Tag. Es soll ein Regenerationslauf über 30 min auf **festerem Sandboden** (in der Nähe des Wassers) durchgeführt werden. Die Intensität des Regenerationslaufs, die sehr gering sein muß, gilt dann als zweckmäßig, wenn man sich während des gesamten Laufs problemlos unterhalten kann.

Bei den exemplarischen Mikrozyklen der VP wird grundsätzlich von mindestens 12 **Trainingseinheiten (TE)** pro Woche ausgegangen. Jede TE dauert 1,5 – 2 Stunden. Es ist wissenschaftlich bewiesen, daß zwei oder drei dosierte Trainingseinheiten der o.g. Dauer am Tag sinnvoller sind als eine oder zwei sehr umfangreiche. Insbesondere aus organisatorischen Gründen sind die nachfolgenden Trainingspläne für **einen** Spieler und weniger für eine Mannschaft zu betrachten.

In einem Mikrozyklus der allg. VP (Tab. 12) werden das Training der Schnelligkeit, das der koordinativen Fähigkeiten, der Technik und das Trainingsspiel mit submaximaler bis maximaler Intensität durchgeführt, das Muskelaufbautraining nach der Standardmethode I (vgl. Kap. 11.5, Krafttraining). Das Training der Ausdauer erfolgt nach der Dauermethode (vgl. Kap. 11. 4, Ausdauertraining). Am Ende jeder TE darf ein 10minütiges Auslaufen als Regenerationslauf mit anschließendem Stretching nicht fehlen.

Montag	Regeneration		
Dienstag	9-11h Grundschnelligkeit	7-19h Kraft (Muskelaufbau)	
Mittwoch	8-10h Technik/ Individualtechnik	13-15h Kraft (Muskelaufbau)	18-20h allg. Ausdauer
Donnerstag	9-11h Grundschnell. allg. Koord.	Nachmittag frei	
Freitag	8-10h Technik/ Individualtaktik	13-15h Kraft	18-20h Ausdauer
Samstag	8-10h Koordination/ Schnelligkeit	12-14h 2 Trainingsspiele	
Sonntag		12-14h: Kraft	18-20h Audauer

Tab. 12: Mikrozyklus allg. VP

Montag	Regeneration		
Dienstag	9-11h azyklische Schnelligkeit ohne und mit Ball		17-19h: Kraft IK
Mittwoch	8-10h Technik/ Individualtaktik		16-18h spez. Ausdauer mit/ohne Ball
Donnerstag	10-12h Schnelligkeit Koord. mit/ohne Ball	12-13h Kraft IK Beine	
Freitag	8-10h Technik Individualtaktik Mannschaftstraining	13-15h Schnellig./Koord. mit/ohne Ball	19-21h Ausdauer
Samstag		11-14h 3 Trainingsspiele	
Sonntag	8-10h Kraft IK	14-16h 3 Trainingsspiele	19-20h Regenerationslauf

Tab. 13: Mikrozyklus spez. VP

Wettkampfperiode

In der WP werden das Ausdauer- und das Krafttraining 2mal pro Woche erhaltend durchgeführt. Das Ausdauertraining soll möglichst mit Ball erfolgen. Das Schnelligkeitstraining und das Training der koordinativen Fähigkeiten sollen ebenso zur Stabilisierung 2mal pro Woche gemeinsam und nur mit Ball durchgeführt werden. Das ballgebundene Training zur Technik, Individual- und Mannschaftstaktik soll bis auf den Montag als Ruhetag, je nach Entfernung des Turnierortes vom Wohnort, zwischen 3- und 6mal wöchentlich durchgeführt werden (Tab. 14).

Montag	Ruhetag. Regenerationslauf	
Dienstag	9-11h Schnelligkeit/ Koordination mit Ball	7-19h Kraft IK
Mittwoch	8-10h Technik Individualtaktik Mannschaftstaktik	18-19h Schnelligkeit/Koord. mit Ball, danach, 19-21h Ausdauer mit Ball
Donnerstag	10-12 Kraft IK	13-17h Individual- und Mannschaftstaktik auch als Trainingspiele/Spielausdauer.
Freitag	Anreise	18-19h leichtes Balltraining, möglichst auf den Turnierspielfeldern.
Samstag		Turnier, abends nach dem letzten Spiel: Regenerationslauf, ca. 25 min.
Sonntag		Turnier

Tab. 14: Mikrozyklus WP

Die **Profi-Beachvolleyballspielerinnen** haben eine um ca. 1,5 – 2 Monate kürzere WP. Dementsprechend ist, wie aus Abb. 58 deutlich wird, die ÜP sieben Wochen und die VP ca. sechs Monate lang. Die allg. VP kann mit rund drei Monaten genauso ausgedehnt gestaltet werden wie die spez. VP.

WPVA -Profi	Spez. VP 9 Wo.		WP 23 Wo.		ÜP 7 Wo.	Allg. VP 13 Wo.
Monat	Jan.	Feb.	März	April	Mai	Juni	Juli	Aug.	Sep.	Okt.	Nov.	Dez.

Abb. 58

Die Beobachtungen zeigen, daß die Frauen im Gegensatz zu den Männern in der allg. VP mehr Techniktraining bzw. mehr Trainingseinheiten mit Ball einbeziehen müssen und somit eher vermehrt Trainingsspiele durchgeführt werden sollten. Da das Spiel der Frauen bezüglich der Belastung fast identisch mit dem der Männer ist und der Spielmodus sich nicht unterscheidet, gelten hinsichtlich aller anderen Aspekte zur Jahresplanung und somit zum Mikrozyklus die o.g. Ausführungen zum Männerbereich.

11.1.2 Profi-Beachvolleyballer Europas

Die folgenden Ausführungen beziehen sich auf **Profi-Beachvolleyballspieler Europas** sowie der anderen Kontinente:

Ausgehend von dem augenblicklichen Leistungsniveau der europäischen Profispieler und -spielerinnen, ist ohne Einschränkung zu empfehlen, daß diese Spieler in den USA Wettkämpfe auf möglichst hohem Niveau bestreiten, um ihre Spielleistung zu verbessern. Zielsetzung des europäischen Profispielers soll es sein, sich über die untergeordneten AA- und AAA-Turniere oder – und wenn eine Einigung der FIVB mit der AVP erfolgt ist – über die Qualifikationsturniere der AVP in den US-Profibereich hineinzuspielen. Bei den Frauen ist diese Einigung vor kurzem erzielt worden, so daß die europäischen Spitzenspielerinnen versuchen sollten, bereits jetzt an den professionellen Turnieren teilzunehmen. Erfolgt ein Einstieg in die Profiserie und wollen die Spieler auch an den World Series teilnehmen, so sind die Ausführungen zu den US-Profis mit den folgenden zu verbinden. Beim gegenwärtigen Turnierkalender der World Series muß sich der europäische Profispieler mit Hilfe einer Dreifachperiodisierung auf diese für ihn wichtigen Turniere vorbereiten. Abb. 59 zeigt die mögliche Jahresperiodisierung eines europäischen Profis unter besonderer Gewichtung der World Series-Wettkämpfe im Februar und No-

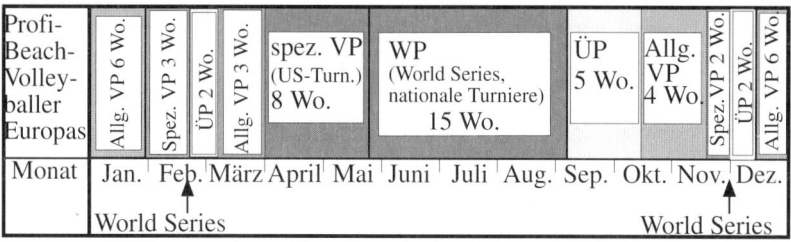

Abb. 59

vember und des Hauptturnierzeitraums der FIVB-Turniere sowie der nationalen Meisterschaften im Sommer. Der frühe Beginn des Wettkampfzeitraumes in den USA wird als Vorbereitung genutzt.

> Die zu erwartende Entwicklung bedeutet, daß **alle Profi-Beachvolleyballer** die **Erkenntnisse der Profitennisspieler nutzen** bzw. übernehmen sollten.

Das bedeutet, daß jeder Spieler seine Trainingsplanung vorrangig nach Meso- und Mikrozyklen sowie jeweils in Abhängigkeit zu den ausgewählten Turnieren im laufenden Jahr und zu seinem Abschneiden beim vorausgegangenen Turnier erstellen muß.

11.1.3 Hallenvolleyballspieler im Beachvolleyball

Für die **Hallenvolleyballer, die Beachvolleyball als sekundäre Spielsportart** betreiben, muß die Jahresperiodisierung der 1. Liga im Hallensportspiel vorrangig berücksichtigt werden (Abb. 60).

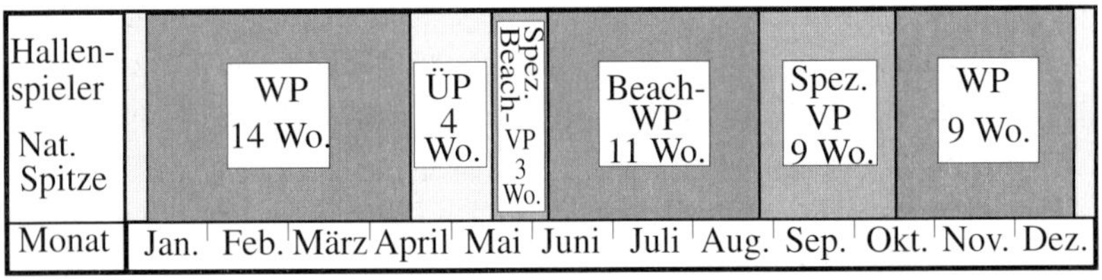

Hallen-spieler Nat. Spitze	WP 14 Wo.	ÜP 4 Wo.	Spez. Beach-VP 3 Wo.	Beach-WP 11 Wo.	Spez. VP 9 Wo.	WP 9 Wo.
Monat	Jan. Feb. März	April	Mai	Juni Juli Aug.	Sep. Okt.	Nov. Dez.

Abb. 60

Im Gegensatz zu der abgebildeten Jahreseinteilung des Erstligaspielers kann der Nationalspieler normalerweise nicht einmal eine mehrwöchige ÜP wahrnehmen. Geht man von der ein wenig überzogenen These aus, daß das Hallenspiel zum Beachspiel soweit entfernt ist wie das Tischtennisspiel vom Tennisspiel, so kann den **Nationalspielern** empfohlen werden, Beachvolleyball **nicht** wettkampfmäßig zu betreiben. Ein geregeltes Beachtraining, verbunden mit Wettkämpfen auf Sand, wird sich mit Sicherheit negativ auf die **unmittelbaren Wettkämpfe** der Nationalmannschaft auswirken. Sind im Aktionsprogramm der Nationalmannschaft, möglicherweise ohne Weltliga und ohne Qualifikation für eine EM oder WM, keine wichtigen Spiele zu verzeichnen, können Nationalspieler die Jahresperiodisierung der Bundesligaspieler leicht modifiziert übernehmen.

Die **Hallenspitzenspieler** ohne Nationalmannschaftsverpflichtung, die Beachwettkämpfe wahrnehmen wollen, sollen in der ÜP, während der Weihnachtszeit, gezielt mit dem Beachvolleyballtraining beginnen. Dies bedeutet für Europäer, daß die Spieler ihre Weihnachtswettkampfpause in einem Land verbringen, in dem das Volleyballtraining auf Sand und im Freien möglich ist. Hier gibt es nur die Einschränkung, daß, wenn die erste Begegnung in der Halle von hoher Wichtigkeit ist, mindestens die letzte Woche in der Halle trainiert werden muß. Je nach körperlicher Verfassung sollte 1-2mal am Tag trainiert werden. Als Inhalte des Trainings auf Sand sind nur ballgebundene Formen zu berücksichtigen, d.h. hier werden vor allem die Technik und die Individualtaktik in allen Bereichen sowie mannschaftstaktische Aspekte trainiert.

Es wird davon ausgegangen, **daß sich Beachvolleyball auf das Hallensportspiel in fast allen Bereichen**, wie z. B. auf die Techniken, insbesondere Abwehrtechniken, das individualtaktische Verhalten, die Antizipation, Reaktion und Koordination und vor allem auf die universelle Ausbildung **sehr positiv auswirkt**. Der **gelenkschonende Charakter** des Sandbodens ermöglicht zudem hohe Trainingsumfänge. Untersuchungen haben gezeigt, daß die Gefahr einer Sportverletzung oder eines späteren Sportschadens hier wesentlich geringer ist. Dies gilt in besonderem Maße für die im Hallenspiel häufigen Sprunggelenksverletzungen.

Negativ wirkt sich der Sandboden auf die Reaktivkraft und das Timing aus. Der negativen Entwicklung der reaktiven Kraft sollte durch Hüpfserien auf festem Boden in erholtem Zustand vor einer TE entgegengewirkt werden.

In der ÜP, die sich unmittelbar an die Hallensaison anschließt, kann in Abhängigkeit von der körperlichen Verfassung und möglichen Verletzungen, das ballgebundene Training anstatt 2mal nur 1mal am Tag stattfinden, um weniger eine große Leistungssteigerung als vielmehr eine Umstellung von der Halle auf Sand zu erzielen. In der **spez. Beach-VP** sollten an den Wochenenden schon erste, untergeordnete Turniere bestritten werden. Für den Hallenspieler als Beachvolleyballer entspricht vor allem die **allg. VP** der WP im Beachvolleyball und er beginnt die Vorbereitung auf die Hallensaison daher direkt mit der **spez. VP**.

Die Beachvolleyballausdauer soll stets ballgebunden trainiert werden. Im Wochentrainingsplan (Tab. 15) sollen zwei TE für das erhaltende Krafttraining vorgesehen werden. Für den Wochentrainingsplan ist sehr wichtig, daß die Trainingszeiten den Wettkampfzeiten angepaßt werden. Ansonsten gelten alle Grundsätze des

Profi-Beachvolleyballspielers sowie die Beachvolleyball-spezifischen Trainingsprinzipien. Es wird deutlich, daß sehr viele Trainingsspiele durchgeführt werden müssen, um die Umstellung vom Hallen- zum Beachvolleyballspiel schneller zu erreichen.

Montag	Regenerationstag: 30 minütiger Regenerationslauf auf härterem Sand/ in Nähe des Wassers	
Dienstag	10-12 h Technik, Individualtechnik	17-19 h 2 Trainingsspiele
Mittwoch	9-11 h Mannschaftstaktik	19-21 h Krafttraining
Donnerstag	18-19 h Technik, Individualtaktik	17-20 h 2-3 Trainingsspiele (spez. Ausdauer)
Freitag	9-11 h Krafttraining	Nachmittag frei
Samstag	ab 14 h mehr als 4 Trainingsspiele	
Sonntag	8-11 h 3 Trainingsspiele	12-15h 2 Trainingsspiele

Tab. 15: Mikrozyklus spez. VP

In der **Wettkampfperiode** soll das Krafttraining auf 1mal wöchentlich reduziert und die Trainingsspiele während der Woche, zugunsten des individual- und mannschaftstaktischen Trainings, allmählich verringert werden. Vor allem sind die Aufschlag-/Annahmesituation sowie die Block- und Feldabwehrsituation mit Schwerpunkt auf der Verständigung der Spieler zu berücksichtigen. Bezüglich der Schnelligkeit und der koordinativen Fähigkeiten wird auf die Trainingsreihen sowie auf die spez. Trainingsformen (Kap. 11.2, 11.3 sowie 6.5.1 und 7.7) verwiesen. Diese sollen dann in den TE zur Technik und Individualtaktik mitberücksichtigt werden, wenn die Techniken bereits automatisiert sind. Nach der Beach-WP soll der Hallenspieler eine mindestens zweiwöchige Regenerationsphase einlegen.

11.2 Training der koordinativen Fähigkeiten

Die koordinativen Fähigkeiten müssen planmäßig und gesondert auf Sand trainiert werden. Hierzu empfiehlt sich insbesondere die zweite Hälfte der spez. VP sowie die WP. Die Trainingsformen hierzu sind dem Kap. 6.5.1, „Spezielle Trainingsformen" (zu den koordinativen Fähigkeiten des zuspielenden und des aus der Annahme angreifenden Spielers) sowie dem Kap. 7.7, „Spezielle Trainingsformen" (zu den koordinativen Fähigkeiten des Blockspielers und des Feldverteidigers) zu entnehmen.

Die unten aufgeführten Grundsätze zum Training der koordinativen Fähigkeiten sind hier nach der zeitlichen Abfolge, in der sie im Trainingsprozeß relevant werden, aufgeführt:
- Ein intensives Aufwärmen zur Herstellung einer optimalen psycho-physischen Verfassung ist unerläßlich.
- Das Training darf nie in ermüdetem Zustand absolviert werden. Bei eintretender Ermüdung muß das Training sofort abgebrochen werden.
- Die Übungsformen müssen technisch einwandfrei ausgeführt werden können.
- Nur die **Wiederholungsmethode** anwenden, d.h. die Belastungsdauer darf bis zu 8 s betragen, wobei die Übungen mit maximaler Intensität ausgeführt werden sollen. Die Pausen zwischen den Übungen sollen mehr als zwei Minuten dauern und aktiv gestaltet werden. Nach einer Serie, also ca. fünf Übungswiederholungen, soll die Pause ca. sechs Minuten dauern.
- Das Training erstreckt sich über etwa 45 Minuten.
- Die maximale Belastungsintensität erfordert eine hohe Motivation.
- Innerhalb eines Mikrozyklus sollten maximal 2-3 TE mit hochintensiver Arbeit aufgrund der notwendigen Regenerationszeiten angesetzt werden.
- Die allgemeinen koordinativen Fähigkeiten werden in der allg. VP erarbeitet, hier gebührt der **Gleichgewichtsfähigkeit** besondere Aufmerksamkeit.
- In der spez. VP sollen die **Beach-spezifischen koordinativen Fähigkeiten** trainiert werden.
- In der WP sollen diese stabilisiert werden.
- In der ÜP wird das Training reduziert und sehr allgemein durch andere Sportspielarten trainiert.

11.3 Schnelligkeitstraining

Alle Grundsätze zum Training der koordinativen Fähigkeiten sind im Schnelligkeitstraining uneingeschränkt zu beachten. Im folgenden werden drei ausgewählte Beispiele mit unterschiedlichen Zielsetzungen dargestellt:

Übungsformen
1. Schnelligkeitstraining zur Verbesserung der **Grundschnelligkeit** in der allg. VP:
   - Fünf Sprints aus verschiedenen Startpositionen über 15 m.
   - 3 – 5 Sprints über 25 m mit fliegendem Start.
   - Fünf Steigerungsläufe über 35, 25, 35, 25 und 35 m.
   - Zehn Sprints aus der Bauchlage über 12 m.

2. Schnelligkeitstraining zur Verbesserung der **azyklischen Schnelligkeit** in der Endphase der allg. VP einschließlich der Anfangsphase der spez. VP:
   - Blocksprung, Drehung, Sprint über 10 m.
   - Diagonaler Rückwärtslauf von der Netzmitte bis zur Spielfeldmitte mit anschließendem explosiven Sprint über 3 – 4 m.
   - Hechtsprung mit anschließendem Sprint über 5 m.
   - 2 – 3 m Rückwärtslauf mit anschließendem Sprint von 6 m.
   - Start in der Spielfeldmitte mit Lauf nach rechts über 2 m und anschließendem Sprint nach links über 6 m.
   - Imitieren eines Sprungaufschlages mit anschließendem Sprint zur Blockausgangsstellung.
3. **Ballgebundenes Schnelligkeitstraining** ab Mitte der spez. VP und in der WP zur Verbesserung der Beachvolleyball-spezifischen Schnelligkeit:
   - Da das Schnelligkeitstraining mit Ball dem Training der koordinativen Fähigkeiten weitestgehend entspricht, sollen hierzu die einfacheren speziellen Trainingsformen zu den koordinativen Fähigkeiten (Kap. 6.5.1 und Kap. 7.7) verwendet werden.

11.4 Ausdauertraining

Als Trainingsmethoden für die Ausdauer sind die **Dauermethode**, die **extensive und intensive Intervallmethode** zu nennen. Die Dauermethode ist zur Ausbildung der Grundlagenausdauer anzuwenden. Sie wird hier in drei Varianten ohne Ball und einer mit Ball empfohlen:
1. Die kontinuierliche Methode.
2. Die Wechselmethode.
3. Das Fahrtspiel.
4. Dauermethode mit Ball.

Zu 1.: Diese Methode soll am Anfang der allg. VP angewendet werden. Der Beachvolleyballer soll seine Laufgeschwindigkeit im Sand über 30 min bei einer Pulsfrequenz von ca. 150 Schlägen/min konstant halten.

Zu 2.: Hier soll der Beachvolleyballer die Geschwindigkeit im Verlauf der Dauerbelastung planmäßig auf vorher bestimmten Streckenabschnitten erhöhen, z.B. soll die Geschwindigkeit nach 10 min **geringfügig** erhöht werden, nach weiteren 5 min wieder geringfügig gesenkt werden usw.

Zu 3.: Hierbei soll der Beachvolleyballer zunächst seine Geschwindigkeit selbständig wählen. Das Gelände sowie der Boden sollen möglichst abwechslungsreich sein und Geschwindigkeitswechsel provozieren. Im folgenden wird je ein Beispiel zum Beachvolleyballfahrtspiel gegeben:
a) mit schnelligkeitsorientierter Phase,
b) mit kraftorientierter Phase.

a) Schnelligkeitsorientiertes Fahrtspiel
- Lockeres Eintraben über 10 min mit Lockerungsgymnastik auf festem Sand,
- 10 min Stretching,
- 10 min Dauerlauf in tiefem Sand, die Intensität sollte unter der aerob-anaeroben Schwelle (AAS) liegen bzw. eine Unterhaltung sollte möglich sein,
- durch Hopserläufe, Sprung- und Steigerungsläufe in hügeligem Gelände den Übergang zur schnelligkeitsorientierten Phase einleiten,
- Übungen im Spielfeld: Start und Sprint über 5 m aus unterschiedlichen Startpositionen/Läufe mit Richtungswechsel bis zu 10 m, z.B. von der Spielfeldmitte zur Seitenlinie und zurück; von der Netzmitte zur Spielfeldmitte und zurück (weitere Beispiele können dem Programm zur azyklischen Schnelligkeit entnommen werden),
- leichtes Traben mit Lockerungsübungen auf festem Sand (10 min), 10 min Dauerlauf mit geringer Intensität im tiefen Sand,
- drei Sprints über 20 m im tiefen Sand und lockeres Traben im flachen Wasser in der Pause,
- 10 min Auslaufen und Stretching auf festem Sand.

b) Kraftorientiertes Fahrtspiel
Der Ablauf entspricht bis auf die Schnelligkeitsphase dem oben aufgeführten Beispiel. Die kraftorientierte Phase kann durch folgende Übungen gestaltet werden:
- zehn Strecksprünge aus der tiefen Spielstellung oder fünf funktionell ausgeführte Kniebeugen mit dem Partner auf den Schultern,
- 25 funktionell ausgeführte Wiederholungen einer dynamischen Übung für die Bauchmuskulatur,
- das gleiche für die Rückenmuskulatur,
- je zehn einbeinige Sprünge auf festem Sand oder fünfzehn beidbeinige Blocksprünge oder fünfzehn beidbeinige Wechselsprungkombinationen,

⇨ beidbeinige Weit-/Hochsprünge aus dem Stand,
⇨ 3 x 20 Liegestütze unterschiedlichster Art.

Die Übungen sollen so miteinander kombiniert werden, daß sie von Übung zu Übung unterschiedliche Muskelgruppen trainieren.
Die Fahrtspiele können bis in die spez. VP hinein eingesetzt werden.

Zu 4.:Das Ausdauertraining mit Ball empfiehlt sich für die spez. VP sowie für die WP. Spieler aus dem mittleren Leistungsbereich sollen das ballgebundene Ausdauertraining allen anderen Methoden vorziehen, da es sehr zur Technikverbesserung und -stabilisierung beiträgt. Allerdings soll sich das Training auf die gut beherrschten Übungsformen beschränken. Das Ausdauertraining mit Ball kann sowohl im Einzeltraining als auch mit Partnern gut umgesetzt werden.

ÜBUNGSBEISPIELE ZUM EINZELTRAINING:

- Aufschlag/Sprungaufschlag und Holen des Balles im langsamen Lauf, Sprungaufschlag usw.
- Ausführen einer Angriffstechnik, z.B. des extrem diagonalen Handgelenkschlages als Driveschlag mit eigenem Ballanwurf, Holen des Balles im Traben usw.

ÜBUNGEN ZU ZWEIT BZW. MIT MEHREREN SPIELERN

Hier empfehlen sich alle Kleinfeldspiele im Sinne des Miteinanderspielens sowie bei mehreren Spielern zusätzlich das Spiel miteinander in Verbindung mit Wechseln der Positionen/Funktionen nach jeder Netzüberquerung. Eine besondere Rolle nehmen die Powerspiele mit mehreren Bällen ein. Hier soll der Balleinwurf so gestaltet werden, daß die Belastung nicht die der sportartspezifischen übersteigt. Die Powerspiele sollen zunächst ohne Sprunghandlungen, d.h. mit Schlägen aus dem Stand durchgeführt werden, später wird im Sprung, aber im Sinne des Spiels miteinander, und zuletzt gegeneinander gespielt. Konkrete Beispiele können den Trainingsreihen entnommen werden.

Bei der Anwendung der **Intervallmethoden** zum Ausdauertraining soll ein planmäßiger Wechsel zwischen Belastung und Erholung stattfinden. Die darauffolgende Belastung soll nicht nach vollständiger Erholung, sondern bei einer Herzfrequenz von ca. 120-130 Schlägen/min einsetzen. Die Belastungssteuerung durch andere Parameter ist in der Trainingspraxis des Beachvolleyballers schwer umsetzbar.

Intervallmethoden können zum einen nach der Belastungsdauer und zum anderen nach der Intensität eingeteilt werden. Unter dem Aspekt der Belastungsdauer beträgt die Belastung bei der Kurzzeitintervallmethode zwischen 15 s und 2 min, bei der Mittelzeitintervallmethode zwischen 2 und 8 min und bei der Langzeitintervallmethode zwischen 8 und 15 min. Unter dem Aspekt der Intensität wird zwischen der extensiven Intervallmethode mit geringer bis mittlerer Intensität und der intensiven Intervallmethode mit relativ hohen Intensitäten unterschieden. Für den Beachvolleyballer ist es sinnvoll, in der allg. VP die Grundlagenausdauer und die spezifische Ausdauer mit der Dauermethode ohne und mit Ball zu trainieren.

Die Intervallmethoden mit und ohne Ball sollen besonders dann eingesetzt werden, wenn auch die psychischen Eigenschaften trainiert werden sollen.

Hier empfehlen sich sehr die Power-Spiele über Wettkampfniveau mit den entsprechenden unvollständigen Pausen. Diese sollen vor allem dann in den Mikrozyklus eingebaut werden, wenn der darauffolgende Tag, mindestens aber der Vormittag danach, trainingsfrei ist.

11.5 Krafttraining

In diesem Kapitel werden, entsprechend den Ausführungen zur Jahresperiodisierung (Kap. 11.1), Empfehlungen zum Krafttraining, insbesondere zur Erstellung von Mikro- und Mesozyklen für die jeweilige Trainingsphase gegeben. Hinsichtlich der Methodenwahl und somit der Zielsetzung des Krafttrainings gibt es zwischen Beach- und Hallenspieler einen deutlich hervorzuhebenden Unterschied:

Zielt das Krafttraining des Hallensportspielers darauf ab, neben dem Training aller Schnellkraftkomponenten besonders die reaktiven Kraftfähigkeiten (Fähigkeit der Ausnutzung der elastischen Eigenschaften der Muskeln und der neuronalen Reflextätigkeit bei Kontraktionen, denen eine Muskeldehnung vorausgeht – hier der sog. Dehnungs-Verkürzungszyklus bei Sprüngen) zu verbessern, so beschränkt sich der Profi-Beachvolleyballer ausschließlich auf die Krafttrainingsmethoden, die eine **Steigerung der Schnellkraft** durch eine **Entwicklung der Maximal- und dadurch auch der Explosivkraft** versprechen; er trainiert zu **keinem** Zeitpunkt die Reaktivkraft. Diese für das Krafttraining wesentliche Unterscheidung ist darauf zurückzuführen, daß alle Absprung-, Start- und Sprinthandlungen auf weichem Untergrund/Sandboden geschehen und somit die für die Aktivierung der reaktiven Kraftfähigkeiten notwendigen sehr kurzen Bodenkontaktzeiten von unter 200 ms nicht erreicht werden. Dieser wesentliche Unterschied bedeutet für den Hallenvolleyballspieler, der nur im Sommer Beachvolleyball spielt, daß er während der Beach-WP Krafttrainingsübungen ausführen muß, die zur Erhaltung der reaktiven Kraft beitragen, d.h. daß er 3mal wöchentlich in ausgeruhtem Zustand Hüpfsprünge aus dem Fußgelenk, Wechselschritthüpfen, Sprungläufe, 3er-bzw. 5er-Hops und/oder gegebenenfalls ein Tiefsprungtraining durchführt.

Ist das **prophylaktisch-funktionelle Krafttraining** für den Hallenspieler sehr wichtig, so ist dieses für den Beachvolleyballer aus den folgenden Gründen unabdingbar:
a) Er benötigt eine gut ausgeprägte und ausgewogene Kräftigung aller Muskelschlingen und somit aller Muskelgruppen, weil er sich auf weichem, d.h. nicht stabilem Untergrund sehr schnell bewegen muß.
b) Weiterhin erlaubt ihm dieses hohe Kraftniveau der gesamten Muskulatur, das Gleichgewicht sowohl in Ruhe als auch während der Bewegung zu halten. Diese Gleichgewichtsfähigkeit ist für den Beachvolleyballer eine der wichtigsten koordinativen Fähigkeiten.
c) Die funktionelle Kräftigung der Bauch- und Rückenmuskulatur stellt die Hauptgrundlage für das Krafttraining des Beachvolleyballers dar.

Beim Krafttraining sollen die folgenden Grundsätze beachtet werden:
- Immer eine allgemeine und sportartspezifische Aufwärmung sorgfältig durchführen!
- Im allg. Teil der VP soll die Intensität (Gewichte) allmählich gesteigert werden.
- Eine sehr gute Technik bei jeder Krafttrainingsübung ist die wichtigste Voraussetzung für das Training mit höheren Gewichten.
- Das Kraftniveau der wirbelsäulenstabilisierenden Rumpfmuskulatur (Bauch/Rücken) ist der **leistungslimitierende Faktor** bei jeder Krafttrainingsübung – **unabhängig** von der Leistungsfähigkeit der zu trainierenden Muskelgruppe. Das bedeutet, daß jeder Spieler fast täglich die Rumpfmuskulatur durch funktionelle Übungen kräftigen muß.
- Bezüglich der gezielt zu trainierenden Muskelgruppen kann der Beachvolleyballer im Gegensatz zum Hallenspieler die Wadenmuskulatur zugunsten der Oberschenkelmuskulatur, insbesondere des Quadriceps, vernachlässigen.

- Die Antagonisten müssen stets in das Krafttraining mit einbezogen werden, um muskuläre Dysbalancen und somit Fehlhaltungen des Körpers zu vermeiden.
- Nach Beendigung des Trainings sind Dehnübungen für die vorher angesprochenen Muskelgruppen durchzuführen, um Muskelverkürzungen, d.h. Kontraktionsrückstände, zu beseitigen.
- Die Übungen sollen möglichst spiel- und wettkampfgerecht sein.
- Nach dem Training im Kraftraum sollen Beachvolleyball-typische Bewegungen durchgeführt werden.
- Einseitige Belastungen, insbesondere der schwachen Hand-, Fuß- und Ellbogengelenke möglichst vermeiden.
- Ausgleichsbewegungen, insbesondere der Wirbelsäule (z.B. Hohlkreuz, seitliches Ausweichen), sind durch gezieltes Beobachten zu vermeiden. Treten Ausgleichsbewegungen auf, muß die Übung abgebrochen werden.
- Bei Intensitäten unter 80% der Maximalkraft ist die Preßatmung bewußt zu vermeiden.
- Zu zweit trainieren, um sich bei technisch anspruchsvollen Übungen gegenseitig helfen zu können.
- Jede neue Übung ist vorsichtig und mit niedrigen Intensitäten zu erlernen.
- Das Trainingsprinzip der progressiven Belastung ist zu beachten, indem alle zwei Wochen mit einem gut einzusetzenden und aussagefähigen leistungsdiagnostischen Meßverfahren das Kraftleistungsniveau bestimmt wird.
- Die individuelle Trainingssteuerung ist eine sehr wichtige Voraussetzung für ein optimales Krafttraining.
- Führt eine ausgewählte Krafttrainingsmethode nicht mehr zu einer Steigerung der Maximalkraft, ist dies ein Zeichen für einen notwendigen Methodenwechsel.
- Bei einem drei- und mehrmaligen wöchentlichen Krafttraining, insbesondere beim muskelquerschnittsvergrößerndem Training, muß der gesteigerte Eiweißbedarf beachtet werden.
- Krafttrainingsübungen an der Freihantel sind denen an Geräten mit „geführten" Gewichten vorzuziehen, weil sie mehr Muskelgruppen bzw. größere Anteile einer Muskelgruppe ansprechen.

Im folgenden werden in Anlehnung an BÜHRLE (1985) und SCHMIDTBLEICHER (1987) kurz die für den **Beachvolleyballer sinnvollen Krafttrainingsmethoden** vorgestellt. Ebenso werden hier die Methoden berücksichtigt, bei denen nach MARTIN u.a. (1991) die Intensität, d.h. das Kraftleistungsniveau des Sportlers, anhand der Bestimmung der Muskelleistungsschwelle festgelegt wurde. Die Effektivität dieser Trainingsmethode im Vergleich zu den anderen aufgeführten Methoden muß allerdings noch untersucht werden.

	Standardmethode I (konstante Lasten)	Standardmethode II (progressiv ansteigende Lasten)	Bodybuildingmethode I (extensiv)	Bodybuildingmethode II (intensiv)
Geschwindigkeit	zügig	zügig	langsam	zügig
Belastungshöhe	80%	70-80-85-90%	60-70%	85-95%
Wiederholungen	8-10	12-10-7-5	15-20	8-5
Serien	3-5	1-2-3-4	3-5	3-5
Serienpause	≥ 3 min	≥ 3 min	≥ 2 min	≥ 3 min

Tab. 16: Methoden der wiederholten submaximalen Kontraktionen zur Vergrößerung des Muskelquerschnitts (Quellen: BÜHRLE 1985, S. 96; SCHMIDTBLEICHER 1987, S. 368; MARTIN u.a. 1991, S. 128)

Methoden der wiederholten submaximalen Kontraktionen (Tab. 16) zielen primär auf eine Vergrößerung des Muskelquerschnitts ab. Eine Verbesserung der intramuskulären Koordination findet kaum statt. Ein Training mit Methoden submaximaler Krafteinsätze kann im Gegensatz zu den Methoden der maximalen Kontraktionen auch nach einer anderen TE, d.h. in schon ermüdetem Zustand durchgeführt werden.

- Bei der **Standardmethode I** werden mit einer Intensität von 80% der ermittelten konzentrischen Maximalkraft 3-5 Serien mit 8-10 Wiederholungen bei einer Pausenlänge von mind. 3 min durchgeführt.
- Die **Standardmethode II** stellt schon eine Mischmethode in Form einer Pyramide dar: die erste Serie mit zwölf Wiederholungen bei 70% Intensität, die zweite Serie mit zehn Wiederholungen bei 80% Belastung, die dritte mit sieben Wiederholungen mit 85% Last, und die letzte Serie beinhaltet fünf Wiederholungen bei 90prozentiger Intensität. Die Pausenlänge liegt bei mind. 3 min. Besonders bei dieser Methode, aber auch bei allen anderen, muß

nochmals auf die Notwendigkeit einer Hilfestellung/Sicherung durch den Partner hingewiesen werden.
- Die **Bodybuildingmethode I** führt bei 3-5 Serien, einer Belastungsintensität von 60-70% und einer Wiederholungszahl von 15-20 zur völligen Erschöpfung des Übenden. Dies liegt insbesondere an der kürzeren Pausenlänge und der damit verbundenen „exzessiven" Beanspruchung der Muskulatur.
- Auch bei der **Bodybuildingmethode II** wird bis zur Erschöpfung gearbeitet. Der Grund hierfür ist in der hohen Wiederholungszahl von 8-5 bei einer sehr hohen Intensität von 85-95% zu sehen. Es werden 3-5 Serien bei einer Pausenlänge von mind. 3 min absolviert.

	Quasimaximale Kontraktionen	Maximale konzentrische Kontraktionen	Konzentrisch-exentrische Kontraktionen	Methode nach dem Prinzip der Muskelleistungsschwelle
Geschwindigkeit	maximal schnell			
Krafteinsatz	explosiv			
Belastungshöhe	90-95-97-100%	100%	70-90%	55-60%
Wiederholungen	3-1-1 1+1	1	6-8	6-8
Serien	1-2-3 4+5	5	3-5	3-5
Pausen zw. Wiederholungen	10 s	-	10 s	10 s
Serienpausen	≥ 4 min	≥ 4 min	≥ 4 min	≥ 4 min

Tab. 17: Methoden der maximalen Kontraktionen zur Verbesserung der intramuskulären Koordination (Quellen: BÜHRLE 1985, S. 98; SCHMIDTBLEICHER 1987, S. 367; MARTIN u.a. 1991, S. 130)

Sollen die **determinierenden Komponenten** der für den Beachvolleyballspieler wichtigen Schnellkraft – die Start-, Explosiv- und Maximalkraft – mit Methoden der Maximalkontraktionen verbessert werden, so ist ein maximal **explosiver Krafteinsatz** unbedingte Voraussetzung.

Hier muß darauf hingewiesen werden, daß die Verbesserung der Schnellkraft durch die Methoden der maximalen (kurzzeitigen) Krafteinsätze wesentlich wirkungsvoller erfolgt als durch früher übliche „Schnellkraftmethoden" (Wiederholungstraining mit leichten Gewichten). Die überdies notwendige Steigerung der Schnellkraft durch eine Verbesserung der sportartspezifischen intermuskulären Koordination wird in der spez. VP und der WP,

a) durch andere Trainingsinhalte (Schnelligkeits-/Koordinationstraining; vgl. Kap. 11.2) und
b) durch eine möglichst sportartspezifische Übungsauswahl im spez. Krafttraining erzielt.

Die Methoden der maximalen Kontraktionen (Tab. 17) sind nach einer ausgiebigen Aufwärmarbeit durchzuführen. Da sie primär auf eine Verbesserung der Explosivkraft und auf eine effektivere Ausnutzung der vorhandenen Muskelmasse abzielen (Verbesserung der willkürlichen Aktivierungsfähigkeit) und diese Trainingseffekte durch neuronale Anpassungen erfolgen, muß der Übende in ausgeruhtem Zustand trainieren sowie jede Wiederholung mit maximaler Willensanstrengung und explosivem Krafteinsatz durchführen.

- Krafttraining generell, besonders aber das Training mit hohen Intensitäten (90-100% der Maximalkraft) und „freien Gewichten", setzt eine optimal ausgebildete Rumpfmuskulatur voraus und ist daher **nur dem Profiathleten** mit Krafttrainingsvorerfahrung und sehr gut trainierter Bauch- und Rückenmuskulatur zu empfehlen (s.o., „Grundsätze").

Das Training mit sehr hohen Reizhöhen, d.h. mit mehr als 90% der maximalen (konzentrischen) Maximalkraft führt nur zu einer geringen Muskelquerschnittsvergrößerung, der Kraftzuwachs erfolgt hier für den Beachvolleyballer **ideal**, nämlich **ohne Zunahme des Körpergewichts**.

- Bei der **Methode der quasimaximalen Kontraktionen** wird wiederum das Prinzip des Pyramidentrainings angewendet, wobei die erste Serie mit 90prozentiger Intensität und drei Wiederholungen absolviert wird. Die zweite, dritte und vierte Serie bei 95, 97 bzw. 100% Intensität beinhaltet eine Wiederholung, in der letzten Serie wird der 100prozentigen Last ein Kilo hinzugefügt.
- Die **Methode der maximalen konzentrischen Kontraktionen** (fünf Serien, je eine Wiederholung bei 100prozentiger Last) führt nur dann zum optimalen Trainingseffekt, wenn die Maximalkraft von Trainingseinheit zu Trainingseinheit neu bestimmt wird.
- Die **Trainingsmethode der konzentrisch-exzentrischen Maximalkontraktionen** kann hinsichtlich des Bewegungsablaufs sehr Beachvolleyball-ähnlich gestaltet werden. Eine frei fallende Hantel wird abgefangen und maximal explosiv wieder beschleunigt. Die Belastungshöhe beträgt 70-90% bei 3-5 Serien und einer Wiederholungszahl von 6-8.

- Die **Methode nach dem Prinzip der Muskelleistungsschwelle** orientiert sich bei der Bestimmung der Belastungsintensität am maximal **möglichen Kraftimpuls**, der einer Last von 60-70% der konzentrischen Maximalkraft entspricht. Die Trainingsmethode stellt eine Mischform zwischen dem Training mit Maximalkontraktionen und dem Training mit submaximalen Kontraktionen dar – somit einen Kompromiß mit der Zielsetzung, durch höhere Bewegungsgeschwindigkeiten als im reinen IK-Training nicht nur die willkürliche Aktivierungsfähigkeit, sondern auch die intermuskuläre Koordination und den Muskelquerschnitt zu verbessern.

In der **allg. VP** sollen mindestens vier, in der **spez. VP** mind. drei Trainingseinheiten wöchentlich durchgeführt werden. Hierzu empfehlen sich folgende Methoden:
- In den ersten vier Wochen: Bodybuildingmethode I extensiv,
- in den nächsten vier Wochen: Standardmethode I+II.

Der Belastungsumfang ist relativ hoch, bei 4-5 Serien, anzusetzen. Insbesondere ist die Standardmethode II zum Ende der allg. VP anzuwenden, um durch die Form des Pyramidentrainings den Übergang zu den höheren Belastungsintensitäten, also zum Training der intramuskulären Koordination in der spez. VP, zu erleichtern.

In der **spez. VP** wird in den ersten vier Wochen nach der Pyramidenmethode oder der Methode der quasimaximalen Kontraktionen trainiert, in den nächsten vier Wochen nach der Methode der maximalen konzentrischen oder der maximalen konzentrisch-exzentrischen Kontraktionen die Intensität bis auf 90-100% gesteigert.

Beim Übergang von der spez. VP zur WP kann die Anzahl der Trainingseinheiten auf zwei reduziert werden. Der Belastungsumfang soll ebenso verringert werden, allerdings wird die Belastungsintensität durch das Training nach der Methode der maximalen Kontraktionen zunächst noch gesteigert, dann beibehalten.

In der gesamten WP soll grundsätzlich nach den auf Verbesserung der intramuskulären Koordination abzielenden Methoden trainiert werden. Ergeben sich in der WP aus Organisations- und/oder Verletzungsgründen längere Zeiträume ohne Wettkämpfe, so ist hier ein Methodenwechsel zu den auf Muskelaufbau abzielenden Methoden der wiederholten submaximalen Kontraktionen zu empfehlen.

Auch aus Umfangsgründen, aber insbesondere weil die fachspezifische Literatur zahlreiche Übungssammlungen anbietet, wird hier auf die Darstellung und Erläuterung von Krafttrainingsübungen verzichtet und auf die allgemeine und fachspezifische Sportliteratur verwiesen.

12 Beachvolleyball-spezifische Trainingsprinzipien

Diese Grundsätze sollen dem Spieler/Trainer helfen, das Training Beachvolleyball-gerecht zu gestalten. Sie beziehen sich mehr auf den Trainingsbereich und stehen in engem Zusammenhang mit den Trainingsreihen. Allgemein gilt, daß ein Training sportartspezifisch gestaltet werden muß:

Aus der Strukturanalyse des Beachvolleyballspiels (vgl. Kap. 3) ergibt sich, daß die Wiederholungsmethode (ebd.) die Methode für das Training der Technik, der Individual- und Mannschaftstaktik ist. Es handelt sich hierbei nicht um die Methode für das Erlernen einer Technik oder einer taktischen Handlung, sondern um die situations- und spielgerechte Anwendung einer technisch/taktischen Handlung im Training unter wettkampfgerechten Bedingungen.

12.1 Allgemeine Prinzipien

> 1. Jeder Hallenvolleyballspieler soll sowohl in der ÜP als auch in der allg. VP die Vorteile des Beachvolleyballs für das Hallenspiel nutzen.

2. Das Training soll die Witterungsverhältnisse so weit wie möglich berücksichtigen, z.B. soll auch bei leichtem Regen trainiert werden!
3. Gleiches gilt für das Training auf unterschiedlichen Sandböden.
4. Spieler des unteren und mittleren Leistungsniveaus sollen zugunsten einer technischen, individual- und mannschaftstaktischen Steigerung das Training der athletischen Eigenschaften mehr oder weniger stark vernachlässigen.
5. Beim Training ist darauf zu achten, daß jeder Spieler stets auf „seiner" Spielfeldseite die meisten Trainingsanteile hat.
6. Ein Beachvolleyballer, der während des Spiels nicht als Blockspieler agiert, muß im Training trotzdem intensiv den Block trainieren, um seine einzige Schwäche als Beachvolleyballer zu minimieren.
7. Profis: Immer mit den bestmöglichen oder den leistungsstärksten am Strand zur Verfügung stehenden Spielern trainieren!

8. Mittleres und unteres Niveau: Immer mit Spielern etwas besseren Leistungsniveaus trainieren!
9. Ein Beachvolleyballer, der während des Spiels nicht bzw. selten als Feldverteidiger agiert, muß im Training trotzdem intensiv die Feldabwehr trainieren, um seine einzige Schwäche als Beachvolleyballer zu minimieren.

12.2 Prinzipien für die ballgebundene Aufwärmung

Die ballgebundene Aufwärmung soll möglichst vorbereitende Formen des Trainingsschwerpunkts berücksichtigen. Je geringer die Trainingszeit- bzw. der Trainingsumfang, desto mehr soll die nicht ballgebundene Aufwärmung außerhalb des Spielfeldes vor Trainingsbeginn stattfinden, so daß die Trainingseinheit sofort mit dem ballgebundenen Aufwärmen beginnen kann.

Zum Einspielen zu zweit

1. Die Spieler sollen sich senkrecht oder diagonal zum Netz hin einspielen, da alle Annahme- und Abwehrhandlungen dorthin erfolgen.
2. Die Positionen sollten häufiger gewechselt werden, damit sich beide Spieler an die Licht- und Windverhältnisse gewöhnen können.
3. Die Spieler schlagen zunächst so zielgenau und locker, daß die eine oder andere Abwehrtechnik angewandt werden kann. Der abwehrende Spieler wehrt den Ball in seinem Abwehrbereich so ab, daß er ihn fangen kann. Danach schlägt er selbst. Diese Aufwärmübung dient der Gewöhnung an die erforderliche Ballkontrolle.
4. Anschließend wird zielgenau und härter in den Abwehrbereich geschlagen. Diese Aufwärmübung dient der Gewöhnung an die situativ richtige Anwendung der Abwehrtechniken.
5. Danach erfolgt das Einspielen ohne Fangen des Balles, wobei der Netzspieler oft im Sprung agiert. Dies erfordert einen Wechsel des netznahen Spielers mit dem Grundspieler.
6. Als Übergang empfehlen sich Kleinfeldspiele miteinander. Sie sind gut für die Aufwärmung geeignet, weil sie unter Einbeziehung des Netzes die Bewegungs- und Handlungsabläufe spielgerechter einarbeiten.

Zum Einschlagen am Netz

1. Das Einschlagen soll stets indirekt durchgeführt werden, d.h. der Angriffshandlung wird eine Annahmehandlung vorangestellt. Dies entspricht exakt der Beachvolleyballangriffssituation.
2. Beim Einschlagen sollen einerseits die spielgerechten Laufwege berücksichtigt werden, d.h., daß der angreifende Spieler in ca. 7 m Netzentfernung die Annahmehandlung ausführt, bevor er angreift. Die im Hallenspiel üblichen, kurzen Anspielstationen auf Höhe der Angriffslinie sind im Beachvolleyball nicht sinnvoll!
3. Auch im Training soll sich jeder Beachvolleyballer zu über 80% über seiner eigentlichen Angriffsseite einschlagen.
4. Das Einschlagen soll, wenn möglich, d.h. beim Vorhandensein von mehr als zwei Spielern, gegen einen Block erfolgen.
5. Bereits beim Einschlagen soll auf Netzfehler geachtet werden.

Zur Aufwärmung vor dem Wettkampf

Für die Aufwärmung vor dem Wettkampf sollen die folgenden Punkte mitberücksichtigt werden:

1. Der Aufschlag und die Annahme sollen einen festen Bestandteil der Aufwärmung darstellen. Zunächst sollen die Aufschläge zielgenau erfolgen, um dem Mitspieler die Gewöhnung an die Annahmesituation zu erleichtern, und anschließend sollen die Wettkampfaufschläge geübt werden. Grundsätzlich soll jeder Spieler auf jeder Seite so oft wie möglich die Aufschlag-/Annahmesituation in die Aufwärmung einbeziehen.
2. Im Rahmen eines Turniers soll grundsätzlich zu jedem Spiel eine Aufwärmung ohne und mit Ball durchgeführt werden. Bei deutlichen Ermüdungserscheinungen und einer sehr kurzen Pause bis zum folgenden Spiel soll der Gesamtumfang der Aufwärmung verringert werden, wobei die allgemeine gegenüber der ballgebundenen Aufwärmung verkürzt werden kann.
3. Die Mannschaft/der Coach muß den Turnierablauf verfolgen, um schon vor der offiziellen Ankündigung des eigenen Spiels in etwa abschätzen zu können, wann der Spielbeginn sein wird. Nur so ist es möglich, sich ausreichend lang aufzuwärmen, d.h. vor dem Aufruf des Spiels durch den Turnierdirektor!
4. Die Regeln besagen, daß der Aufruf des Spiels national/international 10-15 Minuten vor Spielbeginn erfolgt. Danach verbleiben drei Minuten Einspielzeit

am Netz, wenn vorher ein anderes Spielfeld zur Verfügung stand, sonst fünf Minuten. Die Regeln der US-Profis erlauben 15 Minuten Einspielzeit am Netz.
5. Für den FIVB- und DVV-Bereich bedeutet dies, daß die Aufwärmung ohne Ball 10-15 Minuten vor dem Aufruf des Spiels und das Einspielen, möglichst auf einem freien Spielfeld, zum Zeitpunkt des Aufrufs beginnen sollte.

USA: Die Profispieler sollten ebenso verfahren mit dem Unterschied, daß ihnen zum ballgebundenen Aufwärmen auf jeden Fall das Wettkampffeld zur Verfügung steht.
6. Das Aufwärmen sollte wie folgt verlaufen:
- Aufwärmen ohne Ball (Einlaufen - Gymnastik mit Dehnung und Kräftigung, Sprints, Sprünge usw.).
- Einspielen diagonal zum Netz, häufig die Positionen wechseln.
- Lockere Driveschläge, der verteidigende Spieler wehrt den Ball so ab, daß er ihn fangen kann. Danach greift er an.
- Wie vorher, allerdings mit härteren Schlägen.
- Wie vorher, nun wird in den gesamten Abwehrbereich angegriffen, d.h. hoch, kurz, seitlich etc.
- Einspielen ohne Fangen des Balles, auch hier liegt der Schwerpunkt auf der situativ richtigen Anwendung der Abwehrtechniken.
- Indirektes Einschlagen, d.h. jeder Angriffshandlung wird eine Annahmehandlung vorangestellt. Hier sind spielgerechte Laufwege und Netzentfernungen zu berücksichtigen. Es wird nur auf der Seite angegriffen, auf die sich der Spieler spezialisiert hat.
- Mindestens zehn Aufschläge schlagen bzw. zehn Annahmen spielen; alle Aufschlagorte und -techniken berücksichtigen.

12.3 Prinzipien zur Organisation und Durchführung von Trainingsformen

1. In einer TE soll mit wenigen Trainingsformen trainiert werden. Es sollen sämtliche Spielsituationen berücksichtigt werden, jedoch nur mit einem, höchstens zwei Trainingsschwerpunkten.
2. Bei allen Trainingsformen muß jeder Ball ausgespielt werden!
3. Bei allen Trainingsformen dürfen keine Aus-Bälle angenommen bzw. abgewehrt werden.

4. Beim Training darf kein Regelfehler, bewußt oder unbewußt, übersehen werden, dazu gehört auch, daß mit Netzantennen gespielt wird.
5. Je mehr Beachvolleyballbälle zur Verfügung stehen, um so eher muß die vorausgegangene und die nachfolgende Handlung in der Handlungskette spielgerecht erfolgen bzw. mit einbezogen werden. Je weniger Bälle bzw. wenn nur ein Ball zur Verfügung steht, dann soll in erster Linie die Kern- oder Zielbewegung ausgeführt werden. Die vorausgehenden und nachfolgenden Handlungen werden im Sinne des Zuwerfens bzw. Fangens mit einbezogen.
6. Im Training ist zu berücksichtigen, daß alle Kleinfeldspiele, besonders die Spiele miteinander, bezüglich der Belastung stets über Spielniveau liegen.
7. Das Spiel ohne Ball soll stets bei allen Trainingsformen beobachtet und berücksichtigt werden.

Zur Anzahl der trainierenden Spieler

1. Bei vier und mehr Spielern soll das Training der Individual- und Mannschaftstaktik stets gegen einen Gegner stattfinden. Das bedeutet, daß z.B. ein Aufschlags- oder Angriffstraining nur mit gleichzeitigem Annahme- bzw. Abwehrtraining sinnvoll ist.
2. Die Anzahl von vier Spielern kann als eine gute Konstellation für das Training betrachtet werden, weil hier weniger Bälle notwendig sind.
3. Das Training zu dritt ermöglicht auch eine gute Durchführung und Umsetzung der meisten Situationen des Spiels.
4. Das Training zu zweit empfiehlt sich für die Verbesserung der Technik und bedingt das Vorhandensein von mehreren Bällen.
5. Das Einzeltraining ist nur für das Training bestimmter Techniken gut geeignet; das Vorhandensein von mehreren Bällen ist hier für eine effektive Trainingsgestaltung unabdingbar.
6. Traditionelle Übungen, wie z.B. das Schmettern auf Ziele u.ä., sind nur beim Einzeltraining sinnvoll.

Zum Training der Technik und Individualtaktik

1. Die Aufschläge im Training sollen in der spez. VP und der WP bezüglich der Art und der Risikobereitschaft immer wettkampfgemäß ausgeführt werden. Hier empfehlen sich vor allem Trainingsformen unter psychischer Belastung.

2. Das Training des Feldverteidigers sollte in der spez. VP und in der WP stets in Verbindung mit dem des Blockspielers durchgeführt werden. Hierbei soll der Angriffsaufbau aus der Abwehr gegebenenfalls durch Einwurf eines zweiten Balles mit einbezogen werden.
3. Um das individualtaktische Training des Annahme- und Abwehrspielers stets zu beachten, kann ein direkt zum Gegner abgewehrter Ball als Fehler geahndet werden.
4. Bei Spielen miteinander, die auf Technikschulung abzielen, sind die Unterbrechungen bewußt zu verlängern.
5. Im Beachvolleyball der Profis sollen Korrekturen im Technikbereich möglichst nur in der Vorbereitungsperiode vorgenommen werden. Bei Spielern des unteren und mittleren Leistungsniveaus, die keine Periodisierung betreiben können, erfolgen die Korrekturen in jeder Phase des Trainingsprozesses.
6. Beim individual- und mannschaftstaktischen Training sollten zunächst die Stärken eines Spielers entwickelt und allmählich die Schwächen abgebaut werden.
7. Beim Techniktraining soll auf die situationsgerechte Anwendung geachtet werden, d.h. die Bewegungs- bzw. Handlungsschnelligkeit und -genauigkeit müssen gemeinsam trainiert werden.

Zum Training der Mannschaftstaktik

1. Die Kommunikation/Verständigung des zuspielenden mit dem angreifenden Spieler durch Zurufe und des blockierenden mit dem feldverteidigenden Spieler durch Zeichen darf in keiner Trainingsform vernachlässigt bzw. übergangen werden.
2. Bei der Entwicklung und Umsetzung von Strategien oder Gegenstrategien übernehmen andere Spieler Hilfsfunktionen, indem sie die vorher beobachteten gegnerischen Handlungen simulieren.

12.4 Grundsätze für das Training unter psychischer Belastung

Ein Training kann von der Planung, Durchführung und Umsetzung sehr gut, aber dennoch ineffektiv sein, weil die Trainingsformen den wettkampfgerechten psychischen Beanspruchungssituationen nicht entsprechen. Insbesondere im Beachvolleyball spielen die im Kap. 3 zur Strukturanalyse aufgeführten Faktoren eine entscheidende Rolle.

Im Training müssen daher möglichst **immer** die unten aufgeführten Maßnahmen berücksichtigt werden:
1. Komplex- oder Spielformen, die die Kontrolle der Zweckmäßigkeit der Handlungen stets einschließen. Zum Beispiel soll der Aufschläger den Annahmespieler zur Bewegung zwingen. Hierbei stellt das Ergebnis die Kontrolle der Handlung dar.
2. Abwehr von Aufschlägen auf bestimmte Zonen.
3. Wiederholung einer Trainingsform bzw. Handlung so lange, bis diese fehlerfrei und/oder effektiv durchgeführt wird.
4. Qualitätserfassung der Handlungen eines Spielers während einer TE.
5. Im Training höhere und umfangmäßig größere physische Belastung als im Spiel schaffen.
6. Eine Trainingsform so lange fortführen, bis ein, drei oder fünf Fehler auftreten oder bis eine vorgegebene Anzahl von erfolgreichen Handlungen erreicht wird.

Zur Veränderung von Spielformen

1. Die eingespielte Beachmannschaft spielt gegen eine nicht eingespielte Beachmannschaft mit Punktvorgabe (0:5/0:10).
2. Spiele von kürzerer Spieldauer mit der Zielsetzung, den Ausgleich zu erzielen. Beispielsweise beginnt eine Mannschaft mit einer Vorgabe von drei Punkten, d.h. 13:10.
3. Spiele von kürzerer Spieldauer mit der Zielsetzung, den Ausgleich innerhalb einer bestimmten Zeit zu erzielen. Zum Beispiel beginnt eine Mannschaft mit einer Vorgabe von drei Punkten bei einer verbleibenden effektiven Spielzeit von einer Minute.
4. Trainingsspiele mit kurzen Sätzen, bis eine Mannschaft einen Punktevorsprung (3-4 Punkte) erreicht hat. So endet z.B. ein Satz bei 3:0, 5:0 usw.
5. Trainingsspiele in Turnierform, wobei die Mannschaften bestimmte Punktvorgaben entsprechend ihrer Spielstärke erhalten. Dies sollte in der Trainingspra-

xis immer berücksichtigt werden, da es selten der Fall ist, daß mehrere Mannschaften gleicher Spielstärke an einem Ort trainieren (z.B. soll die stärkste Mannschaft 0 Punkte, die zweitstärkste drei, die drittstärkste fünf Punkte vorweg erhalten usw.).
6. Trainingsspiele mit speziellen Schwerpunkten in Turnierform.
7. Trainingsspiele in Turnierform mit dem Grundsatz der progressiven Anerkennung von Punkten, d.h. die aufschlagende Mannschaft erhält für die erste erfolgreiche Handlung einen Punkt, für die nächste zwei usw.
8. **Forderungsspiele** mit kurzen Sätzen, bei denen der Sieger stets weiterspielt.
9. Sind mehr als zwei Spielfelder vorhanden, so spielt der Sieger des ersten Feldes stets weiter. Der Sieger des niedrigeren Spielfeldes rückt auf zum ersten Spielfeld und fordert dort. Der Verlierer des höheren Spielfeldes muß auf dem nächstniedrigeren Spielfeld fordern usw.
10. Wettkampf dreier oder mehr Mannschaften in Turnierform nach Sätzen kürzerer Dauer. Der Satzgewinner bleibt immer auf dem Spielfeld. Sieger ist die Beach-Mannschaft, die als erste fünf oder drei Sätze in Folge gewonnen hat.
11. Trainingsspiele in Turnierform, in denen erst zwei, später drei Punkte hintereinander einen Satzpunkt (Big Point) ergeben.
12. Tie-Break-Spiele.
13. Spiele in Turnierform, nur im Sudden Death.
14. Spiele in Turnierform nach der Tie-Break-Zählweise.
15. Kritische Spielsituationen schaffen:
    - einer Mannschaft einen Punktevorsprung mitgeben,
    - Spielstand 13:13,
    - Spielstand 14:12 bei verbleibender Spielzeit von 50, 30 und 10 s.
16. Einen Punkt für jeden erfolgreichen Angriff aus der Abwehr, bei eigenem Aufschlag zwei Punkte.
17. Abzug von Punkten bei Mißerfolg in bestimmten Funktionen, z.B. Fehler beim Aufschlag: zwei Punkte Abzug.
18. Trainingsspiele in jeglicher Turnierform oder als Forderungsspiele; der Sieger oder die leistungsstärkere Mannschaft spielt immer auf der „schlechten" Seite.
19. Zusatzbelastungen einbringen, wie z.B. Veränderung der Netzhöhe, der Feldmaße oder der Bälle.
20. Ungleiche Voraussetzungen schaffen, z.B. der taktische Aufschlag/Sprungaufschlag erfolgt aus 6-7 m Netzentfernung.
21. Bewußtes Provozieren der Spieler durch ungerechte Regelauslegung, Strenge etc.

22. Spiele, in denen der Betreuer willkürlich und ohne Vorinformation
    - den Satz neu ansetzt,
    - den Satzstand neu bestimmt,
    - den nächsten Punkt als den entscheidenden bestimmt.

Zu Belohnungs- und/oder Bestrafungsmaßnahmen

Viele der oben aufgeführten sowie der folgenden Grundsätze eignen sich, um durch Belohnung/Bestrafung das erwünschte Wettkampfverhalten im Trainingsprozeß zu erzielen:
1. Durch positive Verstärkung das gewünschte Verhalten beim Spieler bewirken.
2. Durchführung von Leistungskontrollen, mit klar objektivierbaren Anforderungen, die bei Nichterfüllung Sanktionen zur Folge haben.
3. Materielle Belohnungen in Aussicht stellen, z.B. Prämien usw.
4. Bestrafung des einzelnen Spielers bei Fehler/Mißerfolg durch Zusatzaufgaben wie Blocksprünge, Läufe, Liegestütze usw.
5. Extrembelastungen im technisch-taktischen Bereich herstellen, z. B. Trainingsende erst nach zehn perfekten Annahmen oder fünf erfolgreichen Sprungaufschlägen hintereinander.
6. Bestrafung der Mannschaft bei Fehler des einzelnen Spielers.
7. Bestrafung des Spielers einer Mannschaft, der nicht den Fehler begangen hat.
8. Bei Spielen miteinander: Bestrafung aller Spieler, wenn ein Spieler einen Fehler begangen hat.
9. Spiele, bei denen der Sieger dem Unterlegenen eine Strafe auferlegt, bzw. der Verlierer eine vorher abgesprochene Strafe erhält.
10. Streichung der in Aussicht gestellten Belohnungen, wenn die erwünschte Trainingsleistung nicht erbracht wird.

Abschließend soll darauf hingewiesen werden, daß viele der o.g. Sanktionen für alle Leistungs- bzw. Spielklassen anwendbar sind. Einige jedoch sind nur im Profi-Beachvolleyballbereich einsetzbar und einige wenige nur im internationalen Beachvolleyball anwendbar. Zusammenfassend läßt sich aus der Struktur des Beachvolleyballspiels ableiten, daß das Spiel ein hohes Maß an psychischer Stabilität von allen Spielern fordert. Deshalb soll das Training die Spieler motivieren, aktivieren und mobilisieren, aber besonders Streßsituationen schaffen bzw. berücksichtigen. Jeder Profi sollte sich eine Psycho-Regulationstechnik aneignen, um Streßsituationen besser zu überstehen und sich besser auf den bevorstehenden Wettkampf einstellen zu können. Hier gilt es, leistungsmindernde Zustände wie Startfieber („übermotiviert, nervös") oder Startapathie („zu entspannt, locker") zugunsten einer „optimalen Kampfbereitschaft" abzubauen. Ebenso muß der Sportler lernen, die Motivationslage während der langdauernden Turniere stabil zu halten. Wichtig ist diesbezüglich ebenfalls die optimale Nutzung der Erholungsphasen, z. B. des Tages nach dem Wettkampf.

12.5 Grundsätze für das Verhalten des Coachs/ Betreuers

Wie bereits an mehreren Stellen ausgeführt, trainieren und coachen sich die Beachvolleyballer fast ausschließlich selbst. Gegenwärtig werden sehr wenige Spieler, wie im Tennissport, von einem Coach oder Trainer betreut. Die folgenden Ausführungen gehen davon aus, daß sowohl die Beachvolleyballnationalmannschaften als auch gut und professionell trainierende Mannschaften bzw. Spieler in Zukunft auf eine Betreuung Dritter nicht verzichten können. Die Erfahrungen hinsichtlich der Notwendigkeit eines Trainers bei jeder Sportart sind so positiv, daß der Kostenfaktor nicht die entscheidende Rolle bei der Verpflichtung eines persönlichen Trainers spielen wird.

Der Trainer/Coach im Beachvolleyball müßte nicht nur über die notwendigen fachlichen Qualitäten verfügen, sondern auch in der Lage sein, Hilfsfunktionen für das Gelingen einer Trainingsform auszuführen. Ähnlich wie im Tennissport wird sich das Einzeltraining und höchstens das Training zu viert durchsetzen, d.h. aber nicht, daß die Eigenrealisation des Trainers die wichtigste Voraussetzung einer Trainertätigkeit sein muß. Viel wichtiger sind seine Aufgaben bei:
- der Gestaltung von Trainingsplänen,
- der spielgerechten Steuerung von Belastung und Erholung,
- der Analyse von Fehlern und der Anwendung entsprechender Korrekturmaßnahmen.

Er muß befähigt sein, nicht nur die Wettkampf-, sondern auch die Trainingsleistungen zu erfassen, zu analysieren und entsprechende Maßnahmen zur Steuerung des Trainingsprozesses auszuarbeiten. Ebenso muß er in der Lage sein, während des Spiels den Gegner möglichst durch objektive Verfahren zu beobachten, um seine Betreuung/sein Coaching optimieren zu können (vgl. hierzu Kap. 9, Spielerbeobachtungsverfahren im Beachvolleyball). Er muß darüber hinaus die Stärken und Schwächen möglichst vieler Spieler des entsprechenden Leistungsniveaus kennen und stets aktualisieren. Das setzt voraus, daß Spiele gegnerischer Mannschaften vorab analysiert und katalogisiert werden, um dieses Material bei anstehenden Spielen nutzen zu können. Die Gegnerbeobachtung wird durch die in Zukunft international zu erwartenden festen Beachmannschaften eine der Hauptaufgaben des Coachs werden.

Folgende Prinzipien sind vom Coach/Betreuer einer Beachvolleyballmannschaft überdies immer zu beachten:

Zum Verhalten gegenüber den Spielern im Training

1. Das gegenseitige Vertrauen zwischen Coach und Spielern sowie die gegenseitige Achtung sind wesentliche Voraussetzungen für ein optimales Zusammenwirken und -arbeiten.
2. Bei jeder Trainingsform müssen der/die Spieler auf das Wesentliche bzw. die Zielsetzung aufmerksam gemacht werden!
3. Lange Erläuterungen sind zu vermeiden!
4. Konkrete Handlungsanweisungen geben – nicht im Konjunktiv sprechen!
5. Äußerungen der Spieler ernst nehmen und je nach Wichtigkeit kurz abklären, insbesondere wenn sie negativ waren oder auf das zwischenmenschliche Verhältnis zum Teampartner abzielen!
6. Organisatorischen Ablauf und Einteilung des Trainingsjahres, der Trainingswochen und -tage sowie der Wettkämpfe frühzeitig absprechen. Das gleiche gilt für die Verständigung über mögliche Zielsetzungen zu Beginn des Trainingsjahres.
7. Der Trainer muß zwischen dem Spieler bzw. seiner Spielleistung und dem Menschen bzw. seiner Persönlichkeit unterscheiden können!
8. Der Trainer muß immer daran denken, daß das Beachvolleyballspiel ein Spiel der Fehler ist. Daher muß er im Training sehr genau zwischen „annehmbaren" und „unannehmbaren" Fehlern unterscheiden.

Zur Trainingsplanung und -durchführung

1. Der Trainer analysiert die Trainingsbelastung, insbesondere bezüglich des Mikrozyklus, indem er jede Trainingsform vereinfacht einer der folgenden Belastungsstufen zuordnet:
   - über Spielniveau = höhere Intensität als im Spiel
   - auf Spielniveau = Spielintensität
   - unter Spielniveau = niedrigere Intensität als im Spiel.
2. Das Training muß stets sowohl im technisch-taktischen Bereich als auch im psychisch-physischen Bereich wettkampfgerecht gestaltet werden.
3. Das Training soll in jedem Fall gründlich vor- und nachbereitet werden. Dies soll schriftlich geschehen, um im nachhinein die Trainingsplanung überprüfen zu können. Leistungskontrollen der Spieler sind hier von Zeit zu Zeit unabdingbar.
4. Im gleichen Sinne können Gespräche mit den Spielern Aufschlüsse über deren psycho-physische Belastung geben und die Trainingsplanung modifizieren.
5. Der Trainer soll besonderen Wert auf die Entwicklung der Verständigung mit Zeichen zwischen Block- und Feldverteidiger bzw. über Zuruf zwischen Angreifer und Zuspieler legen und diese gegebenenfalls im Training und auch während des Wettkampfs verändern.
6. Bei der Übernahme von Hilfsfunktionen muß sich der Betreuer zuvor gewissenhaft aufwärmen!

Für die Betreuung der Spieler im Wettkampf sind die Ausführungen des Kap. 8 zu den Abwehr- und Angriffsstrategien zu beachten. Bei den Profis dürfen die Trainer während des Spiels die Spieler betreuen. Bei den nationalen Verbänden und auf Turnieren des internationalen Volleyballverbands ist das Coaching z. Zt. nicht erlaubt. Da die Entwicklung hier jedoch offen ist, sollen die weiteren Grundsätze Denkanstöße für ein erfolgversprechendes Coaching darstellen.

Coaching

1. Der Coach muß sich systematisch und planmäßig auf sein Coaching für jedes Wettspiel bzw. Turnier vorbereiten. Dies schließt die Vorbereitung nicht nur auf den Erstrunden-, sondern auf jeden möglichen Gegner während des Turniers mit ein.

2. Der Coach muß befähigt sein, Änderungen der Gegnerstrategie zu antizipieren und bereit sein, Änderungen seiner Strategie vorzunehmen.
3. Das aus der Gegneranalyse erstellte Strategiekonzept muß den Spielern einsichtig gemacht werden, damit sie die Maßnahmen besser umsetzen.
4. Das Coaching muß individuell ausgerichtet sein. Nur so können, ausgehend von der Kenntnis der Stärken und Schwächen des einzelnen Spielers, im Training adäquate Anforderungen an den einzelnen gestellt werden. Gleiches gilt für das Einwirken auf die psychische Verfassung der Spieler, die fast immer eine besondere individuelle Zuwendung erfordert.
5. Bei der Vorbereitung der Mannschaft auf den nächsten Gegner soll zunächst die Abwehrstrategie und erst danach die Angriffsstrategie entwickelt werden.
6. Zu den Hauptaufgaben des Coachs gehört es, den Verlauf jeden Turniertags soweit wie möglich zu planen (vgl. hierzu Kap. 13 zu den trainingsbegleitenden Maßnahmen).
7. Vor Turnierbeginn und vor jedem Spiel sollen die Strategien gegen den nächsten Gegner kurz erläutert werden. Hinzu kommen in jedem Fall Informationen über die Witterungsverhältnisse, das Schiedsgericht, Zuschauerverhalten usw.
8. Der Coach soll alle regelkonformen Einflußmöglichkeiten, die er auf das Spiel haben kann, voll ausnutzen.
9. Sehr laute, auch für den Gegner verständliche Informationen, z.B. bezüglich der Blockhandlungen der eigenen Mannschaft, irritieren oft die Gegner.
10. Der Coach soll die Auszeiten frühzeitig, spätestens nach drei verlorenen Punkten hintereinander nehmen. Er hat doppelt so viele Auszeiten wie im Hallenspiel zur Verfügung, allerdings keine Spielerwechsel. Die Auszeiten soll er wie folgt gestalten:
    - Positive Einwirkung auf die Spieler. Ein Aufzählen von Fehlern verbietet sich immer, allein schon deshalb, weil diese schon durch die Spieler selbst kognitiv verarbeitet werden.
    - Bis zu zwei wichtige Informationen pro Spieler weitergeben. Die Informationen müssen kurz sein, Handlungsanweisungen entsprechen und mindestens noch einmal wiederholt werden.
    - Bei eigener und gegnerischer Auszeit das gleiche Verhalten zeigen.
    - Aktivierung und Motivierung der Spieler sind ein wichtiger Bestandteil vieler Auszeiten und daher nicht zu vernachlässigen.
11. Da Spielerwechsel im Beachvolleyball nicht erlaubt sind, erfüllt die Auszeit auch die sonstigen Funktionen des Spielerwechsels:

- um einem psychisch oder physisch stark belasteten Spieler die Möglichkeit zur Entspannung zu geben,
- um den Spielrhythmus des Gegners zu unterbrechen,
- um den erfolgreichen Aufschläger zu stören,
- um einen erregten Spieler zu beruhigen.
12. Die detaillierte Analyse der Wettspiele nach dem Turnier ist eine der Hauptaufgaben des Coachs. Die unmittelbare Analyse nach einem Spiel sowie die Turnieranalyse bilden die Grundlage für die gemeinsame Nachbereitung in Gesprächsform mit dem Spieler.
13. Die unmittelbare Wettkampfnachbereitung nach einem Spiel innerhalb eines Turniers soll positiv und stets zielgerichtet auf das nächste Spiel durchgeführt werden.
14. Das Coaching für den Tie-Break kann im Training nicht oft genug geprobt werden:
    - Auszeiten früher nehmen!
    - Grundsätzlich alle Auszeiten ausnutzen!
    - Dem psychisch stärkeren Spieler in der Annahme/Angriff noch mehr Verantwortung übertragen!
    - Den augenblicklich psychisch schwächeren Gegenspieler unter Druck setzen!
15. Der Coach muß sich darüber im klaren sein, daß er immer die alleinige Verantwortung für das Spielkonzept und seine Coachingmaßnahmen trägt.

Coaching-begleitende Maßnahmen

1. Jede Trainingseinheit, jedes Freundschafts- und jedes Trainingsspiel stellt auch ein Training für das Verhalten des Coachs während eines Wettkampfes dar.
2. Zum guten Coaching gehört auch die Selbstbeobachtung, um gegebenenfalls Änderungen am eigenen Verhalten vorzunehmen.
3. Der Coach soll sich ebenfalls eine Entspannungstechnik zur Streßbewältigung aneignen.
4. Der Coach muß stets auf die Zusammenarbeit mit den Medien vorbereitet sein und die Wirkung seiner Statements vorher abwägen.
5. Überdies muß er gegenüber dem Publikum positiv auftreten, um dieses für die eigene Mannschaft zu gewinnen.
6. Der Coach soll vor Spielbeginn ein positives Gespräch mit den Schiedsrichtern führen.

Abschließend soll erneut darauf hingewiesen werden, daß spezielle Coaching-Maßnahmen, wie z.B. zu den Aufschlagstrategien, zu Block- und Feldabwehrstrategien sowie zum Coaching im Tie-Break, dem Kapitel 8, „Abwehr- und Angriffsstrategien", zu entnehmen sind.

12.6 Grundsätze für das Verhalten der Spieler zueinander

Unbedingte Voraussetzung für ein erfolgreiches Zusammenwirken zweier Spieler in einer Beachmannschaft ist ein hervorragendes freundschaftliches Verhältnis untereinander. Deshalb müssen die nachstehenden Empfehlungen unbedingt beachtet werden:
- Während des Spiels jegliche negative Äußerung zum oder über den Partner unterlassen. Dies gilt insbesondere auch für Gesten!
- Jeder Hinweis, jede Unterstützung des Mitspielers soll positiven Charakter haben und sich stets auf die nächste Handlung/Spielsituation und nie auf den vorausgegangenen Fehler beziehen.
- Kritik besonders während des Turniers nur in konstruktiver Form äußern, d.h. Problemlösungen anbieten bzw. suchen.
- Ausgiebige Gespräche mit dem Partner, die sich nicht auf den nächsten Gegner beziehen, dürfen erst nach dem Turnier geführt werden. Die beiden letztgenannten Punkte beziehen sich ebenso auf Gespräche mit dem Coach.
- Ein Anfeuern des Partners hat negative Auswirkungen, d.h. es verärgert den Partner, wenn es nach einer eigenen, gelungenen Aktion erfolgt oder den Partner als den „schwächeren" Spieler vor dem Publikum bloßstellt.
- Auffordernde, helfende oder auf taktische Gegebenheiten hinweisende Belehrungen des Partners haben immer „negativen" Charakter.
- Gezielte, vom Gegner auf den Mitspieler gerichtete Aggressivität bei eigener Sicherheit auf sich ziehen.

Beim Aufwärmen vor dem Spiel, sei es mit oder ohne Ball, sollten folgende Anregungen hinsichtlich des partnerschaftlichen Zusammenwirkens und der gegenseitigen Einstimmung/Anfeuerung Berücksichtigung finden:
- Gegenseitig auf die richtige „Spannung" achten, d.h. nicht zu entspannt/locker, aber auch nicht zu hektisch, d.h. mit zu intensiver Anfeuerung aufwär-

BEACHVOLLEYBALL-SPEZIFISCHE TRAININGSPRINZIPIEN

men. Dies funktioniert nur, wenn hinsichtlich der Zielsetzungen für das Turnier bzw. die Saison vollkommene Übereinstimmung zwischen den Spielern besteht.
- Beim „Einschlagen" darauf achten, daß der Partner solange angreift, bis er einen erfolgreichen Angriff abgeschlossen hat, um ein stillschweigendes Übergehen von Fehlern auszuschließen und auf jeden Fall Erfolgserlebnisse zu schaffen.
- Beim Üben der Aufschlag-/Annahmesituation vor dem Spiel unbedingt darauf achten, den Schwierigkeitsgrad der Aufschläge langsam zu steigern und höchstens ein wettkampfähnliches Risiko zu wählen, um dem annehmenden Spieler Zeit zur Gewöhnung zu geben und ihn nicht zu verunsichern.
- Aufschlagfehler sind hier unbedingt zu vermeiden!

Foto 86a: Voraussetzung für den Erfolg ist ein gutes Verständnis mit dem Partner.

Foto 86b: Coaching wird in Zukunft ein wichtiger Bestandteil des Beachvolleyballspiels sein.

13 Trainingsbegleitende Maßnahmen

Neben den vorgenannten Trainingsprinzipien sowie den in Kap. 11 aufgeführten Hinweisen zur Trainingsgestaltung ist besonders der Profiathlet im Beachvolleyball gefordert, sein Training und seine trainingsbegleitenden Maßnahmen den sehr speziellen Wettkampfbedingungen des Beachvolleyballsports – 15-25 Wochenendturniere bei meist hohen Temperaturen unter Sonneneinstrahlung sowie lange, mit Zeitverschiebungen verbundene Reisen etc. – anzupassen.

Jeder Beachvolleyballer muß hinsichtlich seiner Vorbereitung auf den Wettkampf und seines Verhaltens während des Turniers verschiedene Maßnahmen ergreifen, die zur Optimierung und Aufrechterhaltung seiner psycho-physischen und spielerischen Leistungsfähigkeit dienen.

Diese Maßnahmen betreffen:
a) seine Ernährung,
b) seinen Flüssigkeitshaushalt,
c) die Vorbeugung vor sonnen- bzw. hitzebedingten Problemen/Krankheiten,
d) die gezielte Planung einer ungestörten, streßfreien An- und Abreise, die genügend Zeit zur Anpassung an den Wettkampfort und zur Erholung beinhalten sollte,
e) die psycho-physische Entspannung des Spielers.

Zu a) Die hohen Trainings- und Wettkampfbelastungen insbesondere der Profispieler führen zu einem für Spielsportarten ungewöhnlich hohen Energiebedarf. Dies wird besonders deutlich, wenn man bedenkt, daß die Spieler täglich 4-6 Stunden trainieren und an einem Turnierwochenende bis zu zehn Spiele in heißem Klima absolvieren müssen. Zur optimalen Deckung des Energiebedarfs, vor allem im Hinblick auf die Turniere, werden daher folgende Empfehlungen gegeben:
- Der täglich intensiv trainierende Profi-Beachvolleyballspieler sollte sich hinsichtlich der Zusammensetzung seiner Nahrung an folgenden Richtwerten orientieren: 55-65% Kohlenhydrate, 25-30% Fett und 10-15% Eiweiß.
- Es müssen überwiegend komplexe Kohlenhydrate mit hoher Nährstoffdichte hinsichtlich der Vitamine, Mineralstoffe und Spurenelemente gewählt werden, d.h. Vollkornprodukte, Müsli etc.; auf Süßigkeiten sowie stark zuckerhaltige Getränke sollte verzichtet werden.
- Aufgrund des möglichen bzw. zu erwartenden hohen Belastungsumfangs bei hoher Intensität an einem Turnierwochenende muß darauf geachtet werden,

daß die Kohlehydratspeicher am Vortag maximal gefüllt werden. Dazu bieten sich vor allem Nudelgerichte (keine fettreichen Soßen, am besten Vollkornnudeln) an. Hier kann sich eine Ernährung nach dem Prinzip des „carbohydrate loading" als vorteilhaft erweisen. Die Details bzw. Prinzipien dieser Ernährungsempfehlung sind der Fachliteratur zu entnehmen.
- Am Wettkampftag sollte 3-4 Stunden vor Turnierbeginn ein kohlenhydratreiches, aber leicht verdauliches Frühstück eingenommen werden.
- Während des Wettkampftages muß der Spieler seinen hohen Energiebedarf – unabhängig von seinem Hungergefühl – durch viele kleine und sehr leicht verdauliche, kohlenhydratreiche Mahlzeiten decken. Hier bieten sich säurearmes Obst, z.B. Melonen (zusätzlich hoher Flüssigkeitsanteil), **Bananen**, Müsliriegel sowie kohlenhydrathaltige Getränke, z.B. Fruchtsäfte, an.
- Während der Spiele sollte der Kohlenhydratanteil der Getränke 30-80g/l betragen, bei langdauernden Spielen (>60 min, z.B. Dreisatzfinale) muß der Kohlenhydratanteil auf über 80g/l gesteigert werden. Herrschen zugleich Hitzebedingungen, muß die Flüssigkeitszufuhr maximiert werden.
- Getränke, wie auch die kleinen Mahlzeiten sollten an den bevorzugten Geschmack, an ihre Verträglichkeit für den betreffenden Sportler sowie an den Turnierverlauf und die klimatischen Bedingungen angepaßt werden.
- Die Nahrungsaufnahme muß möglichst so gesteuert werden, daß sie in längeren Spielpausen (> 1 Stunde) geschieht und nicht zwischen zwei unmittelbar aufeinanderfolgenden Spielen.
- Unmittelbar nach jedem Spiel sollte der Spieler 250 ml eines mit einer geringen Traubenzuckerkonzentration (< 10%) angereicherten Getränks zu sich nehmen.
- Am Abend jedes Wettkampftages müssen die Energiespeicher wieder so weit wie möglich mit sehr kohlenhydratreicher Nahrung aufgefüllt werden (Nudelparty!).
- Das immer noch bestehende Energiedefizit muß der Sportler auch 1-2 Tage nach dem Turnier durch Nudeln, Gemüse, Früchte etc. ausgleichen.

Weitere Ausführungen bezüglich der optimalen Zufuhr von Fetten, Eiweißen, Mineralien, Vitaminen, Spurenelementen etc. würden den Rahmen des Kapitels sprengen, es wird daher auf die Fachliteratur verwiesen.

Zu b) In jeder Beachvolleyballsaison kommt es auch bei Profispielern immer wieder zu Leistungseinbrüchen, Muskelkrämpfen und hitzebedingten Schäden von der Ohnmacht bis hin zum Hitzschlag. Der Beachspieler muß deshalb hinsichtlich seiner **Flüssigkeitsaufnahme** wie folgt verfahren:

- Der Beachvolleyballspieler sollte seinen Flüssigkeitshaushalt täglich, also auch am Nichtwettkampftag, optimal regulieren, d.h. er muß die abgegebene Flüssigkeitsmenge wieder zu sich nehmen, um eine Einschränkung seiner Leistungsfähigkeit oder gesundheitliche Gefährdungen auszuschließen. Dies kann leicht über eine Messung des Körpergewichts vor und nach dem Training geschehen, die Differenz ist als Flüssigkeitsmenge wieder zuzuführen (Tip: 1,8 l mit Apfelsaft versetztes kohlensäurearmes Mineralwasser täglich + mindestens 150-250 ml alle 20 Minuten während des Trainings).
- Während der Turnierspiele **muß** der Beachspieler – **unabhängig vom Durstgefühl** – mindestens folgende Flüssigkeitsmengen zu sich nehmen:
    - Bei normalen Temperaturen (<20 C°): 0,5-0,8 l pro Stunde.
    - Bei typischen Beachbedingungen, d.h. hohen Temperaturen, Sonneneinstrahlung etc.: mind. 1 l pro Stunde bei erhöhtem Natriumanteil von max. 450-900 mg/l!
- Die Wahl des Getränkes ist grundsätzlich geschmacksabhängig, auf stark zuckerhaltige Getränke sollte jedoch verzichtet werden; es bieten sich Elektrolytgetränke, Wasser, Mineralwasser/Saft-Mischungen (s. o., „Tip") an.
- Bei der Mischung von Fruchtsaft (10-12% Kohlenhydratanteil) mit Mineralwasser (300-600 mg/l Natrium) muß beachtet werden, daß das Mischungsverhältnis bei einer Wettkampf – oder Trainingsdauer von bis zu 60 min 4:1 oder 2:1 zugunsten des Wassers betragen sollte. Bei zunehmender Wettkampfdauer sollte der Fruchtsaftanteil gesteigert werden (1:1, 1:2 oder sogar 1:4, vgl. WEBER/FERRAUTI 1996, S. 9).
- Hinsichtlich der Getränkezusammensetzung gelten zusammenfassend folgende Empfehlungen (Quelle: WEBER/FERRAUTI 1996, S. 8)

Natriumgehalt	450-900 mg/l
Kalium	115-230 mg/l
Kalzium	40 mg/l
Magnesium	48-144 mg/l
Kohlenhydrate	30-80 g/l
bei langen/intensiven Wettkämpfen	> 80 g/l
Vitamine	B_1, B_2, B_6 und C (E)
Spurenelemente	Eisen, Kupfer, Zink, Selen
Osmolarität	250-350 mosm/l (isoton)

Zu c) Im Beachvolleyball ist der Athlet extrem häufig und über sehr lange Zeiträume einer intensiven **Sonneneinstrahlung** ausgesetzt. Dies erfordert entsprechende prophylaktische Maßnahmen gegen die möglichen gesundheitlichen Schäden wie Hitzschlag, Sonnenbrand, Augenschäden und Hautkrebs:
- Alle oben genannten Gefahren, besonders aber die heutzutage große Hautkrebsgefahr, machen für den Beachspieler das Tragen eines T-Shirts und einer Kappe erforderlich! Dies gilt für jeden Trainings- und Wettkampftag am Strand!
- Ebenso sollte stets ein Sonnenschutzmittel (mind. Lichtschutzfaktor 15) benutzt werden!
- Der Profi-Beachvolleyballer selbst sollte seinen Körper häufig, d.h. monatlich auf erste Anzeichen von Hautkrebs überprüfen!
- Eine Sportsonnenbrille mit breit abgedecktem Gesichtsfeld (ohne Steg) und 100prozentigem UV-A/UV-B -Schutz schützt nicht nur die Augen, sondern erleichtert auch das Spielen bei tiefstehender Sonne oder die Annahme von Skyballs und ist daher Pflicht für den Leistungsspieler!
- In Wettkampf- und Trainingspausen **muß sich der Spieler im Schatten aufhalten!**
- Vor **Verbrennungen** und Schmerzen an den Füßen, hervorgerufen durch **hohe Temperaturen des Sandes**, sollte sich der Beachvolleyballer durch das Tragen von Socken schützen.
- Hautabschürfungen und Schnittwunden, hervorgerufen durch Steine oder Scherben, sollten immer gesäubert und verbunden werden. Ein Tetanus-Impfschutz wird empfohlen.

Zu d) Besonders der Profispieler sollte sich hinsichtlich der fast immer erforderlichen langen Anreise an den Turnierort bzw. der Abreise an folgenden Vorschlägen orientieren (vgl. hierzu Kap. 11.1.1):
- Den Freitagvormittag zur Anreise nutzen. Dabei ist das Verkehrsmittel so zu wählen, daß die Reise nicht zu anstrengend ist und am Nachmittag/Spätnachmittag noch ein Training durchgeführt werden kann, um sich leicht zu bewegen und an die örtliche Atmosphäre zu gewöhnen. Das bedeutet z.B.:
  - Bei Reisen unter 300 km: Anreise mit PKW, besser Bahn,
  - bei Reisen über 300 km: Anreise mit dem Flugzeug.
- Bei Reisen über mehrere Zeitzonen hinweg sollte die Anreise um einige Tage vorverlegt werden, um die durch die Zeitverschiebung entstehende Einschrän-

kung der körperlichen und geistigen Leistungsfähigkeit zu vermeiden. Hier gilt z.B.:
- Zeitverschiebung zehn Stunden: Anreise fünf Tage früher,
- Zeitverschiebung vier Stunden: Anreise zwei Tage früher.

Zu e) Wie jeder Hochleistungssportler muß der Profi-Beachvolleyballer darauf achten,
- die Erholung nach dem Training und Wettkampf sowie in Turnierpausen zu beschleunigen,
- die Rehabilitation möglicher Verletzungen zu verbessern,
- nicht nur physische, sondern auch psychische Entspannungsmaßnahmen zu ergreifen.

Der funktionellen Gymnastik, allen physikalischen Therapiemaßnahmen sowie Psycho-Regulationstechniken (vgl. Kap. 12.4) kommen hier besondere Bedeutung zu. Im einzelnen werden folgende konkrete Maßnahmen, besonders für den Leistungs-Beachvolleyballer, empfohlen:
- Zwischen den Turnierspielen unbedingt im Schatten aufhalten!
- Ganzkörper- oder Teilmassage im Anschluß an intensive Trainingseinheiten und Turniere.
- Lockerung der Muskulatur zwischen den Spielen eines Turniers durch funktionelle Dehnung und/oder Streichmassage.
- Verletzungsprophylaktische Be-handlungen (z. B. Eisbehandlung) in den Spielpausen.

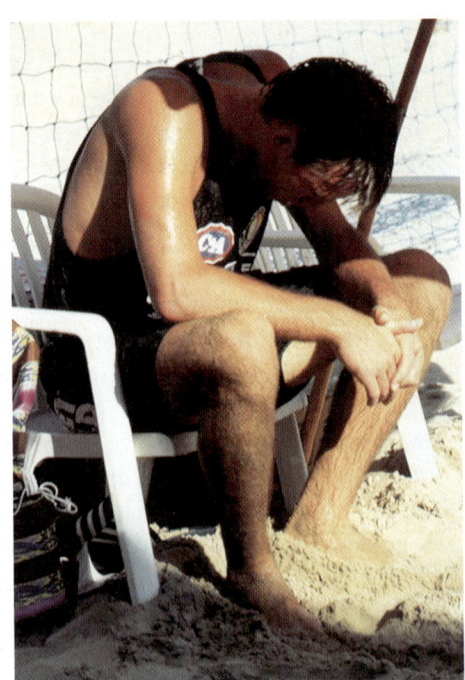

Foto 87

Foto 88

14 Glossar und Symbolik

14.1 Erläuterung der Fachausdrücke

Die im folgenden aufgeführten Beachvolleyballfachausdrücke beziehen sich auf Fachtermini, die sich international durchgesetzt haben und die im Deutschen nicht existieren bzw. schwer zu übersetzen sind. Begriffe, die in der deutschen Volleyballterminologie eindeutig sind, werden im Buch verwendet und im Glossar nicht berücksichtigt. Beachvolleyballfachausdrücke, die zwar auch im Deutschen existieren, aber aufgrund der „Länge" des Wortes von den Spielern nicht gebraucht werden, werden einbezogen.

„Angle!": Zuruf des Zuspielers zum Angreifer. Gibt dem Angreifer die Diagonale als richtige Schlagrichtung an.

ASSOCIATION VOLLEYBALL PROFESSIONALS (AVP): Vereinigung der professionellen Beachvolleyballspieler. Veranstalter der Turnierserie der männlichen US-Profis.

Beach-Dig: Abwehr mit geöffneten Händen über oder unter Kopfhöhe gegen hart geschlagene Schmetterschläge.

Call: Zuruf des Zuspielers zum Angreifer.

„Cut!": Zuruf des Zuspielers zum Angreifer. Gibt die Diagonale als richtige Schlagrichtung an.

Cut Shot: Diagonal geschlagener Driveschlag bzw. taktischer Schlag.

Double-Elimination-Format: Doppeltes K.o.-System: Turniermodus, bei dem eine Mannschaft im Gegensatz zum einfachen K.o.-System erst dann ausscheidet, wenn sie zwei Spiele verloren hat.

FEDERATION INTERNATIONALE DE VOLLEYBALL (FIVB): Internationaler Volleyballverband.

Hard-Driven Ball: Hart geschlagener Schmetterball, der in einer gradlinigen Flugbahn abwärts fliegt und mit geöffneten Händen abgewehrt werden darf.

Husband and Wife Serve: Aufschlag zwischen die Annahmespieler, der die Spieler zu Mißverständnissen zwingen soll.

Knuckler: Einhändige Abwehrtechnik über Kopfhöhe, der Ball wird mit den Fingermittelgelenken gespielt.

„Line!": Zuruf des Zuspielers zum Angreifer. Gibt den Longline-Bereich als richtige Schlagrichtung an.

Novice: Neuling o. Anfänger. Spieler ohne Rating.

„**Over!**": Zuruf mit zwei Bedeutungen:
1. Wird gerufen, wenn der vom Gegner zugespielte Ball direkt über das Netz fliegt.
2. Wird gerufen, wenn ein Spieler beim Angriff übergreift.

Rally-Clock: Ballwechseluhr. Uhr, die die effektive Spielzeit mißt.

Round-Robin Format: Gruppensystem, bei dem in einem Turnier jeder gegen jeden spielt (s. auch „Shot-Gun Format").

„**Sand!**": Zuruf eines Spielers zum Schiedsrichter, wenn er eine Unterbrechung beantragen möchte, um Sand vom Körper zu entfernen.

Shoot: Spielen des Balles in das gegnerische Feld mit Hilfe der Tomahawk-Technik (s. unten).

Shot: Taktische Angriffe, d.h. alle Angriffsschläge, die eine bogenförmige Flugbahn aufweisen, u.a. alle Finten und Driveschläge.

Shot-Gun Format: Acht Mannschaften spielen nach dem Modus „jeder gegen jeden" jeweils einen Satz bis zu zehn Punkten. Die zweit- und drittplazierten Mannschaften spielen ein Halbfinale. Der Gewinner dieses Spiels bestreitet dann das Finale gegen den nach den Gruppenspielen Erstplazierten. Im Finale wird ein Satz bis zu elf Punkten gespielt.

Sideout: Aufschlagwechsel.

Single-Elimination Format: Einfaches K.o.-System. Turniermodus, bei dem eine Mannschaft nach einer Niederlage ausscheidet.

Skyball: Hoher Kerzenaufschlag.

Spread Block: Blockversuch, bei dem der Spieler mit weit ausgebreiteten Armen springt.

Sudden Death: Wörtl.: Plötzlicher Tod. Nach Ablauf der Rally-Clock wird bei Gleichstand im sog. „Sudden Death"-Modus gespielt. Dabei gewinnt die Mannschaft, die zuerst einen Punkt erzielt.

Tomahawk: Beidhändige Abwehr von taktischen Schlägen über oder auf Kopfhöhe.

Unrated: Spieler, der noch kein „Rating" erworben hat.

WOMEN'S PROFESSIONAL VOLLEYBALL ASSOCIATION (WPVA): Vereinigung der professionellen Beachvolleyballspielerinnen. Veranstalter der Turnierserie der weiblichen Profis.

14.2 Symbolik

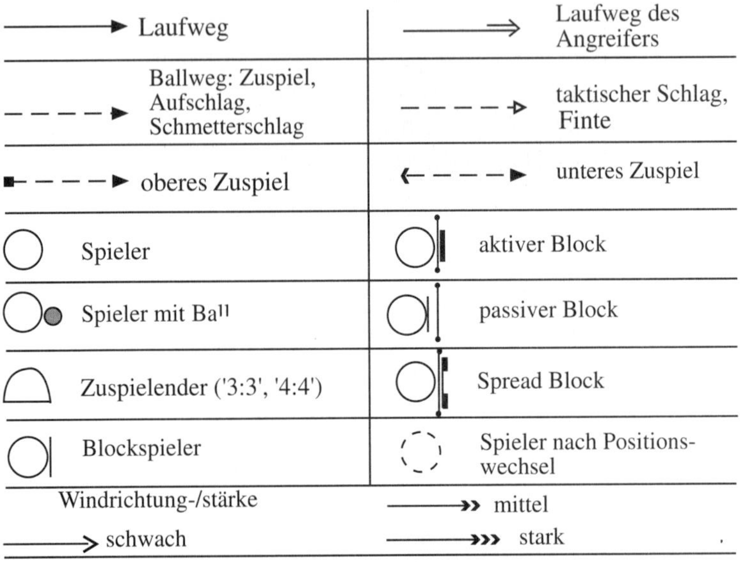

──────▶	Laufweg	══════▶	Laufweg des Angreifers
─ ─ ─ ─▶	Ballweg: Zuspiel, Aufschlag, Schmetterschlag	─ ─ ─ ─▷	taktischer Schlag, Finte
■─ ─ ─ ─▶	oberes Zuspiel	◀─ ─ ─ ─▶	unteres Zuspiel
○	Spieler	○❘	aktiver Block
○●	Spieler mit Ball	○❘	passiver Block
◠	Zuspielender ('3:3', '4:4')	○❘	Spread Block
○❘	Blockspieler	⌜ ⌝	Spieler nach Positionswechsel
Windrichtung-/stärke		──────▶▶	mittel
─────▷	schwach	──────▶▶▶	stark

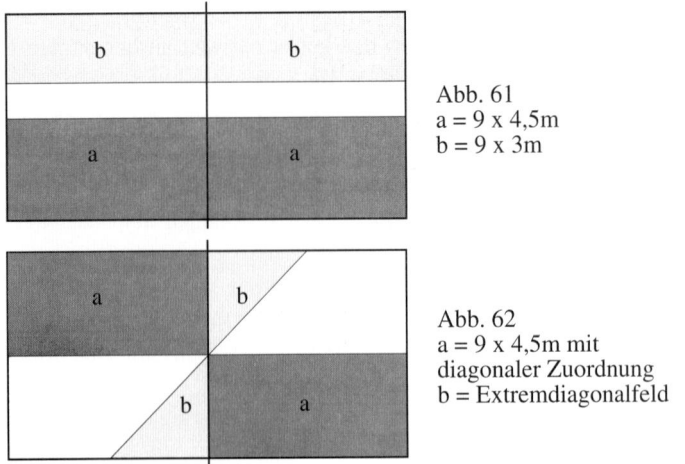

Abb. 61
a = 9 x 4,5m
b = 9 x 3m

Abb. 62
a = 9 x 4,5m mit diagonaler Zuordnung
b = Extremdiagonalfeld

GLOSSAR UND SYMBOLIK   333

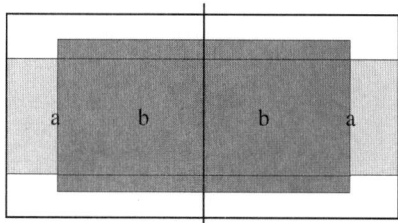

Abb. 63
a = 6 x 9m
b = 7,5 x 7,5m

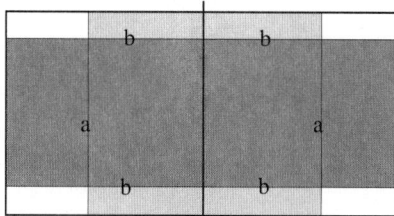

Abb. 64
a = 7,5 x 9m
b = 9 x 5m

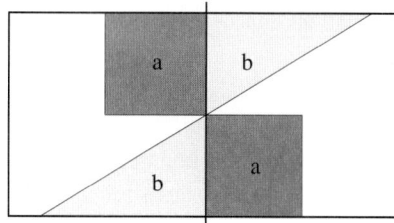

Abb. 65
a = 4,5 x 4,5m
b = Diagonalfeld

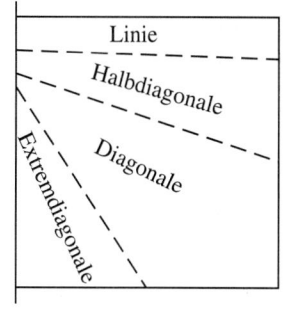

Abb. 66

Literaturverzeichnis

ALLMER, H.: Psychologische Aspekte sportlicher Beanspruchung. In: NITSCH, J. R. (Hrsg.): Streß. Theorien, Untersuchungen, Maßnahmen. Bern 1981
ASSOCIATION VOLLEYBALL PROFESSIONALS (AVP): „Pro Beach Volleyball - Growth & Expansion. Unveröffentlichtes Manuskript. Culver City 1990
AVP: 1991 Media Guide. Culver City 1991
AVP: 1993 Media Guide. Culver City 1993
AVP: The AVP NEWSLETTER 1 (1993)1
AVP (Hrsg.): Official Pro Beach Volleyball Rule Book, (Text by M. GAGE). Culver City 1993
AVP: Media Information [unveröffentlichtes Manuskript]. Culver City 1993
BEACH VOLLEYBALL MAGAZINE; 1, 2, 3, 4 (1982); 2 (1983); 1 (1984)
BRAMMERTZ, I.: Strukturanalyse des Sportspiels Beachvolleyball der Herren. Diplomarbeit, DSHS Köln. Köln 1993
BRANDEL, C.: Volleyball-Weltgeschichte. München 1988
BROWN, T.: Drinking It in. In: VOLLEYBALL MONTHLY 6 (1991), 34
BERKSHIRE, K.Q.: The Numbers Game. In: VOLLEYBALL 9 (1991), 28-32
BLUM, F.: Empirische Untersuchung zum Vergleich der psychischen Beanspruchung im Hallenvolleyball und im Beachvolleyball. Diplomarbeit, DSHS Köln, Köln 1997
BUCKERT; I.: Das Publikum des Beachvolleyballs – eine empirische Studie anläßlich der Deutschen Meisterschaft 1994. Diplomarbeit, DSHS Köln, Köln 1995
BÜHRLE, M.: Dimensionen des Kraftverhaltens und ihre spezifischen Trainingsmethoden. In: BÜHRLE, M. (Hrsg.): Grundlagen des Maximal- und Schnellkrafttrainings. Schorndorf 1985
C. E. SPORTS: Budweiser 4-Man Volleyball Tour – 1993 Tour Guide. Van Nuys 1993
C. E. SPORTS: Bud Light 4-Woman Volleyball Tour – 1993 Tour Guide. Van Nuys 1993
C. E. SPORTS: American Beach Volleyball League/Women's Beach Volleyball League (Bud Light Pro Beach Volleyball Tour) – Four-Person Beach Volleyball Rule Book. Van Nuys 1994
CHRISTMANN, E./ FAGO, K.: Volleyball-Handbuch. Reinbek 1987
CIARELLI, C.: Drilling for Gold. In: VOLLEYBALL MONTHLY 4 (1993), 42-44
COUVILLION, A.R.: Beach Volleyball: A Pictorial History of Beach Volleyball. In: Information Guides, Hermosa Beach, Ca., 1993

CTVRTLIK, B.: The X-factor – For-man offense. In: VOLLEYBALL 7 (1994), 68-71
DANNENMANN, F.: Gleichgewicht im Volleyball. In: DANNENMANN, F. (Red.): Volleyball erforschen. Ahrensburg 1989
DE MAREES, H.: Sportphysiologie. Köln 1992
DVV: Offizielle Beach-Volleyball Spielregeln; Die offiziellen Beach-Volleyball Spielregeln der FIVB mit den Ergänzungen für den Bereich des DVV. Schorndorf 1995
DRIEMEYER-STENCHLY, C.: Marketing von Beachvolleyball in Deutschland. Diplomarbeit, DSHS Köln/ FernUniversität Gesamthochschule Hagen, Köln 1996
DODD, M.: All the Right Moves. In: VOLLEYBALL 8 (1995), 106-111
EISINGER, M./LEITZMANN, C.: Ernährung und Sport – eine Übersicht. In: DEUTSCHE ZEITSCHRIFT FÜR SPORTMEDIZIN, Sonderheft Ernährung, 43 (1992) Nr. 10, 472-494
ENG, K.: Food for thought - Food for Play. In: VOLLEYBALL MONTHLY 11 (1992), 30-32
FERRAUTI, A./MAIER, P./WEBER, K.: Tennistraining mit System – Für Fortgeschrittene und Turnierspieler. Niedernhausen/ Ts. 1996
FEDERATION INTERNATIONALE DE VOLLEYBALL (FIVB): Official Beach Volleyball Rules. Unveröffentlichtes Manuskript. Lausanne 1993
FIVB: Coaches Manual. Lausanne 1989
FIVB: Beach Volleyball - Get involved. Videofilm, Lausanne 1997
FISCHER, U./GRANDE, U.: Das Spiel wird im Kopf entschieden. In: VOLLEYBALLTRAINING 2 (1991)
FLORSTEDT, C.: Mentale Tips für Zuspieler und Mannschaft. In: VOLLEYBALLTRAINING 3 (1990)
FONTANA, B.: Pumping You up. In: VOLLEYBALL MONTHLY 3 (1993), 32
FROHOFF, B.: Quick Tip. In: VOLLEYBALL 8 (1994), 86
FROST, D.: Sand Dollars. In: VOLLEYBALL MONTHLY 3 (1993), 52-59
FROST, D.: Make – or Break. In: VOLLEYBALL MONTHLY 4 (1993), 50-54
GÖTSCH, W./PAPAGEORGIOU, A./TIEGEL, G.: Mini-Volleyball. Berlin 1989
GREEN, T./PATTERSON, D./CASEY, M.: 10 Years after. In: VOLLEYBALL 3 (1993), 42-63
GREEN, T.: World War. In: VOLLEYBALL 4 (1994), 66-72
GREEN, T.: A Rio adventure. In: VOLLEYBALL 6 (1996), 60-65
GREGORY, K.: Do It Better – Beach Volleyball Videorecording with Kathy Gregory. Videofilm ASICS Sports Video Collection. ESPN Home Video – Westcom Productions, Eugene, OR, 1990

GROSSER, M. u.a.: Die sportliche Bewegung. Anatomische und biomechanische Grundlagen. blv-Sportwissen Bd. 415. München, Zürich 1987

HASTINGS, J.: 10 Events that Changed Volleyball. In: VOLLEYBALL MONTHLY 8 (1992), 88-92

HELBIG, K.: Volleyball in Deutschland; Geschichte und Geschichten. Frankfurt/ M. 1995

HERZOG, K./VOIGT, H.-F./WESTPHAL, G.: Volleyball-Training: Grundlagen und Arbeitshilfen für das Training und die Betreuung von Mannschaften. Schorndorf 1987

HOFFMANN, B.: Trainingstips vom Meister. In: Beach-Special der DVZ, 5 (1995), 18-19

HOFMEISTER, G.: Neue Anforderungen für den Sportstättenbau. In: Schul- und Sportstättenbau 26 (1991) 2, 19-24

HÖMBERG, S.: On the Tactics and Technique of Beach Volleyball. In: INTERNATIONAL VOLLEYTECH 2 (1992), 15-19

HÖMBERG, S.: Technik und Taktik des Sportspiels Beach-Volleyball. Diplomarbeit, DSHS Köln, Köln 1993

HÖMBERG, S./PAPAGEORGIOU, A.: Beach-Volleyball – Auffassungen der Profispieler. In: DANNENMANN, F. (Red.): Volleyball – Vielfalt, Hamburg 1994, 193-209

HÖMBERG, S./PAPAGEORGIOU, A.: Vom Hallen- zum Beachvolleyballer. Teil 1. In: VOLLEYBALLTRAINING 3 (1994), 33-46

HÖMBERG, S./PAPAGEORGIOU, A.: Vom Hallen- zum Beachvolleyballer, Teil 2. In: VOLLEYBALLTRAINING 4 (1994), 56-61 HÖMBERG, S./PAPAGEORGIOU, A.: CEV-Handbook for Beach Volleyball, Aachen 1995

HÖMBERG, S./PAPAGEORGIOU, A.: From an Indoor to a Beach Volleyball Player, Part 1. In: INTERNATIONAL VOLLEYTECH 2 (1995), 10-22

HÖMBERG, S./PAPAGEORGIOU, A.: From an Indoor to a Beach Volleyball Player, Part 2. In: INTERNATIONAL VOLLEYTECH 1 (1996), 26-31

HÖMBERG, S./PAPAGEORGIOU, A.: From an Indoor to a Beach Volleyball Player, Part 3. In: INTERNATIONAL VOLLEYTECH 2 (1996), 26-30

HÖMBERG, S./PAPAGEORGIOU, A.: From an Indoor to a Beach Volleyball Player, Part 4. In: INTERNATIONAL VOLLEYTECH 3 (1996), 12-20

HÖMBERG, S./PAPAGEORGIOU, A./WEIHERMÜLLER, G.: Beach Volleyball – Step by step. Videofilm, Big Shots Sports Edition, Meyer & Meyer Verlag, Aachen 1995

HOLLMANN, W./HETTINGER, Th.: Sportmedizin: Arbeits- und Trainingsgrundlagen. Stuttgart, New York 1990, 3. Aufl.

HOVLAND, T., u.a.: Get Hot – Five of the World's Top Pros' Share their Secrets for Playing Better Beach Volleyball. In: VOLLEYBALL 6 (1994), 64-75

HOYOSROMAN, V.: Ein- und Weiterführung des Sportspiels Beachvolleyball in der Schule. Schriftliche Hausarbeit im Rahmen der 1. Staatsprüfung. DSHS Köln, Köln 1997

JAGD, K.: Don't Let the Sun Catch You Frying. In: VOLLEYBALL MONTHLY 5 (1992), 114-117

JOHNSON, A.: Jump Serving Basics. In: VOLLEYBALL MONTHLY 3 (1992), 30-32

KESSEL, J.: Sand Volleyball Court Guidelines. In: INTERNATIONAL VOLLEYTECH 2 (1992), 23-24

KIRALY, K.: Walls in the Sand. In: VOLLEYBALL MONTHLY 4 (1993), 38-40

KIRALY, K.: Make every Serve Count. In: VOLLEYBALL MONTHLY 8 (1993), 42-43

KIRALY, K.: Beach Defense. In: VOLLEYBALL MONTHLY 9 (1993), 36-37

KIRALY, K.: 10 Ways to Maintain Your Winning Edge. In: VOLLEYBALL MONTHLY 10 (1993), 73-74

KIRALY, K.: Hot Tips for the Cold Months. In: VOLLEYBALL MONTHLY 2 (1994), 28

KIRALY, K.: The Keys to Success. In: VOLLEYBALL MONTHLY 7 (1994), 40-42

KIRALY, K.: Double Passing. In: VOLLEYBALL 5 (1995), 98-103

KIRALY, K.: Master of Disguise. In: VOLLEYBALL 7 (1995), 102-107

KIRALY, K.: Be Prepared – Don't be Caught off Guard. In: VOLLEYBALL 8 (1996), 112-118

KIRALY, K.: Championship Volleyball – with an Expanded Chapter on Beach Volleyball. New York 1996

KIRALY, K./KIRBY, K.: Strictly Beach. Videokassette. Regie L.P. Mann. VOLLEYBALL MONTHLY/VIDEO ACTION SPORTS (Hrsg.) 1992, 60 min.

KIRBY, K.: Cut'em Down. In: VOLLEYBALL MONTHLY 7 (1993), 55

KIRBY, K.: Get Set. In: VOLLEYBALL 10 (1994), 62-67

KIRBY, K.: Control Your Destiny. In: VOLLEYBALL 7 (1994), 72-80

KIRBY, K.: Shank You Very Much - How to Make the Best of a Bad Pass. In: VOLLEYBALL 6 (1995), 100-106

KIRBY, K.: How to Hit Anything. In: VOLLEYBALL 9 (1995), 100-103

KRAEMER, A.: Das Publikum des Beachvolleyballs – Eine sozialpsychologische Studie anläßlich des Kölner Beachvolleyball-Turniers. Diplomarbeit, DSHS Köln, Köln 1996

KREMER, B.: Funktionsgymnastik im Volleyballtraining. In: DANNENMANN, F. (Red.): Volleyball erforschen. Ahrensburg 1989, 133-146

KREMER, B.: Funktionalität von Gymnastikübungen zur Haltungs- und Bewegungsschulung. Übungsbroschüre, IFSS Karlsruhe 1988

KRÖGER, C./SCHREIBER, H.: Zum Angriffs- und Aufschlagverhalten im Beachvolleyball der Männer. In: LEISTUNGSSPORT 2 (1996), 51-52

KROHN, O.: Beach-Volleyball, Aachen 1994

KÜNSTLINGER, U.: Die Auswirkungen eines Ausdauertrainings nach der Dauermethode oder Intervallmethode auf den Muskelstoffwechsel. In: DANNENMANN, F. (Red.): Training und Methodik des Volleyballspiels. Ahrensburg 1987, 74-88

LEWIS, B.: Jump Start - The Six Secrets to a Killer Jump Serve. In: VOLLEYBALL 4 (1996), 78-82

MARTIN, D. (Red.)/CARL, K./LEHNERTZ, K.: Handbuch Trainingslehre. Schorndorf 1991

MEININGHAUS, F.: Zehn Tips vom Teamchef. In: Beach-Special der DVZ 8 (1995), 15

MEYNDT; P.: Geschichte, Technik, Taktik, Literatur. In: Bayern-Volleyball, Mai 1994, Heft 5

MEYNDT, U.: Vergleichende Strukturanalyse der Bayerischen Beachvolleyballmeisterschaft und dem Beach-Masters-Turnier München 1994. Diplomarbeit, DSHS Köln, Köln 1995.

MOCULESCU, S.: Präzision, Perfektion und Flexibilität – die Markenzeichen der Spiele. In: VOLLEYBALLTRAINING 6 (1988), 82-86

NITSCH, J. R.: Zur Theorie der sportlichen Beanspruchung. In: J. R. NITSCH, J. R. & UDRIS, I. (Hrsg.): Beanspruchung im Sport. Bad Homburg 1976

PALM, A.: The Wind Advantage. In: INTERNATIONAL VOLLEYTECH 3 (1992), 18-20

PALM, A.: Beach Defense. In: INTERNATIONAL VOLLEYTECH 2 (1995), 4-9

PAPAGEORGIOU, A./HÖMBERG, S.: Beach-Volleyball, Ursprung, Entwicklung, Organisation und Spielstrategien der Profis in den USA. In: VOLLEYBALLTRAINING 4 (1991), 49-56

PAPAGEORGIOU, A./HÖMBERG, S.: Das Sportspiel Beach-Volleyball. In: DANNENMANN, F. (Red.), Volleyball innovativ. Ahrensburg 1992, 24-46

PAPAGEORGIOU, A./HÖMBERG, S./MEYNDT, U.: Beachvolleyball in Deutschland. Vergleichende Strukturanalyse der Bayerischen Beachvolleyballmeisterschaften und des Beach-Masters-Turniers 1994. In: DANNENMANN; F. (Red.): Volleyball '95, Ahrensburg 1996, 91-106

PAPAGEORGIOU, A./HUMMERNBRUM, B.: Sprunghandlungen im Volleyball. In: DANNENMAN, F. (Red.): Training und Methodik des Volleyballspiels. Ahrensburg 1988, 9-35

PAPAGEORGIOU, A./EHREN, K./KOSEL, B.: Gegnerbeobachtung im Volleyball. In: DANNENMANN, F. (Red.): Volleyball gesamtdeutsch. Ahrensburg 1991, 121-153

PAPAGEORGIOU, A./KLEIN, B.: Die Rolle des Schnelligkeitstrainings im Volleyball. In: VOLLEYBALLTRAINING 6 (1993), 87-91

PAPAGEORGIOU, A./SPITZLEY, W.: Handbuch für Volleyball, Grundlagenausbildung. Aachen 1992

PAPAGEORGIOU, A./SPITZLEY, W.: Handbuch für Leistungsvolleyball, Ausbildung zum Spezialisten. Aachen 1994

PATTERSON, D.: Dividing Line. In: VOLLEYBALL 6 (1994), 34-40

PATTERSON, D.: A New Spin – Looser Setting and Bigger Players Are Giving the Game a Different Look. In: VOLLEYBALL 10 (1996), 26-30, 95-96

ROQUE, E.: Beach Blocking Basics. In: VOLLEYBALL MONTHLY 5 (1992), 42-46

SATO, E.: Dig it! In: VOLLEYBALL 8 (1993), 62-66

SCHLEGEL, M.: Summer Warm-up. In: VOLLEYBALL 4 (1994), 66-72

SCHLEGEL, M.: Quick Tips: Set The Hard-driven Spike; the Soft Cut. In: VOLLEYBALL 6 (1995), 116-118

SCHMIDTBLEICHER, D.: Motorische Beanspruchungsform Kraft. Struktur und Einflußgrößen, Adaptionen, Trainingsmethoden, Diagnose und Trainingssteuerung. In: DEUTSCHE ZEITSCHRIFT FÜR SPORTMEDIZIN, Schwerpunkt Krafttraining, 38 (1987) Nr. 9, 356-375

SHEWMAN, B.: Sand Storm. In: VOLLEYBALL 7 (1995), 86-100

SINGER, A.: Experimentelle Untersuchung zum Struktur- und Belastungsprofil des Sportspiels Beachvolleyball im mittleren Leistungsbereich; Konsequenzen für die Trainingsplanung; Vergleich der Trainingstheorie mit der praktischen Anwendung. Hausarbeit zur 1. Staatsprüfung für das Lehramt, Bayerische Julius-Maximilians-Universität Würzburg, Würzburg 1995

SMITH, S./ KIRBY, K.: Hitting the Cut Shot. In: VOLLEYBALL 9 (1991), 56-57, 73

SMITH, S.: Play, Play, Play.... In: VOLLEYBALL 7 (1993), 44-46

SMITH, S.: Big Shots. In: VOLLEYBALL 8 (1994), 78-85

SMITH, S./ FEINEMAN, N.: Kings of the Beach: The Story of Beach Volleyball. Los Angeles/ Seattle 1988

STEFFES, K.: Soar before Spring. In: VOLLEYBALL MONTHLY 2 (1993), 30-33

STEFFES, K.: Pass Perfect. In: VOLLEYBALL MONTHLY 6 (1993), 46-48

STEFFES, K.: Inside out. In: VOLLEYBALL MONTHLY 3 (1994), 32-34

STEUER; K.: Spring dich gesund. In: DEUTSCHE VOLLEYBALL ZEITSCHRIFT 6 (1996), 36-37

STEVENSON, J.: Q&A with Jon Stevenson. In: VOLLEYBALL MONTHLY 6 (1990), 40-41
STEVENSON, J.: The Road to a Rating. In: VOLLEYBALL MONTHLY, 5 (1991), 33
STEVENSON, J./OBSTFELD, R.: Hot Sand: The Beach Volleyball Handbook. Irvine 1989
STOKLOS, R.: Get to the Net. In: VOLLEYBALL 7 (1993)
TANK; M.: Die Schattenseiten des Sonnenlichts. In: DEUTSCHE VOLLEYBALL ZEITSCHRIFT 6 (1995), 40-42
TIMMONS, S.: The Open-hand Dig. In: VOLLEYBALL 6 (1993), 49-50
TIMMONS, S.: The Split Block. In: VOLLEYBALL 10 (1993), 85-86
UNITED STATES VOLLEYBALL ASSOCIATION: The World of Volleyball. Videofilm, The institute, Palm Beach, Fla., 1992
VANDEWEGHE, B./HÖMBERG, S.: Spitzenleistungen mit Plan – Zwei Trainingswochen eines Profi-Beachvolleyballspielers in der Wettkampfperiode. In: VOLLEYBALLTRAINING 4 (1995), 49-53
VANDEWEGHE, B./HOEMBERG, S.: Two Training Weeks of a Beach Volleyball Professional during the 1995 Season. In: INTERNATIONAL VOLLEYTECH 3 (1996), 4-10
VOLLEYBALL MONTHLY: 100 Commemorative Issues. In: VOLLEYBALL MONTHLY 12 (1990), 32-57
WEBER, K./FERRAUTI; A.: Trinken im Tennissport. In: TENNISSPORT 3 (1996) (7), 4-9
WILLIAMS, J., u.a..: Learn to Play 4's. In: VOLLEYBALL 9 (1993), 69-79
WOMEN'S PROFESSIONAL VOLLEYBALL ASSOCIATION (WPVA): Tour Guide 1990. Culver City 1990
WPVA: Tour Guide 1991. Culver City 1991
ZARTMAN, P./ LU, L. K.: Beach Volleyball Has Come of Age. In: INTERNATIONAL VOLLEYTECH 2 (1992), 4-7
ZEYFANG, C.: Nachwuchsförderung im Beachvolleyball – Grundsätzliche trainingstheoretische und organisatorische Überlegungen und deren Umsetzung in der Praxis am Beispiel des NVV, Sommer 1996. Studienarbeit, Trainerakademie Köln, Köln 1996

Fotonachweis

VOLLEYBALL MONTHLY: 9, 18, 20, 21a, 21c, 22a, 23a, 23b, 31, 32a, 32b, 33, 35a, 35b, 36a, 36b, 36c, 36d, 44b, 48a, 49, 53, 55, 59, 60b, 62, 64a, 64b, 65a, 65b, 67, 71, 78, 79, 80, 81, 83

D. Budzyn: 66a, 66b

S. Weersing/ C.E. Sports: 11, 13, 14

S. Hömberg: 1, 2, 3, 4, 5, 6, 12, 17a, 17b, 25a, 25b, 26, 28a, 28b, 28c, 29a, 29b, 34, 37b, 41, 42, 44a, 44d, 44e, 45, 50a, 50b, 50c, 50d, 51, 52, 61, 70, 72, 85

H. Janssen: 82

B. Jones: 15, 16, 27, 30, 40, 68, 69, 84

R. Kippenberger: 48b

S. Kraus/ DVV: 7, 8

U. Köhler: 10, 19, 21b, 22b, 24, 32c, 37a, 38a, 38b, 39, 43, 44c, 44f, 44g, 46, 47, 54, 56, 57, 60a, 63, 73, 74, 75, 76, 86a, 87, 88

J. Sabarz: 77

T. Schulte: 86b

Speedo Deutschland GmbH, Düsseldorf : Fotos Seite 174-177

Wir wünschen Ihnen viel Vergnügen beim Lesen des Buches und viel Spaß beim Beachvolleyballtraining!

SPEEDO DEUTSCHLAND GMBH
Wahlerstr. 20
40472 Düsseldorf
Tel.: 0211/6581800

Sport mit Format

Sport-Handbücher im Meyer & Meyer Verlag

Handbuch für Badminton
Handbuch für Baseball
Handbuch für Basketball
Handbuch für Beach-Volleyball
Handbuch für Bergwandern
Handbuch für Mädchen- und Frauenfußball
Handbuch für Gymnastik und Tanz
Handbuch für Jazz Dance
Handbuch für Kinder- und Jugendfußball
Handbuch für Kraftsport und Bodybuilding
Handbuch für Leistungsvolleyball
Handbuch für Mountain-Biking
Handbuch für Muskeltraining
Handbuch für Radsport
Handbuch für das Rennrudern
Handbuch für Rock ´n´ Roll
Handbuch für den Rudersport
Handbuch für den Schwimmsport
Handbuch für den Segelsport
Handbuch für Skilanglauf
Handbuch für Sport und Umwelt
Handbuch für Squash
Handbuch für Tai Chi Chuan und Körperarbeit
Handbuch für Triathlon
Handbuch für Volleyball

MEYER & MEYER • DER SPORTVERLAG